港澳台与海外新闻传播丛书

港澳台广告

行业解读与案例赏析

（第二版）

阳　翼　万木春　著

暨南大学出版社
JINAN UNIVERSITY PRESS

中国·广州

图书在版编目（CIP）数据

港澳台广告：行业解读与案例赏析/阳翼，万木春著．—2 版．—广州：暨南大学出版社，2021.7

（港澳台与海外新闻传播丛书）

ISBN 978 - 7 - 5668 - 3062 - 3

Ⅰ.①港…　Ⅱ.①阳…②万…　Ⅲ.①广告业—产业发展—研究—香港、澳门、台湾　Ⅳ.①F713.8

中国版本图书馆 CIP 数据核字（2021）第 106670 号

港澳台广告：行业解读与案例赏析（第二版）
GANG AO TAI GUANGGAO：HANGYE JIEDU YU ANLI SHANGXI（DIERBAN）
著　者：阳　翼　万木春

出 版 人：张晋升
策划编辑：杜小陆
责任编辑：王辰月
责任校对：刘舜怡　刘　蓓　王燕丽
责任印制：周一丹　郑玉婷

出版发行：暨南大学出版社（510630）
电　　话：总编室（8620）85221601
　　　　　营销部（8620）85225284　85228291　85228292　85226712
传　　真：（8620）85221583（办公室）　85223774（营销部）
网　　址：http://www.jnupress.com
排　　版：广州市天河星辰文化发展部照排中心
印　　刷：深圳市新联美术印刷有限公司
开　　本：787mm×1092mm　1/16
印　　张：18.25
字　　数：344 千
版　　次：2007 年 11 月第 1 版　2021 年 7 月第 2 版
印　　次：2021 年 7 月第 2 次
定　　价：59.80 元

（暨大版图书如有印装质量问题，请与出版社总编室联系调换）

初版序言
一个值得重视的领域　一本值得关注的著述

　　港澳台是中国版图的重要构成部分，研究中国广告若未能将其纳入研究者的视野，无论说是一种什么样的缺憾似乎都不为过。

　　惭愧，本人于港澳台广告虽然时有关注，但一直缺乏深入研究，遵阳翼兄、木春兄之嘱为其新作著序，实勉为其难。

　　我是抱定学习的心态展读阳翼、木春二兄的著述的。

　　上编为港澳台广告行业概览，于三地广告业发展之历程、广告公司与广告媒体两大主体之状况，以及广告教育与广告监管，均有适切的评述，资料之丰富、翔实，令我受益颇多。中编为三地广告业发展中值得关注的一些问题的深度解读，问题的选择颇具眼光，解读更显出著者理性的智慧。下编为港台广告作品赏析，要切实把握和领悟三地广告之精要，此编也是不可不读的。如果说上、中两编多理性解读，下编则为具体的感性直观呈现，尽管赏析中不乏理性的分析。

　　做学问重在对第一手资料的把握。看看书中所呈现的内容，深信二兄于资料搜寻采集的研究基础上所下的功夫。学问的深入，也许并不让于资料的占有，但不占有丰富、翔实资料的学问，却一定是浮泛的。二兄勤奋于资料之占有上的学问精神，吾辈当效之习之。

　　著述三编各具用心，各具特色，整篇读来，时现思考的灵光与火花，表述畅达而要言不烦，实属难得。把简单的问题复杂化是一种本事，把复杂的问题简要化，同样是一种本事。对此，我更取向后者。

　　阳翼兄，是卢泰宏先生的高足，博士毕业且在美国做过一年的访问学者，惜至今无缘谋面。木春兄为武汉大学周茂君先生特别宠爱的弟子。说他们是后起之秀是抬高了自己，但"秀"字却是可以冠之的。

　　很不习惯为他人作序，更不懂得如何作序。既已诺之，只好勉力为之。是为序。

张金海

于武昌珞珈山

2007 年 10 月 13 日

第二版前言

港澳台同属中国，但近代历史各异，因而三地的政治、经济、文化、法律环境等各有特点，根植于不同大背景中的三地广告业自然也各有其独特之处。作为华人广告圈中较为发达的地区，港澳台（特别是港台）广告在创意、管理、教育等方面都有许多宝贵经验值得其他国家和地区（尤其是中国内地）学习和借鉴。本书写作的一个重要目的，即全面梳理和提炼港澳台广告的行业特点和创作经验，以期为相关学者、学生及业界人士提供参考。

全书以"点面结合""重点突出"为写作宗旨，着重挖掘港澳台三地广告业的特点，分为上、中、下三编，共十二章。

上编"行业概览"从"面"的广度全面介绍了港澳台三地广告业发展的历史和现状。第一章简要介绍了港澳台三地的政治、经济和历史等基本情况；第二章至第六章分别对三地的广告简史、广告公司、广告媒体、广告教育和广告监管等广告行业研究的重要组成部分做了详细阐述。

中编"深度解读"有选择地对港台地区广告业的若干重要问题和领域做了深入研究。第七章和第八章分别解读了香港和台湾广告业在过去几十年发展历程中的波动脉象，第九章重点分析了根植于特定政治环境和选举文化背景中的台湾政治广告；第十章则从总体上概括了香港在广告创作方面的特色，因此也可作为下编"案例赏析"的导读。

下编"案例赏析"分为第十一章和第十二章两章，对40多年来香港和台湾两地的数十个经典广告案例作了逐一赏析，以冀读者能从"点"的角度切入，对两地广告创作的国际水准与文化特色有更全面、更深刻的认识和体验。

本书第二版的修订基于两个重要背景：一是作为国家战略的粤港澳大湾区建设正在如火如荼地进行；二是从第一版出版至今的十余年，数字化浪潮已经渗透到广告行业的每一个角落。因此无论是从宏观层面还是微观层面，更新与充实都是有必要的。总体而言，第二版主要在三个方面作了进一步完善：一是增加了广告行业数字化的相关内容；二是对港澳台广告业发展的最新动态及相关统计数据作了全面更新；三是精选了一批近些年的经典广告案例并逐一进行了深入分析。感谢我的研究生孙叶琳、王慧文、赵裕如、王劭颖、梁雅婷和黄瑞江在本书第二版修订过程中所作的贡献！

由于本书所涉内容庞杂，纵横跨度甚广，且资料搜集与书稿撰写大部分在内地完成，虽力求精益求精，疏漏仍在所难免。不当之处，还请读者不吝批评指正。

阳　翼

2021 年 5 月

目　录

上编　行业概览

中编　深度解读

下编　案例赏析

上 编

行业概览

第一章　港澳台概况

第一节　香港特区概况

中华人民共和国香港特别行政区，通称香港特区，英文 Hong Kong。香港地处中国华南，珠江口以东，与广东省深圳市隔深圳河相望，濒临南中国海。

从秦始皇统一中国（前 221 年）开始，直到东晋（331 年）时，香港都隶属于广东南海郡番禺县。唐朝时属东莞郡宝安县，此后从明朝万历元年至清朝道光二十年（1573—1841 年）属广州府新安县管辖。

香港自古以来就是中国的领土，1842—1997 年间，香港被英国殖民统治。第二次世界大战后，香港社会经济迅速发展，20 世纪 80 年代成为"亚洲四小龙"之一。1997 年 7 月 1 日，香港回归祖国怀抱，中央政府对香港恢复行使主权，香港特别行政区成立。中央政府拥有对香港的全面管治权，香港保持原有的资本主义制度长期不变，并享有高度自治权。

香港作为一个高度繁荣的国际大都市，是重要的国际金融、贸易及航运中心，是全球最自由经济体和最具竞争力城市之一，在世界享有极高声誉，并且以廉洁社会、优良治安以及自由的经济体系而闻名于世。同时，香港是中西文化交融之地，素有"东方之珠""美食天堂"和"购物天堂"等美誉。

一、地理位置

香港位于中国东南端，地理条件优越，是东南亚地区的枢纽城市，由香港岛、九龙半岛、新界和周围 262 个岛屿组成，陆地总面积约 1 106 平方公里，其中，位于香港岛和九龙半岛之间的维多利亚港，是举世知名的深水海港。

二、人口

香港是世界上人口密度最高的地区之一。截至 2019 年底，香港人口约 750 万，常住居民为 730.35 万人，流动居民为 19.72 万人。香港人口大部分为中国国籍，根据 2017 年统计数据，中国籍人口占香港总人口比例约 91.4%。其他国籍人士主要包括菲律宾籍人（约 19 万，占 2.6%）、印度尼西亚籍人（约 17 万，占 2.3%）和印度籍人（约 3.3 万，占 0.4%）。

三、语言

香港通行"两文三语"（书面语以中文、英文并行，口语则普通话、粤语和英语兼顾），中英文同属香港的法定语文，政府机关、法律界、专业人士和商界均广泛使用英文。香港不乏受过良好教育且精通双语甚至三语（英语、粤语和普通话）的专才，而对于在香港经营业务或与内地、台湾地区有贸易往来的企业，这些专才更显重要。

四、气候

香港地处亚热带季风气候区，但差不多有半年时间带有温带气候性质，年平均气温为 23.3℃。冬季的温度可能低至 10℃ 以下，夏季则回升至 31℃ 以上。雨量集中在 5 月至 9 月，约占全年雨量的 80%。全年雨量充沛，四季花香，春温多雾，夏热多雨，秋日晴和，冬微干冷。

五、经济

香港是全球经济最开放的地区之一，至 2019 年，已连续 25 年被国际机构评为全球最自由经济体。2018 年，香港 GDP（地区生产总值）达到 28 453 亿港元（合 3 648 亿美元），同比实际增长 3%；人均 GDP 约 36 万港元（合 4.9 万美元），属于高收入经济体。

六、自由贸易与自由市场

香港提倡并奉行自由贸易——设有自由开放的投资制度；不设贸易屏障；对本地与外来投资者一视同仁；资金自由流动；规章条文透明度高；税率低而明确。

七、政府行政架构

香港拥有一个架构精简而效率很高的政府。公司及个人税率低，而且易于计算。香港特别行政区政府素以效率出众、透明度高且处事公正见称。在工商业方面，香港特别行政区政府奉行确立已久的"尽量扶助、减少干预"政策，并充当促进者和推广者的角色，推动香港把握增长的新机遇。

八、货币制度

香港的货币政策目标是维持港元稳定。鉴于香港是一个高度外向型的经济体系，这个目标的具体含义就是维持港元对外价值的稳定，即维持 1 美元兑 7.80 港元的固定汇率。这个目标是通过联系汇率制度来实现的。联汇制度自 1983 年 10 月开始实行。

九、高等院校

香港有 22 所颁授学位的高等教育院校，分别是 11 所法定大学、1 所演艺学院、1 所职业训练局院校和 9 所专上院校。其中 8 所由香港大学教育资助委员会（University Grants Committee，UGC 教资委）资助，也就是港人所称呼的"八大校"。在这 8 所院校中，7 所是大学，包括香港大学、香港中文大学、香港科技大学、香港城市大学、香港理工大学、香港浸会大学和岭南大学，一所是师资培训学院，即香港教育学院。2019 年，香港有三家高等教育院校位列 Quacquarelli Symonds① 全球最佳大学排行榜前 50 名，同时在排行榜的亚洲大学中排名第三、第八及第十位。这三所高校分别是香港大学、香港科技大学、香港中文大学。

第二节　澳门特区概况

中华人民共和国澳门特别行政区，通称澳门特区，葡文 Macau，英文 Macao。澳门历来是中国的领土，原属广东香山县（今珠海市、中山市）管辖。澳门在明代史书中被称为"蠔镜"（濠镜），因其妈阁庙而被葡萄牙人命名为"Macau"。1553 年，葡萄牙人取得澳门的居住权，1887 年 12 月 1 日，葡萄牙正式通过外交文书的手续对澳门实行殖民统治。1999 年 12 月 20 日中国政府恢复对澳门行使主权。

澳门是一个国际自由港和世界旅游休闲中心，是世界人口密度最高的地区之一，也是世界四大赌城之一。其著名的博彩业、轻工业、旅游业、酒店业和娱乐场使澳门长盛不衰，成为全球最发达、富裕的地区之一。

---

① QS 世界大学排行榜，是由英国一家国际教育市场咨询公司 Quacquarelli Symonds 发起的"世界大学排名榜"，同时也是参与机构最多、世界影响范围最广的排名之一。

伴随着粤港澳大湾区建设的推进，澳门将持续发挥"一个中心、一个平台、一个基地"① 的作用，既推进建设"世界旅游休闲中心"，形成高度国际化、世界水平的旅游休闲、高端服务产业；也发挥着"中国与葡语国家商贸合作服务平台"优势，为内地企业对接葡语国家创造机会；同时打造"以中华文化为主流、多元文化共存的交流合作基地"。

一、地理位置

澳门特别行政区位于中国大陆东南部沿海，珠江三角洲出口，香港西南方约 60 公里。澳门特区包括澳门半岛、氹仔岛和路环岛，总面积为 32.8 平方公里。澳门半岛和氹仔岛由三座大桥连接，而路氹填海区则把氹仔岛和路环岛连为一体。最高山丘位于路环岛，海拔高度为 172.4 米。

二、气候

澳门属热带季风气候，温暖多雨。全年 1 月最冷，平均气温 14.6℃，最低气温仍在 5℃以上；7 月最热，平均气温 28.5℃，最热可达 30℃以上。年降雨量达 1 970 毫米，4—10 月为雨季。主要分冬夏两季，春秋短暂而不明显。春温多雾，夏热多雨，秋日晴朗，冬稍干冷。5—10 月为台风季节。

三、人口

澳门 2019 年底总人口为 679 600 人，按年增加 12 200 人；女性占 53.3%，老年人口（65 岁及以上）占 11.9%。其中汉族居民占全区总人口的 97%，葡萄牙籍（包括土生葡人）及菲律宾籍居民占 3%。澳门本地居民大部分原籍为广东珠江三角洲地区。

四、经济

回归 21 年来，澳门经济飞速增长，GDP 总值从 1999 年的 59.17 亿美元跃升到 2018 年的 545.4 亿美元，增长了近 10 倍。同时，澳门也曾是中国人均 GDP 最高的城市。澳门经济规模不大，但外向度高，是中国两个国际贸易自由港之一，货物、资金、外汇、人员进出自由，亦是区内税率最低的地区之一，具有单独关税区地位，与国际经济联系密切，更与欧盟及葡语国家有着传统和特殊的关系。

---

① 即建设世界旅游休闲中心、中国与葡语国家商贸合作服务平台，打造以中华文化为主流、多元文化共存的交流合作基地。

五、语言

澳门的官方语言是汉语和葡萄牙语，以汉语粤方言（粤语）为日常用语的居住人口占 85.7%，福建方言占 4%，普通话占 3.2%，其他汉语方言占 2.7%，而使用葡萄牙语的人口则为 0.6%。其中，粤语为澳门社会的通用语，在平民日常生活、工作，政府办公，学校教育，新闻传媒，文化娱乐中被广泛使用；葡萄牙语多在政府、法律部门和与葡萄牙有关联的商户或书店、社区流行；而旅游景点为方便向外来游客解说，考虑到沟通问题，亦会并用粤语、英语和普通话。

六、宗教

宗教开始在澳门传播的时间比较早，宗教的门类也比较多。澳门的法律承认宗教信仰自由，各种宗教只要不违反法律，就可以在澳门自由传教。宗教文化的多元化在澳门也得到了充分表现，天主教、基督教、佛教、道教在这里都有保留。澳门全区人口中佛教信徒占 50%，天主教信徒占 15%，无宗教信仰者及其他教信徒占 35%。

七、高等院校

截至 2017 年，澳门共有高等院校 12 所，其中，公立高校 4 所，私立高校 6 所，私立研究机构 2 个。公立高等院校包括澳门大学、澳门理工学院、澳门旅游学院、澳门保安部队高等学校；私立高等院校包括澳门科技大学、澳门城市大学、澳门镜湖护理学院、澳门管理学院、圣若瑟大学、中西创新学院。

第三节　台湾地区概况

台湾地区位于祖国大陆架的东南缘，是中国第一大岛、包括本岛、临近属岛和澎湖列岛等 80 多个岛屿，总面积为 3.6 万平方公里，其地理位置恰扼西太平洋航道的中心，在战略地位上素有我国"东南锁钥""七省藩篱"之称。[①]

台湾自古以来就是我国的领土，在中国古代的文献里，被称为"蓬莱""瀛洲"

---

① 清光绪十二年（1886 年）4 月，时任福建巡抚刘铭传与福建总督杨昌浚向光绪帝奏陈设台湾省事宜，谓："台湾为南洋七省藩篱，整顿海防，百废俱举。"

"夷洲""琉球"。台湾有文字记载的历史可以追溯到公元 230 年，当时三国时期吴王孙权派大将卫温、诸葛直率一万官兵"浮海求夷洲"。据史籍所书，610 年汉族人民开始移居澎湖地区，到宋元时期，汉族人民在澎湖地区已有相当数量。元、明两朝政府在澎湖设巡检司，是中国于台湾设立专门政权机构的发端。

16 世纪，西班牙、荷兰等西方殖民势力迅速发展，开始把触角伸向东方。1642 年，台湾沦为荷兰的殖民地。1661 年 4 月，郑成功率 2.5 万名将士及数百艘战舰，由金门进军台湾。郑成功向荷兰殖民者表示台湾"一向属于中国"，台湾和澎湖这两个"岛屿的居民都是中国人，他们自古以来占有和耕种这一土地"，荷兰"自应把它归还原主"。经过激烈战斗，郑成功在 1662 年 2 月收复台湾。郑氏政权把大陆的政治、文教制度移植到台湾，重视土地开发和水利兴修，发展对外贸易，促进了当地经济的发展。1683 年，清政府派兵收复台湾，将台湾置于清政府的直接统治之下。到了 1811 年，台湾人口已达 190 万，其中多数是来自福建、广东的移民。移民大量开垦荒地，使台湾成为一个新兴的农业区域，并向大陆提供大量的稻米和蔗糖，由大陆输入日用消费品和建筑材料等。这个时期，台湾与福建、广东的来往十分密切，中华文化更加全面地传入了台湾。

1840 年鸦片战争以后，西方列强不断侵犯中国边疆，逼迫中国开放通商口岸。19 世纪 60 年代，台湾的淡水、鸡笼、安平、打狗相继开港，进口以鸦片为主，出口则以茶、糖、樟脑为主。19 世纪 70 年代，实行明治维新后的日本开始向南把琉球和台湾作为扩张的目标，声称台湾是"土番"居住区，是"无主之地"，不在中国主权之下。清政府一再申明"台湾全地久隶我国版图"，"全台郡之生番，无一社不归中国者"。1884—1885 年中法战争期间，法军进攻台湾，遭刘铭传率军重创。中法战争以后，清政府为了加强海防，于 1885 年将台湾划为中国第 20 个单一行省。首任台湾巡抚刘铭传积极推行自强新政，将众多新式事业集于一省，使台湾成为当时中国的先进地区之一。

1894 年日本发动甲午战争，翌年清政府战败，并于 4 月 17 日被迫签订《马关条约》，把台湾割让给日本。消息传出后，台湾全省"哭声震天"，鸣锣罢市。协理台湾军务的清军将领刘永福等率军民反抗日本的侵占，坚持了 5 个多月但终遭失败。从此，日本正式建立起在台湾达 50 年之久的殖民统治。

日本在台湾实行总督专制统治，建立了严密的警察制度，并利用保甲制度作为警察政治的辅助工具。1937 年日本发动全面侵华战争后，在台湾有条件地推行"皇民化运动"，灌输忠"君"（天皇）爱"国"（日本）思想，力图把台湾人民变成日本的"忠臣良民"。在经济上，实行"农业台湾、工业日本"的政策，由台湾向日本提供稻米和蔗糖；后期则配合日本的"南进政策"，在台湾发展与军需有关的工业，把台湾当作日军的补给地。

日本不平等的殖民统治还十分明显地表现在教育政策方面。1943年，日本人仅占全台人口的6%，全台中学生数却占了49%。"台北帝国大学"（今台湾大学）学生中，日本人占80%，台湾人只有20%，而且台湾学生90%是读与医学有关的科系，文、政、理、工、农科的学生96%是日本人。日本人占领台湾50年间，台湾人只出现2个科长、3个郡守、3个法官、9个中学教员、2个大学教授，整个政府中上层的管理阶层没有一个是台湾人。[①]

1949年以后，台湾地区的政治经济经历了蒋介石、蒋经国、李登辉、陈水扁、马英九、蔡英文六个时期。

在蒋介石恢复专制统治时期，进行了以巩固国民党在台湾地区的统治为中心内容的第一次改造运动。与此同时，他整顿财政、改革币制，对农村实行土地改革，在恢复和发展农业的基础上带动了台湾工业经济的重建与发展。在美国的经济援助下，台湾调整发展战略，以"出口导向"代替了"进口替代"的经济发展模式，从而促进了经济的发展。

在蒋经国时期，他将工作的重点放在经济建设上，先后实施"四年经济建设计划""六年经济建设计划""十大经济建设"和"十二大经济建设"。1951—1987年的"两蒋"主政时期，在推行经济自由化、国际化、法制化的基础上，台湾地区经济进入了快速发展阶段，年平均经济增长率高达9%，居世界之冠，台湾地区也从落后的农业社会转变为新兴工业化经济体。而这一转变过程，在欧洲国家历经了一百多年甚至二百年，美国花了一百年，日本也历经了七十年。

李登辉主政时期，20世纪90年代初，由于贸易保护主义抬头和台币贬值的影响，出现了连续三年的经济低迷。从1994年以后，台湾地区经济又进入了相对高速的增长时期。受1997年亚洲金融危机的冲击，台湾地区经济在此后的两三年时间里受到了很大影响。1988—1999年间，年平均经济增长率降为6.6%，但1992年台湾地区人均GDP已突破1万美元大关。与此同时，海峡两岸在经贸关系上往来频繁，大陆成为台湾地区贸易顺差的主要来源地。

民进党于2000年上台执政，国民党首次变为在野党。陈水扁"渐进台独"时期，在执政方面面临较多困境，台湾地区年平均经济增长率也降至3.3%，达到了50多年来

---

① 陈毓钧. 我们是谁? 台湾是什么? ［M］. 上海：上海译文出版社，2006.

的最低点。2001 年，台湾地区经济出现历史上的首次负增长；2002 年，失业率超过了
5%。但另一方面，至 2004 年底，台湾地区对外投资净额也高达 3 871 亿美元，居世界
第四位，其中大约有 1/3~1/4 投资于大陆。在贸易方面，据台湾"财政部"估计，台
湾地区对大陆出口自 1989 年的 33.3 亿美元升至 2019 年的 1 321.5 亿美元，30 年间增加
了 38.7 倍，平均每年增加 13%。另外，2019 年台湾地区对大陆和香港地区的出口，占
到台湾地区总出口的 40% 以上，这显示出海峡两岸经贸间极深的相互依赖关系。①

2008 年，国民党再次成为台湾地区执政党，马英九当选台湾地区领导人，马英九
任内坚持在"九二共识"基础上"维持两岸现状"，以此为两岸和平与区域稳定的重要
资产。② 在马英九当局与大陆方面共同努力下，海峡两岸关系协会（简称海协会）与海
峡交流基金会（简称海基会）（简称两岸两会）恢复了机制化会晤，截至 2015 年，两
岸两会签署了 23 项协议。海峡两岸每天航班从零增至 120 班，赴台陆客累计超过 1 800
万人次。海峡两岸通过和解交流，建立了对等互惠的合作模式，海峡两岸事务主管部门
联系沟通机制有效运行，为推动海峡两岸各领域交流合作发挥重要作用。③ 2015 年 11
月，习近平、马英九在新加坡举行"习马会"，海峡两岸政治交往取得历史性突破，达
成新高点.

民进党主席蔡英文于 2016 年当选台湾地区领导人，并于 2020 年 1 月连任。蔡英文
拒绝承认一个中国原则和"九二共识"，不遗余力地鼓吹"两国论"及"一边一国论"，
千方百计地阻挠和破坏海峡两岸关系，为海峡两岸"三通"设置重重障碍。④ 经济上，
蔡英文当局大力推行"新南向政策"和支持台湾地区参与 TPP（跨太平洋伙伴关系协
定），认为海峡两岸的经济竞争多于互补，其执政方案让台湾地区的经济陷入更深的停
滞和不均。⑤ 截至 2020 年 1 月，台湾地区的 GDP 达到 402 169 亿元新台币，约合人民币
92 498.9 亿元。岛内人口增至 2 378 万余人。⑥

---

① 台湾地区进出口统计［EB/OL］.［2020 - 03 - 27］. https：//www. trade. gov. tw/Pages/List. aspx？nodeID =
1375。

② 陈小愿，贾靖峰. 马英九元旦祝词："九二共识"是海峡两岸和平重要资产 应努力维系［EB/OL］.
（2016 - 01 - 01）. http：//www. chinanews. com/tw/2016/01 - 01/7697809. shtml.

③ 吉翔. 国台办就 2016 海峡两岸关系、表情包大战等答问［EB/OL］.（2016 - 01 - 27）. http：//
www. chinanews. com/tw/2016/01 - 27/7735334. shtml.

④ 邰海. 搞分裂者终将碰壁——评蔡英文近来言行［N］. 人民日报，2000 - 07 - 27（4）.

⑤ 王诗尧. 蔡英文粉饰太平遮掩不了台湾经济困境［EB/OL］.（2019 - 10 - 16）. http：//www. taiwan. cn/
plzhx/hxshp/201910/t20191015_12209851. htm.

⑥ "中华民国""国民"所得统计常用资料［R/OL］.［2020 - 03 - 27］. https：//www. stat. gov. tw/ct. asp？
xItem = 37407&CtNode = 3564&mp = 4.

第二章　港澳台广告简史

第一节　香港广告简史

从 19 世纪 40 年代香港开埠到第二次世界大战结束后初期的 110 年间，香港是以转口贸易为主的自由港。20 世纪 50 年代开始第一次经济转型，成为以香港产品为主的自由港。50 年代末，制造业出口占全港出口的比重高达 70%，这是香港从以转口贸易为主的自由港变为工业化城市的标志。从 70 年代开始，香港经济进一步多元化、国际化，香港的金融业、旅游业和房地产业发展迅速，实现了第二次经济转型，成为以服务业经济为主的自由港。90 年代以来，面对知识经济、网络经济的兴起，香港面临着第三次经济转型，即以创新科技为动力，将现行经济形态转为以依靠知识经济、网络经济进行发展的自由港和服务中心。①

广告业是经济发展状况的晴雨表，香港经济的繁荣也带来了其广告业的腾飞。世界级的金融、商贸和信息中心，充裕的资金，发达的商业、多元的文化和众多的媒体，都为香港广告业大展拳脚提供了便利。回顾过去的一百多年，香港的广告业大致经历了孕育期、成长期、繁荣期和饱和期这四个重要的发展阶段。

一、孕育期（19 世纪 40 年代初—20 世纪 40 年代末）

正如上文所述，在香港开埠后到"二战"结束后初期的 110 年间，香港是以转口贸易为主的自由港。这一时期，香港的广告业随着经济的发展，完成了从无到有的初级发展阶段。

香港最早的报纸——英文《香港政府公报》于 1841 年创办；1858 年，第一家中文报纸《中外新报》创刊。1928 年 6 月 30 日，香港电台开播，从 1935 年起，该台增设中文节目，并正式成立香港第一个中文广播电台——ZEK 中文台。

---

① 许俊基. 中国广告史［M］. 北京：中国传媒大学出版社，2006：274.

香港第一家广告公司成立于 1927 年。作为国际著名的自由港，这里很快吸引了跨国广告公司的入驻，成为跨国广告公司较早大规模进入的地区之一。①

在这一时期内，由于经济还不甚发达，加之受到战争的影响，香港的广告业仍处在一个发展相对缓慢的起步阶段。不过，这正像孕育在母腹中的胎儿，一朝分娩，便要开始茁壮成长了。

二、成长期（20 世纪 50 年代初—60 年代末）

从 20 世纪 50 年代初到 60 年代末，香港经济在遭受了第二次世界大战的摧残后逐渐有了起色，完成了第一次经济转型，香港由一个以转口贸易为主的自由港转变为工业化城市，经济也处于腾飞的准备阶段。此时的广告业便开始蓬勃发展起来，不过广告水平还比较低下，主要经营制作型和媒体代理型业务，如码头广告位置、路牌的出租等。

1957 年 5 月 29 日，亚洲电视有限公司（ATV）的前身"丽的呼声有限公司"创办的"丽的映声"成立，成为香港最早的有线黑白电视台；1967 年 11 月 19 日，香港电视广播有限公司（TVB）正式启播，是全港首家商营无线电视台。电视媒体的运营开启了一个新的传媒时代，为下一阶段香港广告业的迅猛发展，打下了坚实的基础。

此外，香港广告商会（HK4As）和香港广告客户协会（HK2As）分别于这一时期的 1957 年和 1961 年成立。从那时起，两家行业协会在维持广告职业操守、出任广告公司纠纷仲裁、为广告公司提供交流平台、保护广告客户利益等方面，为香港广告行业的蓬勃健康发展作出了突出贡献。

三、繁荣期（20 世纪 70 年代初—20 世纪末）

20 世纪 70 年代香港进入经济腾飞的辉煌时期，经济的高速发展和空前繁荣推动了广告业的发展。据统计，1971 年全港广告总开支为 2 亿港元，② 经过近 30 年的高速发展，到 2000 年，香港地区的整体广告开支达 276 亿港元，在亚太地区仅次于中国内地和韩国，排名第三位。

经过多年的发展，香港广告业已经实现了规范化和国际化，其广告公司已成为具备

---

① 孙顺华，查灿长，刘悦坦，等．中外广告史［M］．济南：山东大学出版社，2005：116.
② 冼日明，游汉明．广告在香港：经济、社会、法律及管理层面之剖析［M］．香港：大学出版印务公司，1986：3.

与消费者进行综合沟通能力的多元化顾问型企业。[①] 据统计，早在 1981 年，香港就约有广告公司 1 000 家，[②] 到了 2004 年，香港经营广告业务的公司超过 1 100 家，其中约半数从事广告策划代理顾问服务。其他包括广告招牌制作以及广告赠品制作公司约 200 家；宣传展览公司约 50 家；广告喷画公司 40 多家；电视广告制作公司 20 多家；户外广告制作公司约 20 家；直销市场服务、报纸及期刊广告制作公司，以及网上广告制作公司各 10 余家等。[③]

广告媒体方面，1979 年在香港注册的报纸刊物共有 440 家，商业电视台两家和商业电台一家；2004 年底，香港共有 46 份日报、多份电子报和 799 份期刊、两家提供免费电视服务的私营公司、三家收费电视服务持牌机构、13 家非本地电视节目服务持牌机构、一家兼备广播和电话的政府电台和两家商营电台。

许多重要的广告评选典礼创办于这个时期。例如，始于 1984 年的"香港 HK4As 广告创作大奖"（后改称"金帆奖"）、创办于 1994 年的"香港十大电视广告"颁奖典礼和首创于 1999 年的"龙玺全球华文广告奖"，均为香港广告公司和创意人之间的交流以及香港广告创作水平的提升提供了重要的平台。此外，著名华文广告杂志《龙吟榜》（季刊）也在 1995 年初创刊，该刊专门网罗世界各地华文广告精品，并邀请著名广告人加以点评，成为华文广告知识积累与传播的重要媒介。

香港广告行业繁荣的一个重要表现，就是这一时期的香港已经成为"广告的海洋"。走在香港地区的街上，不论远望还是近瞧，霓虹灯广告、路牌广告上下纵横交织成网；乘船搭车时海报广告、灯箱广告比比皆是；买份报刊，图文并茂的广告占去了相当的版面；站在红绿灯下等待穿过马路，也会有人派发广告到路人手里；坐在办公室，常会有人以"为您服务"的名义打来电话，或直接登门拜访请其出资参加广告活动；下班回家打开私人信箱，来自亲朋好友的信函不一定有，但劝其购物的电子邮件广告总也少不了；如果观看电视或听广播，广告更是多得令人眼花缭乱……

四、饱和期（21 世纪初迄今）

经过几十年的高速成长，到 21 世纪初，香港的广告市场已经趋于饱和。为了寻求新的增长点，香港广告公司开始大举进军远未饱和的内地市场。大型的广告公司都已相继在内地开设代理处，或与内地广告商成立合资广告公司，以上举措均取得了良好的效益。从

---

① 孙顺华，查灿长，刘悦坦，等. 中外广告史［M］. 济南：山东大学出版社，2005：116.
② 1981 年香港经济年鉴［G］. 香港：经济导报社，1982：163.
③ 2004 年香港经济年鉴［G］. 香港：经济导报社，2005：289.

2004 年 1 月 1 日起，CEPA① 允许香港地区和澳门地区的服务提供者在内地设立独资广告公司，更为香港广告业的持续发展提供了更广阔的天地。同时，随着中国经济的发展和粤港澳大湾区的设立，香港地区与内地的商贸联系更加紧密，在 2019 年 1 月 1 日起实行的《CEPA 货物贸易协议》中，明确强调了"香港继续对原产内地的所有进口货物实行零关税。内地对原产香港的进口货物全面实施零关税"②。这样开放的贸易环境既增强了香港经济的活力，也为香港广告事业的持续发展提供了条件。

另一方面，21 世纪以来，随着数字媒体的快速发展，香港广告业逐渐走上了数字化转型的道路。这一时期，数字广告公司大量出现，数字广告赛事也迅速发展，如香港数字广告销售公司 Pixel Media 在 2011 年举办的数字广告颁奖典礼，对香港的最佳数字广告及创意人士予以表彰，形成了一定的业界影响力，也进一步引发了人们对数字广告的关注。2017 年，全球领先的绩效管理公司尼尔森在香港正式推出了数字广告收视率（Digital Ad Ratings），为当地广告商提供了衡量数字广告消费者触达率的统一标准，这标志着香港的数字广告进入更系统化的发展阶段。

香港是一个东西方文化的交汇之地，既保留了中华文化的传统，又与西方文化进行了长期的融合，形成香港文化东西荟萃、多元化的重要特色。欧美先进的广告经验、创意手法、经营理念，在香港可以轻易地被灌输、接受和创新，少有语言和文化上的障碍；同时，香港又保留了中华传统文化的精髓，在适应内地市场时，更有竞争力；再者，香港相对自由的贸易环境、多元的文化氛围，更容易产生优秀的创意和专业人才。面对全球一体化的经济发展趋势，香港广告人在品牌管理、创意设计、市场营运及推广方面积累了丰富的国际市场经验，在国际化程度方面比内地广告人更具优势；与刚进入内地的国外广告人相比，他们更熟悉中国国情，更能掌握内地客户的需求和目标。所以面对巨大的内地市场，香港广告公司的竞争力是显而易见的。

不过，香港广告公司仍然要面对内地相对不完善的市场、不成熟的广告法律和文化差异等难题，要想取得成功，这些问题都是不容忽视的。

---

① CEPA，即 Closer Economic Partnership Arrangement，全称为《内地与香港、澳门关于建立更紧密经贸关系的安排》及有关附件。

② 进口货物不包括内地有关法规、规章禁止进口的和履行国际公约而禁止进口的货物，以及内地在有关国际协议中作出特殊承诺的产品。

第二节　澳门广告简史

澳门是中国东南沿海开发最早且开放最早的商埠之一。由于长期处在葡萄牙的殖民统治下，导致澳门的经济和政治有着特殊的发展历程，所以，澳门地区的广告业也有其自身发展特点。粗略看来，澳门广告业的发展大致可以分为四个阶段，即萌芽期、成长期、发展期和成熟期。

一、萌芽期（16 世纪中叶—19 世纪中叶）

从 1554 年澳门正式开埠①到 1842 年英国对香港实行殖民统治这近 300 年的历史期间，澳门是东西方贸易的重要港口，也是中西方文化交流的中心。16 世纪中叶以后，葡萄牙人以澳门为据点，开展对日本、东南亚、非洲等国家和地区的贸易，输出中国的丝、茶、瓷器等商品，澳门因出口商品而名扬海外。此时，澳门出现了宣传最佳出口商品的广告，如清朝乾隆年间出产的"青花圣水杯"广告，目的是宣传产品价格便宜、质量好等。②

二、成长期（19 世纪中叶—20 世纪 60 年代末）

从 19 世纪中叶开始，澳门的报纸媒体在全国率先发展起来，成为澳门广告业发展的媒介和催化剂。

澳门是中国近代报纸的摇篮。1822 年 9 月，澳门出版了中国境内最早的近代报刊——*Abelha da China*（中文译为《蜜蜂华报》）。《蜜蜂华报》为葡萄牙文周报，逢周四出版，由阿马兰特神父任编辑，于 1823 年 12 月 26 日被查封，共出版了 67 期。《蜜蜂华报》是首份向国外传播中国信息的报纸，对于当时严格执行闭关锁国政策的中国来说，是为数不多的与世界交流的窗口之一。

随后，《澳门宪报》《澳门新闻纸》《镜海丛报》《知新报》《濠镜晚报》《澳门通报》《澳门时报》等陆续创刊。其中，《澳门宪报》作为澳葡殖民统治者创办并直接管

---

① 澳门开埠的确切时间迄今仍是颇具争议的问题。此处引用自：汤开建. 澳门开埠时间考［J］. 暨南学报（哲学社会科学版），1998（2）：74－85.

② 许俊基. 中国广告史［M］. 北京：中国传媒大学出版社，2006：280.

理的官报①，于 1838 年创刊，并于 1850 年开始出中文版。在这份报纸上刊登的中文广告是中国近代最早的中文报刊广告之一，其涉及内容十分广泛，数量也相当可观。据统计，1850 年 12 月 7 日至 1890 年 12 月 26 日间的 432 份《澳门宪报》文栏中，几乎每期都有大量的中文广告，包括政府专卖广告和私人商业广告两大类。②

例如，1851 年 1 月 18 日的《澳门宪报》（第九号）中就刊登了一条澳葡政府关于猪肉和牛肉专卖的招标广告："大西洋理事官嗳曝哆吗叽吐奉公会命谕各人知悉。因定期出投猪栏，乃是礼拜日不暇办理，今再定本月十九日十一点钟出投猪栏。二十日出投牛栏，有愿承充者，依期到议事厅投充可也。道光三十年十二月十二日谕。"③ 再如，1854 年 12 月 9 日的《澳门宪报》（第八号）上刊登了一则来往于澳门、香港、广州三地之间的新式蒸汽机轮船的船期广告："兹者香港东藩火船公司议定，自此之后，每逢礼拜二、礼拜四、礼拜六日，有火轮船由港（香港）往省（广州），由省来港，礼拜六由省来港之火轮，与礼拜二由港往省之火船，经过澳门下铙（锚）一刻。然后直往。每欲快行到步火船开行之候。不能一时而定，因潮水日日不同之故矣。每船开行之时候，必日日声明于新闻纸内。搭客水脚银照旧一样。船面搭客有遮帐。本公司之火轮船舱位阔大，若有粗货亦可装载，水脚银面议。咸丰四年十月十六日，东藩火船公司大班启。"④

澳门另一家有影响的报纸是康有为的弟弟康广仁和商人何廷光于 1897 年 2 月 22 日合办的《知新报》。康有为和梁启超经常在该报发表文章，提倡言论自由、出版自由、效仿西方，提出变法、兴民权、变科举、办学校、介绍各国新科学技术等。《知新报》内容丰富，议论精辟，畅销全国，不但国内大城市有 40 埠设代销处，还远销到日本、越南、新加坡、美国等国家。该报与上海的《时务报》、天津的《国闻报》并驾齐驱，成为当年全国具变法改良思想的三家报纸。

时至抗日战争时期，避居澳门的张大千、关山月等一大批爱国艺术家，以画笔为武器，制作宣传广告，开辟了打击日寇的另一个战场。⑤ 这一时期，澳门的报刊媒体也有了进一步的发展，中、外文报业非常活跃，如报纸就有 30 多种，著名的包括《澳门时报》《大众报》《新声报》《朝阳日报》《平民报》和《民生报》等。由于抗日战争的爆

① 徐莉莉. 呈现与传播：《澳门宪报》中文广告（1850－1911）与近代澳门社会发展［D］. 武汉：武汉大学，2015.

② 查灿长.《澳门宪报》中文广告述评［J］. 新闻界，2007（1）：105.

③ 汤开建，吴志良. 澳门宪报——中文资料辑录（1850—1911）［G］. 澳门：澳门基金会，2002：1.

④ 汤开建，吴志良. 澳门宪报——中文资料辑录（1850—1911）［G］. 澳门：澳门基金会，2002：6.

⑤ 许俊基. 中国广告史［M］. 北京：中国传媒大学出版社，2006：281.

发，大量的商人、学生、居民涌入澳门，给报业和广告业的发展带来了活力和生机。如《大众报》《朝阳日报》在发布抗日救亡消息、团结各地爱国力量、支援抗战、筹款救灾、创办公益事业等方面，起着巨大的作用。①

三、发展期（20 世纪 70 年代初—20 世纪末）

长期以来，澳门广告行业业务单一、市场狭窄，只有美术工作者兼做较简单的印刷宣传广告。直至 20 世纪 70 年代初，澳门经济有所发展，招牌广告也因市场需求而增加。随着澳门经济在 80 年代中期至 90 年代初期的起飞，旅游业、酒店业开始蓬勃发展，地产市场畅旺，社团及商业机构的数量亦大为增加，社团活动和商业活动变得频繁，刺激了澳门广告业的发展。这期间，广告公司的经营模式有所改变。随着客户对广告质量的要求提高，在包装等方面较为注重，旧式广告公司所经营的招牌广告已经不适应发展的需求，渐被淘汰。取而代之的是现在的公关公司、设计和制作公司等不同经营模式的广告公司。

由于澳门的市场规模小，缺乏地区生产的著名品牌，因而没有本地厂商有能力缴付高昂的广告费来进行产品的宣传；② 而进口品牌也因为市场狭小，在广告经费上投入也不多，使澳门的广告公司以服务和公民意识的推广为主要业务。服务广告以特区内的旅游娱乐业、酒店服务业和金融银行业为主，受众大多为旅客；而澳门特区政府也主要通过广告推广公民意识和政令，如肃贪、环保、工业安全、公民责任等。③

澳门的立法会候选团体也是澳门的重要广告主。澳门的选举广告较为集中，据澳门特别行政区立法会选举制度及《"选举法"》第七十五条规定，"竞选活动期"是由选举日前十五日开始至选举日前第二日午夜十二时结束，可供宣传的时间只有十四天。澳门并没有政党政治的传统，社会上公民意识和政治意识尚未成熟，每次选举时组成候选组别的团体，多数是一些平时的功能团体和社会服务团体，④ 其实并没有"政治立场"或"政治取向"，所以每个组别在其"外观上"的表现，其实是差不多的。而澳门特区地域狭窄，选民人数又不多，所以候选人要争取的支持者，也几乎是一模一样的澳门市民。

① 许俊基. 中国广告史［M］. 北京：中国传媒大学出版社，2006：282.

② 周道宁. 澳门广告业与国内同行协作的需求与前景［J］. 广告大观，1999（7）：36－37.

③ 胡锦汉. 澳门广告业特色［J］. 广告大观，1999（2）：21.

④ 2001 年澳门参选的组别包括 15 组：根在澳门提名委员会、新民协会、新希望、中层人士同盟、民主新澳门、娱职联谊会、民权协进会、澳门旅游娱乐文化促进会、职工同盟、浩然朝阳促进会、澳门民主民生协进会、同心协进会、繁荣澳门同盟、群力促进会和澳门社会经济改革促进会。

四、成熟期（21 世纪初至今）①

在澳门的经济体系当中，一直以博彩业为地区最重要的收入来源。受到澳门市场空间狭窄和经济模式单一的限制，澳门广告业在市场规模和发展空间方面都受到较大的局限。尽管如此，澳门广告业在回归以后仍在不断发展，并逐渐迈向成熟。

首先，据澳门统计暨普查局的数据显示，2018 年澳门本地生产总值为 4 403.16 亿澳门元，同年广告业收入为 9.04 亿澳门元，澳门广告业的收入约占澳门本地生产总值的 0.2%，与一般发达国家和地区媒体广告基本占 GDP 的 2% ~2.3% 的比例相比仍有不小差距，这也表明未来澳门广告业的发展尚有很大空间。

其次，从 2004 年 1 月 1 日起，CEPA 允许香港地区和澳门地区的服务提供者在内地设立独资广告公司。澳门广告企业较其他外资企业更早进入内地市场，这为澳门广告公司在广阔的内地广告市场大展拳脚奠定了基础。

再次，澳门特区政府为提高其经济抗风险能力，实现经济的可持续发展，积极推动经济适度多元发展，培育新兴产业。2016 年，澳门特区政府确定了"会议为先"的发展策略，强化政策扶持，加快培育会展业产业链，支持业界竞投更多世界各地具有影响力的会展活动落户澳门。会展业在澳门新兴产业中发展尤为迅速，2018 年会展业增加值总额为 35.2 亿澳门元，与 2015 年相比，增加值总额上升近 1.6 倍。会展业的兴盛无疑将会带动广告业的发展，尤其是宣传服务、公关策划以及标识制作等业务。据统计，2018 年会议展览筹办所带来的广告收益为 3 038.5 万澳门元，与 2017 年相比增长 19.7%。

此外，伴随着"一带一路"倡议的实施、粤港澳大湾区的建设以及澳门国际广告节的举办，澳门广告业迎来了新的发展机遇，必将继续发挥其区位优势，围绕亚太地区，面向国际市场，实现广告业新的快速增长。

---

① 本节数据来自澳门特别行政区统计暨普查局主页，https：//www.dsec.gov.mo/zh - MO/。

第三节 台湾广告简史

纵观台湾地区的广告历史，我们可以发现，由于受到中华传统文化、日本文化以及以美国为代表的西方文化的综合影响，台湾地区的广告呈现出鲜明的多元文化表征，其广告业具有独特的成长脉络。

20世纪后期，研究台湾地区广告的学者开始对台湾地区广告史使用编年、类别、人物等方法进行划分。就编年法而论，又大致有四分、五分之说。"四分法"将台湾地区的广告史划为"中华民国"五十年（1961年）以前的萌芽时期、20世纪50年代的发展时期、20世纪60年代的发展时期和20世纪70年代广告趋向国际化时期（王德馨，1989年）；或是掮客及萌芽期（1945—1954年）、广告代理孕育期（1955—1963年）、广告代理业成长期（1964—1980年）、广告代理业国际化期（1981年迄今）（刘毅志、刘会梁，1998年）。"五分法"则划分为萌芽期（1945—1957年）、广告代理导入期（1958—1965年）、成长期（1966—1975年）、竞争期（1976—1988年）、多元期（1989年迄今）（郑自隆，1999年）。考虑到政治、经济和科技等因素对广告业产生的重大影响，本书在采用五分法的基础上，新增数字化时期（2010年迄今）。

一、萌芽期（1945—1957年）

台湾地区的广告历史可追溯至1896年。当时《台湾新报》创刊不久，便有日本所设"总督府"刊登广告，这是台湾地区最早的报纸广告。其时吸收日本、美国的广告方式，多登载香烟、汽车类广告。由于台湾地区的经济文化长期受到日本殖民主义的统治，这个阶段没有发展出中华民族的广告事业。

抗战胜利后，先有龚厂桥兄弟于1946年由上海赴台为政府策划，在现在的台北市棒球场所在地举办了"台湾博览会"。1949年，赵君豪与丁宇人等首创"大陆广告公司"，推销报纸广告版面，这是掮客型广告公司的开始。柯逸鹏兄弟也于1949年左右成立蕾克广告公司。1954年，王石夫创立了东南广告公司；1955年，高登贵创立艺文广告社，王斌贤创立兴业广告公司；1956年，史习枚创立联合广告公司。这些广告公司均属同一类型，都以推销报纸版面为主。这个时期报社业务员也同样推销版面，不过，报社业务员推销版面所获的佣金为20%，而掮客所得仅为10%。这些广告公司除推销版面、承揽广告工程以外，也兼营设计、包装等项目。

在这一时期，台湾的广告内容大多数是药品、杂货、化妆品、布料、烟酒。广告语言多采用四字成语，如"货真价实""童叟无欺""价廉物美""包君满意"等。多使用对仗、对称式文字作为标题，如"台湾中华百货公司 欢迎各界莅临参观"。广告画面以商品为主，再辅以人物或辅助性插画，"黑人牙膏""火车头牙粉"的广告显示出在当时商标观念已经萌芽。此外，1952年也有了名人证言广告，评剧名伶顾正秋以签名盖章方式推荐"蝶霜"化妆品。这个时期还出现了促销广告，如"买一送一""瓶盖附奖""赠送礼券""对号还本"等，其中以1955年科达香皂举办的"招待顾客环岛航空旅行"最为抢眼。

总之，在台湾的广告萌芽期，由于战乱纷纷、时局迭变，社会的不稳定也直接导致了工商业的不发达和广告业的低迷。相较20世纪初的上海广告业，50年代台湾的广告业在技巧、规模、服务等方面并无多少进步。

二、导入期（1958—1965年）

温春雄于1958年创办的东方广告社被认为是台湾第一家综合广告代理公司。温春雄毕业于日本神奈川大学商学系，公司创办时只有3个人，即温春雄、简锡奎、胡荣叠。1960年东方广告社改名为东方广告股份有限公司。

受1960年第二届亚洲广告会议的影响，台湾地区几个主要的广告公司在1961年之后的几年陆续创办。[①] 该届会议在日本东京举行，台湾地区首次组团参加，由郑品聪担任团长，团员有颜伯勤、陈福旺、王超光、吕耀城、钱存棠、许炳棠等人。在东京期间，日本最大广告公司——电通（Dentsu）的社长吉田秀雄积极向台湾团员宣传广告公司对经济繁荣的贡献，并表示愿意协助台湾地区建立广告代理制度。吉田秀雄的鼓励，再加上当时台湾经济逐渐起步，以及筹备中的台湾电视公司，均有利于台湾地区广告事业的兴起。

台湾地区早期广告事业受日本影响极大，除主要客户为日商、主要商品为日货外，创办人大都具有日本教育背景，因此，公司组织与管理风格均沿袭日本，如国华广告公司早期的"十守则"即改编自吉田秀雄的"鬼十则"。

在台湾广告导入期，广告业除受日本影响外，受美国的影响也很大。20世纪60年代，美国的营销观念进入台湾地区，引起了很大反响。此时，台湾时局由混乱走向稳

---

① 1961年，陈福旺创立台湾广告公司，许炳棠创立国华广告公司。1962年，李云鹏、刘毅志、张我风创立国际工商传播公司，钱存棠创立华商广告公司。

定，加之电视台开播，更多更具规模的广告公司成立，广告业步入经营代理商阶段。广告公司的创意、设计不断推陈出新，观念也明显领先于客户，帮助广告公司提升了自身的社会地位。

1962 年 10 月 10 日台湾电视台（简称台视）开播，将台湾地区的广告经营带入了电视时代。

这个时期的广告教育也有了长足的进展。台湾地区较为正规的广告教育始于台湾政治大学新闻系，该系于 1957 年开授"广告学概论"课程，由宋漱石任教，隔年由余圆燕接任；而台湾中兴大学的前身台湾省立法商学院，亦于 1958 年在企管系开授"广告学"课程，由王德馨任教。

台湾地区第一本有关广告的著作，是温春雄写的《商品销售法》，于 1959 年出版。第一本广告学教科书则是由王德馨所著的《广告学》，于 1963 年出版。

1964 年，业界自发举行了"'中华民国'第一届广告研讨会"，经美援公署顾问 B. Howard 协助，并获台湾地区"经济部""经合会""外贸会"等机构赞助，聘请了美国智威汤逊广告公司副总裁 W. Elton 赴台讲学。

三、成长期（1966—1975 年）

20 世纪 60 年代末至 70 年代初，台湾当局在内外压力下，决定实行经济自由化政策，由此推动了经济的发展，社会也趋于稳定，与广告业相关的各个行业均出现了欣欣向荣的景象。

在这个时期，台湾地区的广告公司规模扩大，从业人员大量增加，广告业务也日趋正规化、科学化，广告业迅速发展。这一时期亦有不少颇具规模的广告公司创立，如 1968 年秦凯创立美商格兰广告公司，沈达吉创立清华广告公司；1969 年，徐达光创立东海广告公司，此公司于 1974 年改组为联广公司；同年，蒋孝勇创立欣欣传播，除承揽"中华航空"广告外，还承包政府机构的晚会活动，郭承丰也创立了华威广告；国泰建设公司在 1972 年成立了国泰建业广告公司。"台北市广告代理商业同业公会"亦于 1975 年成立，虽然在 1958 年即有"台北市广告同业公会"组织，但此公会成员绝大部分为广告工程、广告招牌制作业者，性质与广告代理有很大不同。因此，1973 年由当时国华广告公司许炳棠发起，邀集较具规模的广告代理业者，包括太洋广告总经理杨基沂、欣欣广告总经理李兴华、东方广告总经理钱存棠、国际工商广告总经理刘毅志、台湾广告董事长陈福旺等 8 人，组成"台北市八家广告代理业联谊会"，并于当年 9 月 24 日召开第一次会议，公推许炳棠为召集人。这便是"台北市广告代理公会"的前身。

当时广告学术交流也非常活跃。1966 年，"第五届亚洲广告会议"在台北举行，由"台北市广告人协会"理事长余梦燕担任大会主席，亚太地区 14 个国家及地区的 413 名代表参会。本次广告盛会提高了人们特别是商界对广告的认识，获得了当地政府部门对广告事业的支持和帮助。会议激发了广告业同仁为发展广告业务奋发图强的精神，也使广告业务在经营、创作、技术和其他方面有了长足的进步。同时，广告公司本民族广告意识慢慢觉醒，与台湾地区民众的民族意识相互应和，使台湾广告显现出中华民族的文化特色。

在媒体方面，中国电视公司（简称中视）于 1969 年 10 月、中华电视台（简称华视）于 1971 年 10 月加入商业电视台行列，与台视呈三足鼎立之势，同时促进了台湾地区的广告业发展。台视于 1968 年创办了电视广告"金塔奖"，聘请广告界学者专家担任评审，在参选广告影片中，按商品类别选出名次分别领奖。金塔奖共举办了四届，至 1971 年停止。①

在广告教育方面，1968 年台湾政治大学新闻系分组，其中"公共关系广告组"设有"广告运动与企划""印刷媒体广告制作""电子媒体广告制作"等课程。台湾地区第一个广告科系——醒吾商专两年制"商业广告科"也于 1968 年开办，由刘会梁担任科主任。该科于四届后停办。

四、竞争期（1976—1988 年）

此时期由于台湾当局与美国"断交"，迫使台湾当局宣布开放市场，强调经济自由化与国际化，直接或间接地鼓励了外商进入台湾地区，广告业进入了竞争期。本土广告业者通过与外国广告公司合作或合并的方式，促成国际化并提升竞争力，因此也有人把这一时期称作台湾地区广告业的"融合期"。1981 年，国泰建业广告公司与美国 Ogilvy & Mather（奥美）技术合作，并于 1985 年由美国奥美技术出资 62%、国泰建业广告公司出资 38%，改组为奥美广告公司；华威广告公司于 1983 年与美国 GREY（葛瑞）广告公司技术合作，1986 年建立真正的合资关系，1989 年正式改名为华威葛瑞广告公司；华商广告公司在钱存棠创立并经营十余年后售予杨敏雄，该公司于 1989 年与美国 Bezell（宝杰）广告公司合资，1997 年改名为华商宝杰广告公司；此外，Saatchi & Saatchi（萨奇）于 1982 年、Leo Burnett（李奥贝纳）于 1984 年、Bates World wide（达彼思）和 JWT（智威汤逊）于 1988 年陆续进入台湾地区市场。

---

① 其停办的原因主要是中视华视陆续开播，台视认为如再独自举办权威性不够，也不易受到业界认同。其间台视曾提议改请三台或由"电视学会"继续举办，但因其他台缺乏兴趣而作罢。

这个时期，由于外资广告公司的快速进入，台湾地区本土广告公司面临着巨大的生存压力。国际生产商基于全球代理政策的考虑，常采取跨国转移（international transfer）的做法，即母公司的产品交给哪家广告公司代理，在他国或地区行销时，广告也会交给这家广告公司的他国或地区伙伴公司或子公司代理。李奥贝纳公司在台湾地区成立时，由于宝洁与南侨化工合作，因此李奥贝纳公司也同时合并了南侨投资的南声传播；Lowe & Partners Worldwide（灵狮环球）广告公司成立时，因英商联合利华投资国联，因此也同时代理国联产品。[①] 本土最大的广告公司联广，也因外商进入台湾地区的市场而流失了一些重要的客户——"靠得住"卫生棉转到奥美广告公司，"福乐"奶品转到灵狮环球，福特汽车转到智威汤逊。这种全球代理政策，使得台湾地区的本土广告公司遭受强大的冲击，但也促使台湾地区的广告业加入到了国际广告大家庭当中，自身的竞争力得以提升。台湾地区的广告界资深人士赖东明曾表示："面对外商的冲击，最好的对策就是台湾地区广告业应有走向科学化、国际化的雄心与魄力，并结合本土企业的力量，扩大经营规模及提升竞争力，真正表现出具有中国文化特质与风格的本土广告。"[②] 此外，在1985年发生了著名的剑桥广告公司因两位负责人卷款潜逃而倒闭事件，使得媒体紧缩对广告公司的信用额度，对广告业产生了一定影响。

社会、政治与经济的快速变迁，间接促成了广告表现的改变。以往以商品特质为导向的硬销（hard-selling）方式，逐渐向以消费者为主体，诉求人性、感性的软销（soft-selling）方式转变（如"中华豆腐"的"慈母心、豆腐心"）。环保意识的觉醒也反映在广告当中（如伯朗咖啡的"保护有翅膀的朋友"，黑松汽水的"响应绿化运动"）。1982年，台湾"省政府农林厅"推出省产水果系列广告（"杨贵妃的遗憾""陈兰丽的等待""包娜娜的诱惑"等），让政府广告跨出了一大步。1988年开始，军校招生也改为采用MTV（音乐电视）式的广告影片。

1978年，《中国时报》创办了第一届时报广告设计奖，当时仅有平面广告一项，第三届改名为时报广告金像奖，第五届增设公益广告奖，1990年设立时报亚太广告奖，1992年举办金犊奖，1993年设立世界华文广告奖。1997年奖项合并，只保留时报广告金像奖与金犊奖。时报广告金像奖为台湾地区最受广告界重视的奖项之一。

1979年，联广公司邀请伊东寿太郎赴台湾地区讲授CIS（企业识别系统），并为味全公司设计VI（视觉识别系统），此为台湾地区引入CIS理念的开始。同年，台湾地区

---

① 灵狮环球的前身是 Lintas，原为联合利华的广告部门。Lowe 由 Frank Lowe 创立，以颠覆性创意闻名欧洲。2001年，Lintas 与 Lowe 合并。

② 陈培爱. 中外广告史（第二版）[M]. 北京：中国物价出版社，2001：140.

广告公司为百吉发机车赴法国拍摄广告新片，这是台湾地区广告界首次赴海外拍摄广告片。另外，《动脑》杂志也在当年成立"广告人俱乐部"，此俱乐部迄今仍定期举办演讲餐会。

1986 年，台湾文化大学设立了台湾地区第一个广告学系。次年，台湾政治大学也设立了广告系。

1987 年，台北市较具规模的广告综合代理企业成立"综合广告业经营者联谊会"（The Association of Accredited Advertising Agents of Taiwan，简称台湾 4A），台湾 4A 为台湾地区最重要的广告社团之一。

1988 年，台北市广告代理同业公会印行《"中华民国"广告年鉴》第一辑，至今仍每年持续编印。

五、多元期（1989—2009 年）

总体而言，台湾地区的广告业从 1989 年开始进入了多元化时代，这主要表现在五个方面：①经营多元化：既有外商广告公司，又有本土广告公司，两者之间经常产生股权上的关系；②既有大型广告代理商，又有个人工作室，规模向两极发展，经营理念也向两极发展；③媒体多元化：不但媒体生态多元，随着专业媒介购买公司的形成，媒体采购也有多元选择；④广告表现多元化：在科技、媒介发展的影响下，广告的表现形式不再依赖于单一媒体；⑤伴随着信息社会的逐渐成形，消费者趋向分众化、碎片化，对广告业是一个新的挑战。

1989 年，华威葛瑞成立；台广与电通于 1992 年达成协议，由电通买下台广 52% 的股份，之后合并为台湾电通广告公司；而麦肯广告前身为联中广告，是联广与中国信托的合资公司，联中 1982 年开始与麦肯合作，1989 年、1993 年台资陆续退出，麦肯成为美商独资的公司。到 1995 年底，台湾地区的广告代理业营业总额中，美国资本的广告代理商占 48% 左右，日本资本的广告代理商占 22% 左右，本土的广告代理商占 30%。[①]这些国际化广告公司在台迅猛发展，为台湾广告客户带来了先进的广告理念、广告技术、经营管理方式和服务方式，但跨国广告公司的大量进入也让所有的本土广告公司面临巨大压力，不少公司纷纷倒闭。本土广告公司倒也并未因此一蹶不振，而是在重新思考定位之后逐渐成熟。90 年代中后期，台湾地区广告业的国际化、科学化、本土化基本形成，广告公司大型化、专业化的程度越来越高，同时也将整合营销传播理论慢慢融

---

① 刘家林. 新编中外广告通史（第二版）［M］. 广州：暨南大学出版社，2004：317.

入实践，广告公司的运作手段更加多样、视野更加开阔。除此以外，受到经济利益的驱动，台湾地区的广告公司也追随台企步伐进入大陆，进行跨海广告作业。

在这个时期，"报禁"开放、中功率与低功率电台开放、有线电视迅速普及、电视的频道增多并组成电视连播网、杂志数量大幅上升等因素，也使台湾地区的广告环境出现巨变。随着媒介的增长，广告客户对媒介的需求也有了变化，逐渐产生"媒体集中购买"趋势。除了客户分散委托企划、媒体集中购买外，也出现了专业媒体购买公司（如传立、聚涛、澄丰等），或广告公司间成立媒体购买的策略联盟（如博上与黄禾的"薄荷联盟"）。

在广告教育方面，1995 年台湾辅仁大学大众传播系广告组独立成系；1997 年台湾政治大学广告学系硕士班首次招生，开启了研究所层级的广告教育。此外，1993 年政治大学广告系举办了"第一届'中华民国'广告暨公共关系学术研讨会"，此后每年举办；同年，政治大学广告系出版《广告学研究》半年刊。1997 年，政治大学广告系连同文化大学广告系、辅仁大学广告系共同举办了"第一届'全国'广告系学生提案竞赛"活动，广告实务界在这个时期也开始将培养、教育、锻炼广告人才看作是发展广告事业的第一要务。

在广告内容方面，政治广告的出现成为台湾地区华人广告界一个独特的景象。1989 年，报纸广告开放；1991 年，"中央选举委员会"征召台视、中视、华视三台的公众收视时段开辟"政党电视竞选宣传"，首创了电视选举广告。1991 年之后，台湾地区年年都有选举，政治广告也日渐昌兴。1996 年"大选"阶段，更有广告界人士直接涉入，如联广赖东明即组成跨公司小组负责李登辉、连战参选的文宣。

六、数字化时期（2010 年迄今）

进入 21 世纪后，台湾地区的广告总量虽然仍在上升，但速度已经放缓，逐渐出现饱和现象，其主要原因有三：首先，居民对商品的需求渐趋饱和，加之人口有限，且经济属于外向型，广告拉动内需的能力基本已到极限，因此大多数外资企业和本地企业在台湾地区市场上采取防守策略，而将资源转往大陆市场；其次，媒体数量供需失衡，台湾地区对媒体没有实施总量管制，尤其 24 小时的新闻频道数目明显过多，这就使得媒体之间为了争夺广告而互相杀价，导致整个广告业的利润空间被降低；再次，广告业自身也存在一定的局限。商业竞争发展到今天，一个企业的成败早已不是单凭几个广告就能决定的，越是复杂的竞争环境，营销传播组合就越重要。从全球范围来看，广告业的作用和地位已受到公关业、咨询业、互联网业等相关行业的威胁，越来越多的原有利润来源被其他行业和机构瓜分，导致广告业的整体收入下降。

　　近些年数字媒体和技术的快速发展给台湾地区的广告业带来了新的机遇。无论是广告代理公司、媒体代理商还是数字营销服务公司，都在数字经济的推动下摸索前行，数字广告在总广告量中所占比重也越来越大。2017 年，台湾地区的总广告量为 663.43 亿元新台币，其中数字广告高达 330.97 亿元新台币，占比近 50%。[①] 2018 年数字广告达 389.66 亿新台币，较 2017 年增长了 17.7%。[②] 社交媒体也逐渐成为选举宣传中非常重要的媒体组成部分。台湾地区各政党争相使用社交媒体，即时向大众传递政治人物与政党的理念和主张，以期获得更多年轻选民的青睐。

　　广告教育方面，多所高等院校的广告系纷纷开设数字营销相关课程，如文化大学推出广告系必修课程"数字化沟通与叙事能力""数字营销与广告"等；辅仁大学广告系开设"数字叙事""数字营销"等专业课程；铭传大学广告暨策略营销学系设置了"新媒体营销""数字传播""数字特效制作"等选修课程；世新大学公共关系暨广告学系推出"数字营销传播""数字影片广告创作""社群营销""数字内容设计""数字驱动营销"等课程。

　　广告奖项方面，为了迎合数字经济发展潮流，台湾数字媒体应用暨营销协会于2017 年首次举办"数字奇点奖"，以考察数字营销产业的发展情况；《动脑》杂志每年评选的"营销传播杰出贡献奖"中也增添了"年度杰出数字营销公司""年度杰出数字营销"等奖项。不少公司也踊跃参加大陆举办的各项数字营销赛事。

---

　　① 　根据"'中华民国'统计资讯网"总体统计资料库数据整理。取自 http://statdb.dgbas.gov.tw/pxweb/Dialog/statfil。

　　② 　台湾数字媒体应用暨营销协会：2018 台湾数字广告统计报告，2019.

第三章　港澳台广告公司

第一节　香港的广告公司

广告公司是指专门经营广告业务活动的企业，是"广告代理商"（Advertising Agency）的俗称，一般分为综合性和专业性两大类，综合性广告公司是可以向广告主提供全面代理服务的广告经营企业，是广告代理制的典型组织形式，一般为大型的 4A 广告公司；专业性广告公司是社会专业化分工的产物，主要从事某类广告业务或经营广告活动某部分业务，一般有以下几类：广告调查监测公司、广告策划公司、专业媒介代理公司、广告设计制作公司等。

一、香港广告公司发展历程回顾

据有关资料记载，香港第一家广告公司是创立于 1927 年 11 月 23 日的汤臣广告（即今天的达美高广告），创始人是两位英籍女士。香港特区初期的广告界主脑人物主要是英国人，直到 20 世纪 60 年代中期，才有本地广告人出现。当时在香港的外籍广告人多是澳大利亚人，原因是澳大利亚是英联邦国家，当时的政策使他们无须取得工作证在香港谋生，以致大部分源于美国的国际广告公司多为澳籍人士来港开设的。香港广告业的发展，澳籍人士功不可没①。

20 世纪 90 年代，香港地区的国际广告公司开始本地化，其主要原因是为了降低成本。因为聘任外籍员工要提供住宿费，这是一项很大的额外支出。当外籍员工谈婚论嫁或其子女到了上学的年龄，他们就回本国去了，很难长期服务于香港。相比之下，香港地区本地员工较为稳定，且更了解当地消费者。

在国际广告公司在内地的发展中，香港一直扮演着重要角色。第一批到内地发展的国际广告公司大都由香港派员，如扬·罗必凯（电扬广告）20 世纪 70 年代初即开始到内地

---

① 陈天成. 香港广告发展断想［J］. 国际广告，1999（7）：25 – 27.

探索，接着是美怡（麦肯光明）、李奥贝纳、奥美等。到 80 年代仍不断增加，如精英（精信）、智威汤逊、达彼思、李岱艾等。90 年代初，更犹如雨后春笋，各显颜色。

香港的广告公司具有较高的专业运作能力，在策划、创意、制作等方面拥有成熟的经验和不凡的表现，具备出色的综合代理能力，在亚洲广告界拥有先进的制作技术、卓越的管理、优良的服务，受到同行的赞誉。另外，香港广告业在高素质的人才队伍、发达的信息网络、参与国际广告代理的经验与国际市场的广泛交流与合作等方面，也极具竞争力。[①]

进入 20 世纪 90 年代后，香港专业广告公司已达上千家，然而，尽管香港的广告市场十分发达，但其市场空间却极为有限，且主要由多家大型国际广告代理公司控制，留给香港本地广告公司的发展机会非常有限。寻找新的经济增长点和市场发展空间已成为未来香港广告公司面临的一个课题。2004 年 1 月 1 日起，内地进一步向香港开放服务业，允许香港公司在内地设立独资广告公司，增进了香港与内地广告资本和人才的交流，给香港广告公司提供了新的增长点和市场发展空间。同时，在数字经济的冲击下，香港的传统广告公司开始不断探索数字化转型道路，也出现了一批单独的、更加细分的数字广告（营销）公司，如成立于香港的科杰影像子公司 Fimmick、独立数字服务机构 Pacific Link、香港数字营销公司 Acquity Group 等。

此外，随着中国经济的发展，许多内地品牌准备或已经打入国际市场，需要广告公司在建立品牌上给予策略性的支持，这无疑给具有国际视野和实战经验的香港广告公司提供了绝佳的市场表现机会。可以预见，它们将在中国品牌走向世界的过程中，扮演重要的角色。

二、香港广告公司的类型

据不完全统计，香港经营广告业务的公司超过 1 100 家，其中约半数从事广告策划代理及顾问服务，其他包括广告招牌制作以及广告赠品制作公司约 200 家，宣传展览公司约 50 家，广告喷画制作公司 40 多家，电视广告制作公司 20 多家，户外广告制作公司约 20 家，直销市场服务、报纸及期刊广告制作公司，以及网上广告制作公司各 10 余家。

香港广告公司一般可分为三类[②]：

第一类为香港广告商会会员，即 HK4As 公司，其中大部分是跨国广告集团，拥有大量的人力资源和优秀的制作设备，客户多为香港大型工商机构，以合约形式包办客户的各类广告。它们所推广的产品或服务范围非常广泛，能够为客户提供全面的综合性代

① 杨海军. 中外广告史 ［M］. 武汉：武汉大学出版社，2006：284.
② 2010 年香港经济年鉴 ［G］. 香港：经济导报社，2010：266.

理服务。

第二类是非 HK4As 广告制作及代理公司，主要客户为较小型的商业机构，相对低廉的收费对这些中小型客户而言往往很有吸引力。

第三类是另类广告公司，由于很多广告客户把大部分资源放在中国内地，但 HK4As 广告公司的收费较为昂贵，故他们宁愿选用其他非 HK4As 的广告公司。因此，部分 HK4As 广告公司的高层员工自立门户，创办另类广告公司，其制作水准可与 HK4As 公司相媲美，成本却比其低三成。这类公司的数量在逐渐增加。

香港大型商业机构一般都设有市场推广部门，负责制订产品推广计划，对整个推广计划所需的广告费用作出预算，设计广告概念及内容、使用媒介、广告时段及位置，然后再交由广告公司创作、制作广告及购买广告空间。一般中小型广告公司只负责广告制作及广告代理。

链接：综合性广告公司的架构

综合性广告公司意即提供全面服务的广告公司，主要包括在香港地区的跨国广告公司和规模较大的华资广告公司，集合了市场、广告、公关、调研、促销等多项整合传播的功能。它主要包括三大部门：创作部、客户服务部和媒介部，此外，还有人力资源、财务和会计等部门。

1. 创作部（Creative Department）

创作部是广告创意的来源，主要工作是负责构思广告及执行广告创作。他们按广告客户的要求，以及客户服务部同事作出的市场分析及品牌策略，创作有说服力的广告。创作部的重心人物是行政创意总监（Executive Creative Director，ECD）。一般来说，这个职位每家广告公司只有一人。不过，近年却开始出现 Co-Ececutive Creative Director，即由两人分工处理不同的客户或联合处理相同的客户。行政创意总监的工作，主要是负责创作部的行政工作，订立创作路线，控制作品水准等。

行政创意总监之下，会将人手分为若干组，每组由一位或两位创意总监（Creative Director，CD）或副创意总监（Associate Creative Director，ACD）负责带领，其中一位是文案出身，另一位则是美术出身。但也有不少创意总监是身兼两职的。创意总监的工作除了构思广告外，也负责指导及培训下属的工作。

创意总监下会有不同的小组，每小组由一位文案（Copy Writer，CW）及一位美术指导（Art Director，AD）组成。基本上，两人是共同构思广告的，但文字修饰方面由文案主理，美术润饰方面则由美术指导主理。由于美术指导的执行工作一般都较繁复，所以大都有一位助理美术指导（Assistant Art Director，AAD）协助执行这方面的工作。有经验的文案及美术指导将会晋升为高级文案（Superior Copy Writer，SCW）及高级美术指导（Superior Art Director，SAD）。不过，工作性质与以前还是大同小异。

创作部还包括了电视制作（TV Production）、平面制作（Print Production）、画房（Studio）及平面统筹（Traffic）四个小部门。电视制作部设有监制（Producer），主要负责电视广告的统筹，实际广告拍摄的工作则由广告制作公司（Production House）负责，香港的广告公司都不会自行拍摄电视广告。平面制作部设有平面制作经理（Print Production Manager），主要负责跟进平面广告的印制工作。画房设有绘图员（Visualizer）、电脑绘图员（Computer Visualizer）、正稿员（Artist）等职位，负责不同的平面广告制作。平面制作统筹（Traffic Coordinator）则负责统筹平面制作事宜。

2. 客户服务部（Account Servicing Department）

客户服务部的主要工作是与客户联络及制订创作指引。该部重心人物是客户主管（Director of Client Service，DCS），其下按不同客户划分为不同的客户总监（Account Director，AD）、副客户总监（Associate Account Director，AAD）、客户经理（Account Manager）及客户助理（Account Executive，AE）。

3. 媒介部（Media Department）

媒介部的主要工作是为客户建议合适的广告媒体（例如电视、报纸、杂志、海报、直销等），并为客户与媒体争取最合理的收费。该部重心人物是媒介主管（Media Director，MD），下设媒介主任（Media Supervisor）及媒介策划（Media Planner）等不同职位。

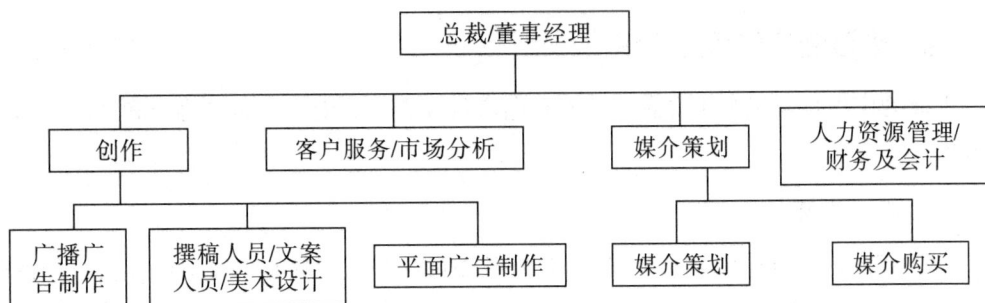

图 3-1　综合性广告公司的架构

资料来源：陈家华，陈霓．广告·公关新思维与香港业界对谈［M］．香港：香港城市大学出版社，2006：24.

三、香港广告人力资源

2016 年 1 月，香港地区的广告及公关行业共聘用了 27 130 名技术人员（主要包括公共关系服务供应商、传媒机构内的广告/公共关系/市场部、广告业机构、公司或机构内企业传讯/公共关系/广告/市场部），占香港大众传媒业总雇员的 62.7%，其中，广告业机构共雇佣 14 442 人（包括自由工作者），占广告与公共关系总雇员的 53.2%（见表 3-1）。

表 3-1　2016 年广告及公关业人力资源统计一览表

（单位：人）

机构类别	经理级	主任级	编采/制作/执行人员级	辅助/技术人员级	雇员人数
公共关系服务供应商	420	690	1 252	102	2 464
传媒机构内广告/公共关系/市场部	945	1 269	2 016	11	4 241
广告业机构	1 239	3 195	6 883	3 125	14 442
公司或机构内企业传讯/公共关系/广告/市场部	1 335	1 516	3 055	77	5 983
总计	3 939	6 670	13 206	3 315	27 130
	14.5%	24.6%	48.7%	11.9%	100%

资料来源：香港职业训练局。

四、香港的广告行业组织

香港的广告行业组织主要有三家：香港广告商会、香港广告客户协会和国际广告协会香港分会。

1. 香港广告商会

1957 年成立的香港广告商会①以行政事务委员会为领导核心，委员由会员公司的管理层代表选出，下设小组委员会为会员及广告业在各方面争取更多福利。

---

① 香港广告商会，即 The Association of Accredited Advertising Agencies of Hong Kong，简称 HK4As，网址：http：//www.aaaa.com.hk。

香港广告商会由香港20多家主要广告公司组成（见表3-2），宗旨在于制定及维持广告行业操守，执行业务守则，出任广告公司的纠纷仲裁人及为广告公司和广告从业人员提供交流意见的机会等。

表3-2　香港广告商会会员

全面会员	天联广告香港有限公司	香港卡拉特媒体服务有限公司	杰尔香港有限公司
	恒美广告国际有限公司	电通香港有限公司	扬罗必凯广告公司
	葛瑞集团	博报堂香港有限公司	灵智广告
	安索帕	伟门汤逊广告公司	李奥贝纳有限公司
	香港萨奇亚洲有限公司	睿狮博斐香港有限公司	竞立媒体
	香港明达股份有限公司	奥美（香港）私人有限公司	浩腾媒体
	品迪（PHD）	香港公报	萨奇广告公司
	星传媒体集团	李岱艾广告	The Gate Worldwide
	UM香港	蔚迈香港有限公司	
	真力时		
联系会员	朗思广告有限公司、广告策略营销国际有限公司、超越传媒全球有限公司等30家		
个人或非牟利团体会员	略		
学生会员	略		

资料来源：香港广告商会。

成立香港广告商会的目的包括：

（1）制定标准。

推动会员在接触大众、客户及彼此交往中依循行业的最高道德标准；鼓励各公司及商行的广告公司互相联系，借以巩固组织的建立，提供高效服务所需的专门知识及经验，并构思及推动与该等公司及商行相关的服务、专业及财务标准；制定并实际要求香港广告商会会员遵守专业行为标准；提供仲裁途径，以解决广告公司之间或广告公司与第三方之间的纠纷或问题。

（2）相互协助。

为广告行业设立及维持交流平台，以便广告公司与广告行业的其他参与者交换意见及彼此沟通；利用设立的平台提供意见及信息，并协助会员加强业务管理及计划，同时构思及订立方案及计划，为会员成员提供包括专业、康乐、社交及其他方面的设施及服务；确定及通告涉及一切广告公司专业有关事宜的法律、监察影响广告公司的法例、推广或支持并以合法的方式有效协助对广告公司整体有裨益的法例的执行，以及反对订立对广告公司专业不利的法例；表达其会员及广告公司的观点并代表彼等进行讨论、谈判及订立协议；组织会议、会面及展览，商讨有关专业事项、利益及责任；宣读文件、讲课、举办课程；编制及更新广告公司名单及名册；派发文件、讲课内容及专业记录；整理参考书籍及文件供会员使用及其他服务，以及广泛收集、整理及发放对广告公司及公众有用或有意义的信息。

（3）进行推广。

向社会大众、商界及政府表达及推广在自由商业社会广告所担当的重要社会及经济角色；加深大众对广告的理解与广告对于社会整体的意义，并代表业界就有关对行业的指责向政府机构、消费者组织及其他相关团体作出解释或回应；探讨及汇报广告公司普遍希望了解的事宜以及影响会员的事宜，并代表广告行业就影响该等事宜的改革向有关当局反映意见；全面监察、推广及保障会员以及广告公司的共同利益；通过制订及维持高水平的广告行为标准，从整体上监察、推广及保障公众利益，确保一切广告合法、公道、正当及真实。

2. 香港广告客户协会

香港广告客户协会①成立于1961年，由一群对广告业充满热忱的广告专业人士自愿组成，主要作为会员交流意见的平台，并旨在保护广告客户的利益，促进职业水准和道德的提高，协助广告客户向其他行业、传媒与政府表达意见，以及举办会议、研讨会、交流团等，借此促进会员之间的经验分享。

3. 国际广告协会中国港澳分会

国际广告协会②于1938年成立，由广告公司、广告客户和广告媒体三方成员组成，总部设在美国纽约，分会遍布世界96个国家和地区。中国于1987年以"国际广告协会中国分会"的名义参加了国际广告协会。2019年，中国港澳分会成立，业务涉及品牌创建、营销传播等领域。

五、香港十大广告公司简介

据相关资料显示，近年来，跨国广告公司基本保持在香港广告公司收入排行榜的前

---

① 香港广告客户协会，即 The Hong Kong Advertisers Association，简称 HK2As，网址：http：//www.hk2a.com。
② 国际广告协会，即 International Advertising Association，简称 IAA，香港分会网址：http：//www.iaahk.org。

十名，香港广告业的国际化程度由此可见一斑。以下我们对其中 10 家主要跨国广告公司作简要介绍。

1. 奥美广告公司

（1）公司概况。

1948 年，奥美广告公司由广告界一代宗师大卫·奥格威（David Ogilvy）和另一位合作伙伴 Mather 共同创办于纽约，公司的名称便是取自两位的姓氏。今天，奥美广告公司已经从仅有两个员工的小公司成长为全球八大广告事业集团之一，有超过 300 个分支机构分布在世界 100 个国家和地区。奥美广告公司共有 7 家附属公司，分别负责广告宣传、直销邮递、公共关系、网页设计及处理、电话直销、平面设计及促销推广。

奥美广告公司隶属的 WPP（Wire & Plastic Products）集团，是世界上最大的传播集团之一。WPP 集团拥有 60 多个子公司，包括智威汤逊、奥美、扬·罗比凯和精英等。凭借 WPP 集团的雄厚实力，奥美广告公司已经成为调研、公关、设计、视觉识别、零售市场营销、促销和新媒体等传媒领域的专家。

奥美广告公司的主要客户包括美国运通、福特、壳牌、麦斯威尔、IBM 等。早在 20 世纪 70 年代初，奥美广告公司收购全世界的宾信（Benson）广告公司，于 1971 年成立香港办事处。多年来，制作了不少脍炙人口的电视广告片，成功地建立了各种品牌的形象，如和记传讯、九广铁路等；其代理的平面公益广告《维港红胶鱼》获得 1996 年金帆奖、为肯德基代理的"火辣脆鸡"获 2018 年伦敦广告节大奖。

中文名	奥美（香港）广告有限公司	
英文名	Ogilvy & Mather	
地址	香港皇后大道中 99 号中环中心 23 楼	**Ogilvy**
电话	（00852）25680161	
传真	（00852）28853215	
网址	www. ogilvy. com	

图 3 - 2 奥美（香港）公司名片

资料来源：香港广告商会。

（2）360 度品牌管家。

奥美广告公司是 360 度品牌观念的倡导者。奥美广告公司认为，要塑造一个非凡的 360 度品牌，必须用 360 度的方式工作。在这个过程中，广告、公关、互动、行动营销、事件营销和直效行销等不同专业领域的人将通力合作，从客观的传播角度出发，选择最好的沟通方式，将品牌信息和品牌经验传达给目标受众。只有大创意，才能成就一个品牌。奥美广告公司的创始人，被称为"广告教父"（又称为"广告教皇"，"The Father of Advertising"）的大卫·奥格威曾经说过："如果广告没有大创意，那它就像黑夜中驶过汪洋的船只，无人知晓。"奥美广告公司全球前董事长兼首席执行官夏兰泽女士也说过："当你有了一个非常了不起的创意时，就会自然而然地开始360度运作。"

这就是为什么奥美广告公司发展了蝴蝶模型——360度品牌运作工具。依据这个工作框架，可以发展强大而富有创意的品牌运动，以360度的方式来塑造品牌。蝴蝶模型整合了很多已发展成熟的奥美工具和方法，用来与客户共同推动品牌策略思考，形成一个强有力的伟大创意。然后据此发展出各种传播创意，与消费者进行全方位接触。这套框架的最后也是最重要的一个环节是活动评估，用以检查品牌活动是否对消费者产生了影响，并对业务起到了促进作用。

2. 恒美广告公司

（1）公司概况。

恒美（DDB）广告公司于1949年由广告"艺术学派"大师威廉·伯恩巴克（William Bernbach）与道尔（N. Doyle）及戴恩（M. Dane）共同创办于美国纽约，是传播公司奥姆尼康集团的子公司。其在96个国家里，设有超过200个分公司/办事处。

恒美广告公司的主要客户包括德国汉高、百威啤酒、人头马等。其代理的麦当劳"I'm Amazing，小童大作"获2012年金帆奖（详见第十一章）。

中文名	恒美广告有限公司	
英文名	Doyle Dane Bernbach	
地址	香港数码港道 100 号数码港第三期 E 区 1201 室	**DDB°**
电话	（00852）28280328	
传真	（00852）28272700	
网址	www. ddb. com	

图 3-3　恒美（香港）公司名片

资料来源：香港广告商会。

（2）ROI 品牌工具。

一个好的广告应当具备三个基本要素，即 ROI，R 是指相关性（Relevance），O 是指原创性（Originality），I 是指震撼性（Impact）。这三个要素被称为广告的"鬼斧"。在伯恩巴克的领导下，恒美广告公司以众多杰出的反传统广告而著称于世。实践 ROI 理论，必须具体明确地解决以下几个问题：

①广告要达成什么目的？

②广告做给谁看？

③有什么利益点可以做？

④广告承诺有什么支撑点？

⑤品牌有什么特别的个性？

⑥选什么样的媒介是合理的？

ROI 过程的结果应该是一个很清楚、很有连贯性的传播策略陈述。它能让创意文稿及媒体计划有更清楚的方向。一个好的策略可以节省许多时间、争议、精力，更重要的是它能让传播更加有效。

3. 麦肯·光明广告公司

麦肯·光明是由美国麦肯世界集团（McCann Worldgroup）与光明日报社合资组建的专业广告公司。麦肯世界集团始创于 1902 年，总部在纽约。到目前为止，其所建立的广告公司遍布全球 131 个国家（地区），有世界上最大最完善的传播服务网络系统。公司的中方股东光明日报社，是中央级的报业集团，社址在北京。麦肯·光明于 1991 年底成立，它秉承"善诠含意，巧传真实"（TRUTH WELL TOLD）的服务宗旨，这种全球性的服务理念，也得到了客户的认同。

中文名	麦肯·光明广告有限公司	
英文名	McCann － Erickson·Guangming Ltd	
地址	香港铜锣湾希慎道 10 号新宁大厦 23 楼	**M&CSAATCHISPENCER**
电话	（00852）28087888	
传真	（00852）25769136	
网址	www.mccann.com	

图 3－4 麦肯·光明（香港）公司名片

资料来源：香港广告商会。

麦肯·光明的主要客户包括强生、雀巢、万事达卡、欧莱雅、可口可乐、统一食品、中国移动等。

4. 杰尔广告公司

（1）公司概况。

杰尔广告公司（Cheil）成立于 2000 年，隶属于韩国三星集团，是为国内及跨国企业提供全方位整合管理数字营销（Digital Marketing）咨询服务的企业，总部位于北京，在上海、广州、香港、台湾、韩国等地区和国家设立了分公司。多年来，杰尔赢得包括戛纳国际创意节、伦敦国际广告节、纽约国际广告节、中国国际广告节在内的诸多全球顶级行业奖项以及最佳代理商称号。2018 年，其代理的 JBL《隔绝喧嚣：世界领导人/球会经理》获伦敦国际广告节大奖。

中文名	杰尔广告公司	
英文名	Cheil HongKong	**Cheil**
地址	上环皇后大道中 299 号 299 QRC 1－3 楼	
电话	（00852）34677700	
网址	www. cheil. com	

图 3－5　杰尔（香港）广告公司名片

资料来源：香港广告商会。

（2）"创意"本源理念。

杰尔的公司理念是"为世界带去变化的核心是创意"，用创意更好助力品牌与消费者之间的良性沟通，并且坚信，只有作品的创意能打动人心，它才会成为广告公司最有力的"名片"。面对新时代的数字化转型，杰尔集团大中华区在 2017 年提出并成立了全方位创意工坊 The Amazing Factory，主要针对中国市场客户的需求以及自身的特点，更科学地为广告主提供专业、便捷的一站式创意服务。The Amazing Factory 将杰尔集团大中华区旗下的业务板块全部打通，在面对客户的多重需求时，可实现创意端的高度整合。而这一打通创意后台，突破传统运营模式壁垒的变革也为行业带来了更多全新的探索。

5. 伟门汤逊广告公司

（1）公司概况。

智威汤逊（JWT）始创于 1864 年，是全球第一家广告公司，也是全球第一家开展国际化业务的广告公司。自成立以来，智威汤逊一直以"不断自我创新，也不断创造广告事业"著称于世。JWT 首开先例地开展了顾客产品调查、创办了第一本杂志指南、创办了第一本农业指南、创办了提供给国际投资人的第一本行销指南、制作了第一个电台表演秀、制作了第一个商业电视传播、第一个使用电脑策划及媒体购买……

伟门公司（Wunderman）由莱斯特·伟门于 1958 年创立。在全球六大洲 80 个国家的 162 个城市设立了超过 550 个分公司，拥有超过 4 000 名员工，是全球最大的、最有经验的以客户为核心的整合营销方案管理公司，同时也是全球三大顾客关系营销公司之一。

智威汤逊擅长创意，伟门侧重于数字分析、客户关系管理、品牌策略。2018 年 11 月 26 日，广告传播巨头 WPP 正式发布声明，将旗下的传统广告公司智威汤逊和数字营销公司伟门合并，组建新的公司——伟门汤逊广告公司（Wunderman Thompson）。

中文名	伟门汤逊广告公司	
英文名	Wunderman Thompson	
地址	香港太古坊英皇道 979 号太古坊电讯盈科中心 38 楼	
电话	（00852）22803333	
传真	（00852）28024383	
网址	www.wundermanthompson.com	

图 3-6　伟门汤逊（香港）公司名片

资料来源：香港广告商会。

（2）全方位品牌创建。

伟门汤逊的客户包括汇丰银行、福特、雀巢、联合利华、联想、中国联通等，其成功很多地方要归功于发现及解决问题的理论和方法，而全方位创建品牌（Thompson Total Branding，TTB）则是其中的代表。这一工具旨在"协助客户提高短期的销售额，并建立品牌的长期价值"。简而言之，它就是将具有洞察力的策略与突破性的创意，天衣无缝地融合在一起，再发展为创意出色且高度灵活的广告作品，使其能适用于任何媒介。

链接：TTB 的四个核心要素

品牌已不单是一个产品，更多时候是由多个变量组成。TTB 包括消费者的洞察、品牌远景、品牌意念和传播计划。

（1）消费者的洞察。

洞察和观察最重要的区别是，观察只是记录人们所做的事情，而洞察则是回答人们为什么会那样做。TTB 认为，只有真正地做到了洞察，才能从根本上了解消费者的动机。这就是最简单的消费者购买程序。

（2）品牌远景。

品牌远景是品牌最真实的灵魂，品牌远景能够通过策略性的方式将消费者的内心渴望与工厂中生产出的"东西"有机地整合在一起。品牌远景应是使消费者驱动力和品牌特质的完美结合。

（3）品牌意念。

品牌意念是立体的、生动的描述，能建立起消费者和品牌之间的联系，能全方位地向消费者传递品牌形象、品牌所代表的意义及其与众不同的地方。简单说来，品牌意念是创建品牌的基础。

（4）传播计划。

传播计划即是说，针对一个营销目标、针对一个具体创意，哪一个媒体最适合。

6. 博报堂广告公司

（1）公司概况。

博报堂创建于 1895 年 10 月，是日本历史最悠久的广告公司，也是日本排名第二、世界排名第八的顶级广告与传播集团。目前，博报堂在中国的北京、上海、广州、香港等地共设有 10 个分机构。

中文名	博报堂（香港）广告公司	
英文名	Hakuhodo Hong Kong	■
地址	香港北角英皇道 663 号致富千禧广场 25 楼	**HAKUHODO**
电话	（00852）28651861	HAKUHODO HONG KONG LTD.
传真	（00852）28650952	
网址	www. hakuhodo. cn	

图 3-7　博报堂（香港）广告公司名片

资料来源：香港广告商会。

（2）"生活者"理念。

博报堂重视"消费者导向"，坚持营销资讯收集和研究的信念，以"生活者"为基础进行市场沟通战略提案。专门成立"生活综合研究所"，并重塑"消费者"（日文中向来指"冲动的购买者"）的定义，认为消费者应是理性的，所以更精确的名称应当为"生活者"（Sei – katsu – sha），并始终秉持"只有对人拥有深刻洞察力的广告代理公司才能为客户提供最优质的服务"经营理念。

博报堂关于"生活者"的概念产生于 20 世纪 80 年代，博报堂认为，这个"生活者"的概念要比"消费者"的概念更加宽泛，"生活者"就是你、我、他，是全体个人，表达的是拥有自己的生活方式、抱负和梦想的人，他们中不仅有品牌的消费者，还涵盖了有可能成为潜在消费者的群体。

博报堂希望通过向客户提供在确立一个品牌与生活者之间的关系时所需的各种知识与技术，与客户共同打造"强势品牌"。因此，博报堂把自己的视野扩展到能够影响到生活者日常生活变化的文化、政治、心理、宗教等相关层面上。

7. 精英（Grey，内地称精信）广告有限公司

精英广告公司 1917 年在美国成立，总部位于纽约，是纽约最大的广告传播集团，在中国内地及香港地区，精英多年来一直排名前十位。精英追求"创意商业智慧激亮品牌"，通过具有创意的整合传播，为客户建立领导品牌，创造最高的商业效益。

精英的主要客户包括中美史克、宝洁、英美烟草、达能、玛氏、箭牌口香糖、假日酒店、康师傅、雅芳、华纳兄弟等。其代理的香港地产街电视广告"白白猪揾屋篇"获 2000 年香港十大电视广告奖（详见第十一章）。

中文名	精英广告有限公司	
英文名	Grey HongKong	
地址	香港鲗鱼涌太古坊德宏大厦 19 楼	
电话	（00852）25106888	
传真	（00852）25107541	
网址	www. grey. com	

图 3 – 8　精英（香港）公司名片

资料来源：香港广告商会。

8. 李奥贝纳广告公司

（1）公司概况。

李奥贝纳广告公司是美国广告大师李奥·贝纳创建的，于 1935 年成立于美国芝加哥，是美国排名第一的广告公司，也是全球最大的广告公司之一。该公司在 80 多个国家设有将近 100 个办事处，拥有一万多名员工，集品牌策划、创意、媒体于一体，在中国为国际及国内的知名客户提供全方位的广告服务。2002 年，它被世界第四大传媒集团阳狮国际收购。

中文名	李奥贝纳广告有限公司	
英文名	Leo Burnett	
地址	香港九龙观塘巧明街 100 号友邦九龙大楼 6 楼	*Leo Burnett*
电话	（00852）25674333	
传真	（00852）28853209	
网址	www. leoburnett. com	

图 3-9　李奥贝纳（香港）公司名片

资料来源：香港广告商会。

李奥贝纳的主要客户有麦当劳、宝洁、可口可乐、迪斯尼、万宝路、Kellogg 和 Nintendo 等，曾为万宝路牌香烟创立男性香烟的性格和美国西部牛仔的形象，把在美国市场上占有率不及 1% 的香烟，推到世界销售量的第一位。在香港，李奥贝纳代理的电视广告宜家家私"斜眼篇"获得 2003 年香港十大电视广告奖；维记牛奶"课室篇"同时获得 2004 年龙玺影视广告（非酒精饮料类）金奖和 2004 年香港十大电视广告奖两项大奖；2009 年为 Life Yoga 打造的 *Sweat Campaign* 获金帆奖全场大奖（详见第十一章）。

（2）品牌信任系统。

李奥贝纳广告公司的品牌信任系统（Brand Belief System，简称 BBS），是受创造信念的概念驱动的，因为真正的忠诚比购买行为更重要。BBS 把信徒（Believer）定义成那些呈现信任态度和忠诚购买行为的消费者。正如存在着亲情关系的人类，他们彼此信任，保持着一种持久的亲密关系，这正是品牌和其信徒所要达到的理想状态。

品牌信任途径：每一个品牌故事都是为了保持与消费者的联结，使彼此之间的信任永存。如何将这种联结体现在一个品牌的故事中，从而搭建起品牌信任途径，需要遵循以下的三阶段法则。

链接：品牌信任途径三阶段

（1）"发现"阶段。品牌信任纽带统一成一体的力量，并定义品牌和信徒之间的关系。这是创造有吸引力的、持久的品牌故事的关键。

（2）"铭记"阶段。提炼所有从发现得来的知识，使之创造出最有吸引力的品牌故事，然后区分这个品牌故事在哪里得到最强的共鸣——在合理的方法和正确的人群中。目标是保护品牌信任永远联结。

（3）最后阶段。聚焦于丰富品牌的联结，甄别品牌未来的信念构成机会。

9. 灵智广告公司

灵智广告（Euro RSCG）是全球第五大广告公司，在全球75个国家建立了分公司，拥有一万多名员工。通过执行综合方案及对"创新生意点子"（Creative Business Ideas，CBI）的坚持，灵智广告为许多著名企业成功建立品牌形象，包括沃尔沃汽车、戴尔电脑、法国航空、伊利、康师傅、辉瑞制药等众多知名品牌。

中文名	灵智广告有限公司	
英文名	Euro RSCG	★ EURO RSCG WORLDWIDE
地址	香港北角英皇道 338 – 348 号华懋交易广场二期 32 楼	
电话	（00852）25901800	
传真	（00852）25165411	
网址	www. eurorscg. com	

图 3 – 10　灵智（香港）公司名片

资料来源：香港广告商会。

在香港，灵智广告公司创作了许多脍炙人口的经典广告，如获得1994年香港十大电视广告奖的铁达时"天长地久篇"，以及获得2003年金帆奖的 So – net 宽频系列电视广告等（详见第十一章）。

10. 天高广告有限公司

（1）公司概况。

天高（在内地与中广联成立的合资公司叫"天联"，BBDO）成立于1897年，总部位于美国纽约，是全球最大的传播集团奥姆尼康集团的全资子公司。在广告业内外，其在品牌建设方面的突出成就和创意获奖一样闻名遐迩。天高广告的主要客户包括联邦快递、Visa、百事、肯德基、戴姆勒－克莱斯勒等。

中文名	天高广告有限公司	
英文名	BBDO Hong Kong	**BBDO**
地址	香港太古湾道 12 号太古城中心第四期 1501 室	
电话	（00852）28201888	
传真	（00852）28772167	
网址	www. bbdo. com	

图 3－11　天高（香港）公司名片

资料来源：香港广告商会。

（2）天高广告的广告哲学。

天高广告的广告哲学是"THE WORK，THE WORK，THE WORK"。第一个"THE WORK"是指 is where the brand meets the consumers（品牌令消费者满意的地方）；第二个"THE WORK"的意思是 is what touches their hearts and minds（打动消费者心灵的东西）；而第三个"THE WORK"，则是 is what leads to sales（促进销售的东西）。简单的三句话却包含了无穷的思想，简洁有力的概括无形中鼓舞着每一个天高广告人为之努力，将对消费者的洞察进行到底，将以消费者为本的理念贯彻到底。

第二节　澳门的广告公司

一、澳门广告公司概况①

近年来，澳门广告业发展总体呈上升趋势（见图 3－12）。据澳门特别行政区统计暨普查局的数据显示，2018 年澳门有广告场所 724 间，在职员工 2 148 人，收益达 9.04 亿澳门元。广告业收益的主要来源为广告服务和会议/展览服务（见图 3－13）。

由于澳门面积和人口数量都较小，广告业市场规模不大，因此澳门的广告场所绝大

---

① 本节数据来自澳门特别行政区统计暨普查局"2018 年澳门经济适度多元发展统计指标体系"。

多数为小微型。其中，有9名及以下在职员工的场所达到681间，10名及以上在职员工的场所为43间。虽然广告业发展缓慢，对澳门经济的推动作用也较小，但在地狭人稠的澳门，广告业达到此等规模已经表明其发展的潜力。

（百万澳门元）

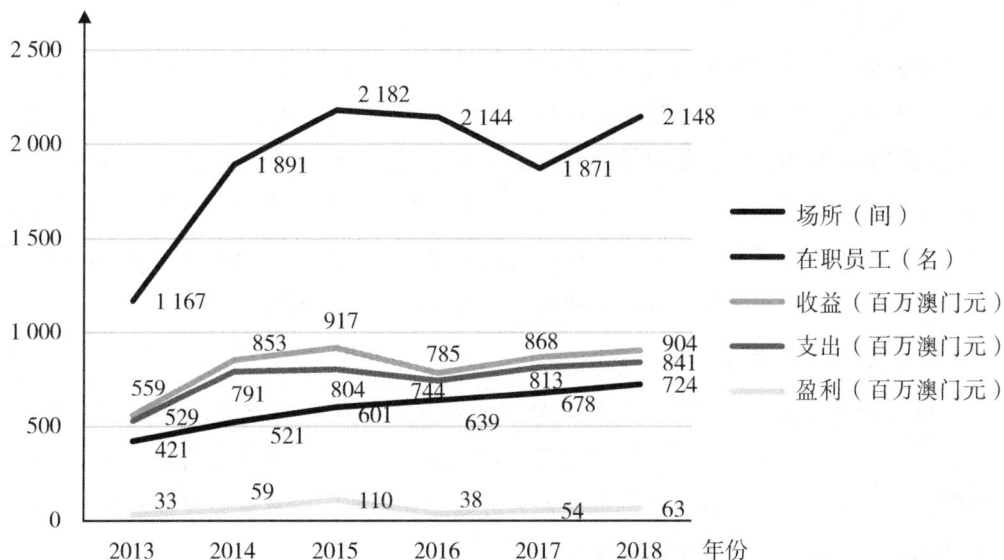

图3-12　2013—2018年澳门广告业发展趋势图

资料来源：澳门特别行政区统计暨普查局。

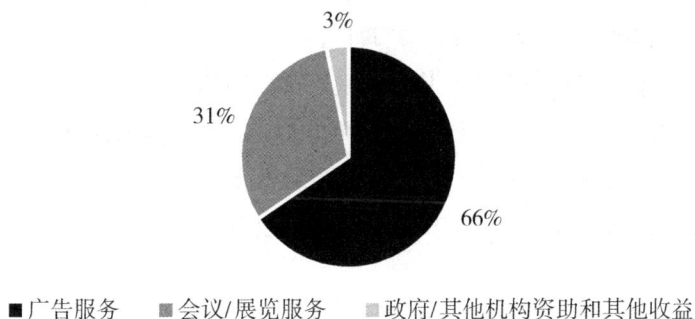

图3-13　2018年澳门广告业收益结构图

资料来源：澳门特别行政区统计暨普查局。

二、澳门广告公司主要业务

根据对澳门当下广告公司主要业务进行的不完全统计显示，澳门广告公司的主要业务范围包括平面设计与制作、会展策划及服务、公关策划、装饰制作、礼品订购、媒介代理、多媒体广告制作七大类型。

1. 平面设计与制作

印刷媒介是澳门最常用的宣传途径，包括报纸、海报、传单、企业简介、刊物编辑和书籍出版等，设计工作量极大。设计公司提供的服务包括前期的创意设计和后期分色胶卷及印刷的监制。前者是设计公司主要的服务项目，由内部直接执行；后者则依赖分色制版及印刷公司代行，设计公司收取部分监制费用。由于澳门本地专职从事分色制版的公司并不多，所以很多设计公司都会将此工作交由香港及内地的公司执行，前者为了确保质量，后者则为了降低成本。印刷工序大部分采用本地公司。

2. 会展策划及服务

澳门会议展览产业的繁荣推动了会展策划及服务业务的发展，主要包括以下几大类：①对市场环境和会展的主要信息等内容进行分析；②推进会展的宣传活动、招商活动等；③对组织进行合理分工，保证人力资源的合理利用以及会展现场管理；④会展相关活动；⑤风险防范；⑥会展整体预算等。

3. 公关策划

目前从事公关策划的公司的主要业务包括市场推广和活动策划两方面。由于澳门缺乏本地品牌，所以在市场推广方面，房地产公司和进口品牌代理商均是其主要客户。活动策划业务的客户包括三个部分：其一，政府部门对公民意识的推广，例如肃贪倡廉、城市清洁、警民合作和交通安全等；其二，文化交流和体育竞技活动策划，例如澳门国际幻彩大巡游、澳门国际音乐节、澳门国际烟花汇演、澳门国际龙舟赛、澳门格兰披治大赛、澳门高尔夫球公开赛以及澳门国际排联世界女子排球联赛等；其三，企业和团体庆祝活动的筹办，例如开幕式、周年庆典和各类宴会等。

4. 装饰制作

此类型公司主要面向公关策划及平面设计公司，通过他们的转介，向客户提供服务，包括横幅制作、橱窗布置、招牌灯箱、装潢工程、展览布置及舞台制作等。近年来，由于澳门有较大规模的会议展览场地，当地的会议和展览活动日趋活跃，使此类公司获得了较大的发展空间。

5. 礼品订购

澳门经济蓬勃发展，促使礼品馈赠成为商品促销的新手段，礼品订购公司随之兴起。经营范围包括三类：①一般纪念品，如锦旗、金属纪念牌、钥匙扣等；②业务礼品，如印刷品、装饰文具、皮革制品等；③广告礼品。

6. 媒介代理

澳门地域狭小，本地大众传播媒介并不需要通过代理公司推广其业务，所以澳门没有一家纯粹以媒介代理为业务的公司，它们都会兼营其他业务，例如设计和公关策划等。

代理的媒介在澳门特区以户外广告媒介为主，比如殷皇子马路与南湾街的大型广告牌，中华广场的三面体广告牌及巴士广告等，均有其代理公司；也有一些是代理内地媒介的，例如拱北口岸新联检大楼启用前的长廊灯箱或某些省市发行的区域地图等；还有代理香港大众传媒的，例如香港电视台的广告和报纸杂志广告等。

7. 多媒体广告制作

随着互联网以及 LED 电子屏幕的普及，澳门的广告公司也尝试将广告业务拓展至全彩电子广告、网上广告服务、动画电视广告、网站制作等。LED 广告具有较强的视觉冲击力，与传统的户外广告相比更具观赏性，机动性更强，管理员可根据不同的情况随时更换屏幕显示内容。在人流聚集的城市中心和交通枢纽等区域，不仅可以向人群传递广告内容，还可以美化城市景观。

第三节　台湾的广告公司

一、台湾地区广告代理制的发展历程

台湾地区较具规模的广告公司在 1961 年时就已出现，但严格地说，台湾地区从 1962 年起才建立起比较完整的广告代理制。广告代理制一经建立，即刻令当时的从业人员产生了"忽如一夜春风来"的感觉，广告业的前景顿时开阔了许多。

自台湾派员参加第二届亚洲广告会议后，当时与会的企业界代表黄圆球联合陈福旺、徐达光率先在 1961 年 2 月创办了台湾地区第一家广告代理公司——台湾广告公司。

三个月后，同样参加了这次会议的企业界代表许炳棠、王超光创办了国华广告公司，该公司随即与《联合报》等签订了代理合同，现代广告代理制真正在台湾地区开始推行。许炳棠可以说是"台湾广告代理制度的首创推行者和开拓者"。[①] 国华广告公司在推行广告代理制之初受到了很大阻力。当时，各报社、广播电台以及一般的广告业务员都纷纷反对，认为推行广告代理制后将会使他们失去很多广告客户，直接影响广告部门收入和个人经济收入，所以许多报社和广播电台与许炳棠会商，劝其暂缓推行。许炳棠深知如果不能获得传媒界的支持，广告代理制便无法实行，于是力邀在新闻界有很大影响力的原"中央社"创办人萧同兹担任国华广告的董事长。在萧同兹的帮助下，广告代理制才得以顺利推广。[②]

从广告量的增长情况看，在广告代理制实施之后的十年间，台湾广告业迅猛发展，速度远高于同期其他地区水平，也高于本地区 GNP（国民生产总值）的增长率（见表3-4及图3-14）。这种发展固然和其他因素有关，但也侧面证明了代理制实施后对台湾地区广告业的总体影响。

20世纪60年代末到70年代是台湾地区经济起飞阶段，也是本土广告公司深化实施广告代理制的时期。包括清华广告、东海广告、联广广告、志上广告、上通广告在内的大批广告公司享受到了广告代理制带来的初步成果，同时也感受到了引入广告代理制后的诸多变化。

首先是使得广告行业逐步规模化、规范化，不但学习到由日本传来的先进 know-how（操作手法），也将营销与企划带入岛内。这让广告主逐渐认识到了广告业的职业性与重要性，广告量因此得以快速增加。就报纸广告而言，在广告代理制未建立之前，几乎看不到整版、半版甚至四分之一版的广告，广告代理制实施后则经常看到。这又促使商品流通加快，形成良性循环。

其次是提高了从业人员的职业素养，改进了广告的制作技巧，开发了更多的媒体形式，增强了广告的传播效果。从业人员的社会地位也因此比以前的"捐客"有了较大提升，专业培训的渠道也逐渐构筑成形，从业人数快速增加。

再次是引入市场调查环节，还将广告业内各项工作细化、剥离，为形成合理的分工体系打下了基础。另外，广告代理制的引入也在一定程度上缓解了各广告公司的恶性价格竞争。

然而，任何事物都具有两面性。在进入20世纪80年代后，随着跨国广告公司的大举进入和其他传播方式地位的提高，广告业内以及与其他行业之间的竞争加剧，广告代

---

① 樊志育. 中外广告史［M］. 台北：台北三民书局，1989：133.

② 颜伯勤. 二十五年来广告量研究［M］. 台北："中央"日报社出版部，1987：86.

理制的核心内容——佣金制缺乏弹性的弊端便显露出来。广告代理制的实施方式也在岛内成为利益各方争论不休的议题。

表3-3　台湾广告代理制发展历程

时代、阶段	社会背景、特征	广告、媒体特色
20世纪50到70年代广告代理萌芽期	·国共关系紧张与对峙 ·人民生活清苦勤劳 ·免于饥饿、无消费的时代 ·经济开始自给自足 ·消费产品开始成长 ·低消费时代 ·经济开始起飞 ·大众消费时代 ·大企业逐渐形成	·媒体作业"掮客"化 ·媒体低普及率、广告投资低 ·广告社、招牌社、美术社风行 ·广播媒体首先风靡，后期则为电视媒体风靡时期 ·1960年之后综合广告代理商开始较有规模地成立 ·1961年国华广告公司与《联合报》签订媒体代理契约，可以视为广告代理制度确立的滥觞，媒体作业开始有购买制度 ·市场调查、营销观念引进广告作业 ·开始有媒体监看及收视率调查
20世纪80年代广告代理起飞期	·经济自由化、国际化 ·外商大量进入台湾 ·政治解冻、社会生命力破蛹而出 ·大众消费分解	·外商广告代理商涌入，广告代理商迈入转型期 ·媒体计划观念引进、创意技巧创新 ·户外媒体、新媒体兴起
20世纪90年代之后广告代理成熟期	·分众及个性化的时代 ·贸易国际化、两岸关系正常化 ·多元化、民主化社会的来临 ·质量的时代 ·网络普及率逐步提高	·ABC（发行公信）制度建立、媒体数据科学化、精确化 ·广告代理商朝向两极化（资源集中的大型广告公司、小而美的小型广告公司或工作室）、精致化 ·全传播观念的来临，强调整合营销传播 ·创意本土化、作业技巧国际化 ·独立媒体服务盛行，提供服务多样化

资料来源：侯东成.广告业的自我组织逻辑［M］//张笠云.文化产业：文化生产的结构分析.台北：远流出版公司，2000；行销传播产业100问［M］.台北：前程文化出版公司，2012.

表 3 - 4   1961—1970 年台湾广告量的增长

年份	广告总量（万元新台币）	广告量增长率（%）	GNP 增长率（%）
1961	21 400	29.69	6.83
1962	27 200	27.10	7.85
1963	30 700	12.87	9.37
1964	38 850	26.55	12.31
1965	45 200	16.34	11.01
1966	56 030	23.96	9.01
1967	68 000	21.36	10.56
1968	86 300	26.91	9.07
1969	109 700	27.11	9.00
1970	144 880	32.07	11.27

资料来源：根据颜伯勤《二十五年来广告量研究》（台北："中央"日报社出版部，1987 年版），以及历年《"中华民国"经济年鉴》整理。

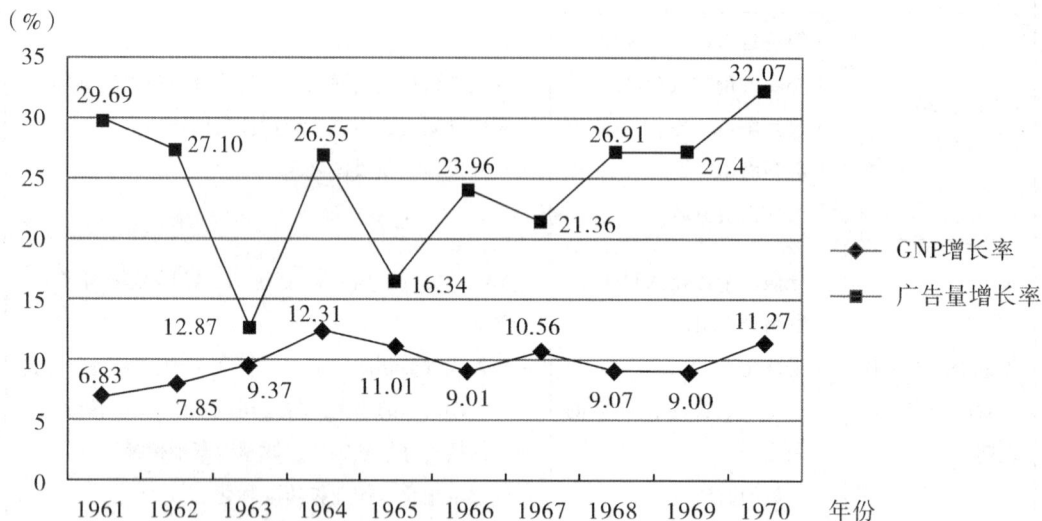

图 3 - 14   1961—1970 年台湾广告量增长率与 GNP 增长率之比较

资料来源：根据颜伯勤《二十五年来广告量研究》（台北："中央"日报社出版部，1987 年版），以及历年《"中华民国"经济年鉴》整理。

二、台湾跨国广告公司与本土广告公司的力量对比

在台湾广告业发展的竞争期和多元期，有两个时间点应引起注意：一个是 1986 年

前后突然全面开放外资自由进出，使得跨国广告公司名正言顺进入岛内；第二个是20世纪90年代末，大型媒介代理公司形成。

1. 综合性广告公司

吸引跨国广告公司到台湾地区发展的因素主要有五个[①]：①台湾地区经济高速增长，人均收入以及具有较高消费能力的中产阶级持续增加；②台湾当局受到美国压力，持续降低进口关税，再加上台币对美元的升值，使进口货品售价降低，民众消费能力则相对大幅提升；③台湾当局为追求经济自由化与国际化，陆续开放其服务业市场，其中包含广告业；④当地企业为了应对岛内日益增强的市场竞争，以及增强在国际上的品牌知名度，对拥有know–how和全球网络的跨国广告公司的需求日益殷切；⑤一系列的政治与媒体改革措施逐渐实施，如解严、解除"报禁"、开放电子媒体等，使媒体的广告空间大增。

跨国广告公司进入台湾地区的过程可以分为五个阶段：①各项广告相关业务合作，如早在1962年，华商广告公司与日本五洲报业株式会社、日本国际广告公司建立合作关系；②各项广告相关技术交流，如1981年国泰建业广告公司与美国奥美国际广告公司建立技术合作；③公司股权的重新分配，如1986年新台广告公司与上通BBDO公司合资；④外资掌握公司的51%股权；⑤经营权完全转移给外资，如1986年南声传播公司与李奥贝纳公司合并。

1985年，跨国广告公司的市场占有率仅有8%左右；而在不到十年的时间里，跨国广告公司通过五个阶段"五部曲"的娴熟演奏，使其在台湾地区的整体市场占有率迅速达到80%。到了20世纪90年代中期，全球前20大广告公司已在台湾地区悉数登场。台湾地区的广告业被跨国广告公司垄断的一个结果是，不但来台外国企业的广告业务大部分交由跨国广告公司代理，而且本土最有实力的一些企业的广告业务也被跨国广告公司承揽。本土企业的不信任使得原本蓬勃旺盛的本土广告公司前途难卜。在本土广告公司当中，1995年，联广排名全台前十大广告代理商第二位，清华第八，华商第九；1996年，联广第二，东方第十；1997、1998年，联广第二，国华第十；到2000年时，联广第五；而到2006年时，纯台资广告公司只有联广一家进入前十，排名第八；到了

① Goldstein, C. The Selling of Asia [J]. *Far Eastern Economic Review*, 1989, (6): 60 – 63.

② Hu, G. S. Entry and Performance of Transnational Advertising Agencies in Taiwan [J]. *Asian Journal of Advertising*, 1998, 8 (2): 100 – 123.

③ 陈宇卿. 跨国广告集团对广告代理业的影响 [M] //郭良文. 台湾的广告发展. 台北：学富文化事业有限公司, 2001.

2016 年，1992 年创立的台湾地区本土广告公司雪芃广告发展强劲，排名第三，联广则排名第七。

通常某一组织网络的形成，能提升该组织的生产力、竞争力、产业地位，并造成产业内的"马太效应"。尤其在创意作为广告产业核心技术的意义逐渐模糊的局势下，大型广告代理商存活的基础，不在于作品是否有顶级创意，而在于业务的掌握、财务的管控、媒体的企划、运营的规模效应。中小型本土广告公司则在以上诸项均处于劣势，并明显缺乏对财务规划重要性的认知。最为典型的是，在 1985 年发生剑桥广告卷款舞弊案之后，各大媒体与广告代理商之间由以往约 65 天的期票交易改为现金交易，这使得广告代理公司普遍面临财务调度的压力，也意味着广告代理公司要开始面对规模经济、控制成本、财务考虑、资本调度等企业管理的重要议题。再加上 1987 年台湾当局政府又实施营业加值税制度，彻底改变了广告业与媒体之间的关系，广告业由以往的媒体代理变成客户代理。[①]1995 年，相互广告公司因周转不灵而停业的事件显示出，管理不善、没有财务依靠的广告公司，即使市场评价好、经常获得广告奖项、有稳定的客户，也会突然倒闭。因此，综合广告代理公司唯有进一步发展成复杂的整合营销传播集团，掌握规模经济与财务优势，方能立足于市场。而相对应的，中小型广告代理商如果不能靠联合起家，就需将其核心能力发挥到极致才能存活，否则只有依赖价格竞争，最终拼得血本无归。

跨国广告公司在人力招募和培养上有一定优势，其方法的先进性、系统化以及资金投入往往令本土广告公司难以望其项背。例如，台湾智威汤逊公司的每一位新进人员都需要接受 10 个月的新生训练，新人需到各部门去实地参与不同性质的工作，训练完毕后，公司再视其专长特质分配到最适合该员工发挥才能的单位。这期间，员工不上工作线，公司照样支付工资。

表 3 - 5　2000 年、2006 年与 2017 年的台湾前十大广告主比较

（单位：万元新台币）

排名	2000 年		2006 年		2017 年	
	企业名称	广告投放量	企业名称	广告投放量	企业名称	广告投放量
1	宝洁	176 618	远雄集团	124 500	佳格食品	150 780
2	联合利华	126 309	宝洁	70 410	台湾花王	84 502

---

①　其中的差别在于，媒体开给广告公司的收据，由全额含佣金变成净额扣除佣金，这使得广告公司需向广告客户收取报酬，成为客户的代理。

（续上表）

排名	2000 年		2006 年		2017 年	
	企业名称	广告投放量	企业名称	广告投放量	企业名称	广告投放量
3	统一企业	112 624	台湾莱雅	45 806	麦当劳	73 983
4	台湾花王	90 681	台湾留兰香	42 572	葛兰素史克	69 242
5	远传电信	66 426	统一企业	41 763	和泰汽车	68 284
6	麦当劳	60 212	远传电信	39 042	三得利	68 224
7	"中华电信"	58 712	"中华电信"	38 291	统一企业	63 770
8	裕隆汽车	53 082	联合利华	37 039	联合利华	59 838
9	台湾留兰香	51 025	中华汽车	36 332	珑山林营建	58 175
10	福特汽车	49 043	台湾花王	34 497	台松电器	53 319

资料来源：根据《"中华民国"经济年鉴》(2000)、《广告杂志》2007（总 189）、《"中华民国"广告年鉴（第 30 辑)》(2018) 提供的资料改写，原数据来源于润利艾克曼公司和 AC 尼尔森公司。

表 3 - 6　2000 年、2004 年与 2017 年的台湾前十大广告商品比较

（单位：万元新台币）

排名	2000 年		2004 年		2017 年	
	企业名称	广告投放量	企业名称	广告投放量	企业名称	广告投放量
1	台湾大哥大	34 975	东森购物	92 527	TRIVAGO 网站	50 316
2	远传电信	26 852	家乐福	44 656	全联福利中心	45 148
3	诺基亚移动电话	23 422	7 - ELEVEN 统一便利店	39 012	珑山林苏澳国际饭店	37 736
4	远传储值易付卡	23 306	亚太行动宽频	30 149	日立变频空调	31 096
5	EXTRA 无糖口香糖	20 788	远传电信	27 539	福朋喜来登饭店	29 130
6	最佳女主角 美容世界	20 770	台湾大哥大	25 166	全国电子	26 383
7	爱立信移动电话	19 994	全家便利商店	27 281	第五大道敦南仰望	24 870
8	摩托罗拉 移动电话	19 533	"中华电信" 移动电话	20 208	必胜客外送	20 564

（续上表）

排名	2000 年		2004 年		2017 年	
	企业名称	广告投放量	企业名称	广告投放量	企业名称	广告投放量
9	家乐福	18 390	尼桑汽车	18 483	联邦信用卡	19 998
10	绿箭口香糖	16 196	维士比（WHISBIH）	17 583	DUNTORY 蜂蜜	19 780

资料来源：根据《"中华民国"经济年鉴》（2000）、《"中华民国"经济年鉴》（2005）、《"中华民国"广告年鉴（第30辑）》（2018）改写，原数据来源于润利艾克曼公司。

表 3－7　台湾地区 2016 年综合广告代理商排行榜前十大广告代理商

（单位：万元新台币）

2016 排名	公司名称	年度毛收入			员工人数（人）	人均毛收入	资本额	国外合作情形	
		2016 年	2015 年	增长率（%）				母公司/控股集团	外资比例（%）
1	李奥贝纳	100 040	84 954	18	290	345	1 000	Leo Burnett/PUBLICIS	100
2	奥美	97 629	92 980	5	235	415	2 500	O&M/WPP	70
3	雪芃广告	47 140	37 100	27	166	284	2 000	－	0
4	台湾电通	45 787	43 581	5	169	271	4 200	日本电通	52
5	联旭	44 535	43 581	18	110	405	6 000	WPP	100
6	智威汤逊	44 091	38 340	15	140	315	2 000	Wunderman Thompson/WPP	100
7	联广	42 567	38 697	10	224	190	30 043	－	0
8	麦肯	37 460	34 881	7	116	323	4 500	Mc Cann	100
9	灵智广告	35 251	32 046	10	152	232	8 000	Euro RSCG/Havas	25
10	国华	30 861	31 110	－ 1	114	270	10 000	日本电通	80

资料来源：动脑，2017（总470）：90.

　　广告业竞争目前已发展成为全球知识网络的竞争。在影响广告设计人员创意表现的信息收集使用上，拥有全球资源的外商公司显然有较大的优势。台湾智威汤逊公司以网络连接该公司在全世界各地的228个办公室，只要台湾地区的任何一个同事有关于某一广告的任何问题，都可以与任何一个本公司员工进行在线对话交流，做到集思广益。例如，台湾电通广告公司在1997年2月曾与萨奇、奥美、华威、灵狮、华商等广告公司一起比稿，争取预算庞大的太平洋电讯大哥大广告代理，结果台湾电通广告公司赢得最后胜利。之所以能成功，主要得力于其全球网络优势。为了准备这一项广告的提案，该公司把全球112个办公室曾经做过的移动电话广告底稿全部收集起来分析比较，从中再设计出更好的创意作品。

2. 媒介代理公司

在1986年左右成立合资广告公司的阶段，外资主要是对广告公司本身产生影响；而在20世纪90年代末台湾地区的媒体集中购买阶段，外资影响力扩散到包括广告主、媒体和广告公司的整个本地广告市场。

媒介购买公司的外资化速度是非常快的，1995年，第一家外资的专业媒体代理公司传立媒体成立，此后，台湾地区在1999年一年之内就新成立10家专业媒体代理公司。而且，在台湾地区每年前十大广告代理商承揽广告的金额中，媒体发稿金额平均约占七成，广告制作费平均占两成，其他费用平均占一成。这代表着媒体发稿的佣金是大型广告代理公司的生存命脉，广告制作费用与其他金额只是附带性收入，后者却可能是中小型广告公司主要的获利来源。

表3-8　2004年台湾部分媒体代理商发稿量统计

（单位：千万元新台币）

公司名称	员工人数		发稿量		
	2004年	2003年	2004年	2003年	成长率（%）
凯络媒体	110	92	549.00	482.79	13.71
媒体库	51	33	387.00	221.00	75.11
贝立德	84	80	–	371.00	–
星传媒体	32	30	240.00		
宏将	40	35	154.23	120.72	27.76
彦星传播	35	–	109.40	–	–
台湾博报堂媒体	20	19	65.00	61.00	6.56

资料来源：广告杂志，2005（总167）.

表 3 – 9　2014 年台湾部分媒体代理商承揽量统计

（单位：亿元新台币）

公司名称	员工人数	承揽量		
	2014 年	2014 年	2013 年	成长率（%）
凯络媒体	170	62.00	57.78	7.30
媒体库	105	58.08	48.40	20.00
贝立德	127	63.00	57.27	10.01
星传媒体	95	38.50	37.97	1.40
宏将	107	36.50	37.59	−2.90
彦星传播	70	23.64	24.38	−3.04
宏盟媒体	81	39.72	38.01	4.50

资料来源：罗慧雯.台湾广告产业发展报告［R］//（海峡）两岸创意经济研究报告（2016）. 厦门：厦门理工学院文化产业与旅游学院，2016：90 – 105.

　　20 世纪 90 年代，在台跨国广告集团在资金和技术上占有优势，媒体代理方面的技术优势地位更加显著。跨国广告集团的做法是改变游戏规则：切割服务项目，分段收费，使媒体部门从一个负责作业而不赚钱的部门，变为一个需要争取业务和营利的公司。其影响可分为三方面：①对于综合广告公司的影响最大，它在业务上少了媒体部，就会将服务模式转型为营销顾问业务，并与营销顾问公司、小型广告公司或创意工作室直接展开竞争；在收入上则需要建立新的收费方式才能生存，如收取专业服务费。②对于传媒而言，面对媒体代理公司以量制价的谈判优势，其利润将会减少；因广告的计价以收视率作为指标，于是收视率成为广告市场关注的焦点。因此，外商主导的媒体代理公司强力媒体营销使得节目广告化，已借由购买媒体时段的方式购买媒体，不仅在广告时段，而且在节目中传播商品信息，使传媒变成倚赖广告生存的"广告媒体"。③对于广告主而言应是获利者，他们对于广告公司的服务可不再采取一次性购买的方式，而改为分段购买，亦即只购买广告公司策略规划的服务，再自行发包给小型创意工作室获取创意，媒体企划及购买则交给大型媒体购买公司。①

　　近年来由于受到数字化的冲击，许多媒体代理商已经开始转变，尝试通过媒体策略和媒体整合等专业核心优势能力来为客户创造新价值。

---

　　① 陈宇卿.台湾广告代理业外资化的两阶段比较［R］.（台湾地区）"国科会"计划"老板变伙计：跨国广告集团与台湾广告业结构转型"（NSC89 – 2412 – H – 128 – 016）和"媒体代理公司之诞生：跨国广告集团第二波改变台湾广告市场结构"（NSC90 – 2412 – H – 128 – 003）之部分内容，2000—2001 年。

三、台湾地区的数字营销公司

据台湾网络信息中心的统计，截至 2019 年 12 月，台湾地区上网人口约有 2 020 万人，上网率达 89.3%。① 近年来，专业的数字营销公司以其技术优势和勇于创新的胆识，在广告客户心目中的地位日渐重要，而传统广告代理、媒体代理和公关代理也纷纷成立互动营销部门，或整合网络技术公司为客户提供数字营销服务，数字营销领域的竞争已非常激烈。

目前台湾地区提供数字营销服务的公司大致可以分为三种：一是数字营销服务公司，其不但熟悉网络技术，也能提供品牌经营策略、创意概念发想和整合性营销服务，根据服务类型的不同还可细分为公关营销公司、品牌营销公司、整合营销公司、集客营销公司、营销顾问公司等；二是网络媒体，例如能提供营销企划与网络营销活动执行的入口网站，以及经营 EDM（Email Direct Marketing）、Blog、社群网站等营销平台的公司；三是网络制作公司，这些公司负责美术和程序设计的执行制作，提供网页网站建构、网络广告设计、电子商务平台建构等服务。不少综合性广告公司开始尝试拓展数字业务，比如台湾地区第一个成功上市的广告公司联广集团于 2010 年创办联乐数字营销公司，为广告主提供包括消费者分析、数字营销策略、社群口碑营销、O2O 体验营销等一系列的数字创意与内容营销服务；台湾本土广告公司雪芃广告于 2018 年创立学而行数字营销公司，专注于数字营销系列服务。一些网络技术公司、文创公司、咨询公司甚至会计公司也跨界做相关业务，如获得 2019 年营销传播贡献奖、年度杰出品牌内容营销奖银奖及年度杰出 Campaign 奖铜奖的春树数字营销公司，其前身为开发平台、网站和 App 的科技公司，现该公司擅长于拟定数字策略、社群经营及全媒体购买。

2017 年 3 月从隶属台北市的协会组织升级而成的"台湾数字媒体应用暨营销协会"（DMA），是台湾地区最具规模和影响力的数字营销相关协会，目前拥有 168 家企业会员，包括数字代理商、数字媒体和数字应用三种类型，在台湾地区既有跨国广告集团下属的数字营销公司，也不乏台湾地区本土的数字营销公司。然而跨国广告集团所属的数字营销公司无论是数量还是规模，均远远超过本土数字营销公司。台湾地区的本土数字营销公司可以说是在夹缝中生存，并且一旦规模做大，便常以被跨国广告集团收购收场。获得 2016 年《动脑》杂志评选的年度杰出数字营销公司银奖的米兰营销策划股份

---

① 2019 台湾网络报告［R］．台北：财团法人台湾网络咨询中心，2019.

有限公司，原是台湾地区本土最大的数字营销公司，在纳入台湾地区老牌广告公司联广集团后，于2020年初被博报堂集团收购。

数字化革新之际，各产业都开始积极抢攻数字营销市场。激烈的竞争下，许多数字营销公司希望脱离过去只能帮客户制作数字广告、策划数字营销的刻板印象。为了补足策略和创意能力，它们积极从广告公司挖策略、创意人才，进一步为客户经营品牌、扩大服务范围，包办整合传播策略、广告拍摄、文案撰写、视觉设计以及线上线下渠道的陈列内容等。媒体环境日趋多元、复杂，这些面对消费者的工作既需要随时洞察趋势，也需要最新的数字化沟通工具的协助。数字营销公司除了提供最新和最为有效的营销工具外，或许更应该展现整合性创意统筹的能力，才能真正提升竞争力，否则将沦为技术和执行的竞赛，无法真正为企业品牌加分。

在如今的台湾地区数字广告市场上，台湾地区本土的数字营销公司处境艰难，在强大的竞争对手——跨国广告集团及其子公司面前，它们或因规模小、业务单一难成气候，或难逃被收购的命运，唯有提升竞争力，找到自身独特价值，才能在市场中占据一席之地。

四、台湾地区著名广告公司简介

如果按照公司资本形式来分，广告公司可划分为跨国广告公司在地分支机构与本土广告公司两类。1984年之后，本土广告公司与跨国广告公司在台湾地区的分支机构力量对比发生了根本性变化，全球化浪潮的冲击使台湾地区本土广告公司丧失了原有的独占地位，并在资本较量下变为较弱势的市场挑战者。因此，本部分将着重介绍国际4A广告公司在台状况，而对本土广告公司仅选择有标志性和较具特色的企业予以关注。

1. 伟门汤逊广告公司

（1）公司概况。

伟门汤逊广告公司前身为智威汤逊广告公司，其台湾地区的分公司是于1988年成立的100%外资企业，五年内便跻身台湾地区前三大广告代理商，2001年更以27.8亿元新台币的营业收入跃升为台湾地区广告代理商之首，同时也是《动脑》杂志评选的"2003年台湾最佳广告公司"及《广告杂志》评选的"2002年度风云广告代理商"，但近年来发展势头趋缓。2018年底，智威汤逊和数字营销公司伟门进行合并，组成新公司伟门汤逊（Wunderman Thompson），成为一家集创意、数据和科技为一体的新型营销代理商。

表 3 - 10　台湾伟门汤逊广告公司概况

员工人数	160～200 人
毛收入（2016 年）	44 091 万元新台币
主要客户	拜耳制药、明基电通、全国电子、福特汽车、达美乐披萨、葡萄王生技、汇丰银行等

资料来源：台湾伟门汤逊广告公司，https：//www.wundermanthompson.com/taiwan。

（2）台湾伟门汤逊的优势与特点。

①从业理念。坚持为客户做"对"的事，并希望成为"台湾最具创造力与影响力的品牌领航员"。从前端的策略规划开始到创意的发想与品牌全营销规划执行，为客户不仅提供"好"、同时更是"对"的服务，协助客户建立品牌永久价值，达成销售目标。近年台湾地区的广告主因经济不景气而大幅削减广告预算，但伟门汤逊却以说真话的态度、坚持做"对"的事来面对顾客，并不畏惧因得罪客户而丧失生意契机。从短期来看，这大概也为公司营运带来了一些负面影响。

②涉及产业多，客户跨国化。台湾伟门汤逊在 IT（信息技术）、汽车、娱乐、金融、食品、航空、传播通信、体育用品等诸多产品与服务领域拥有丰富的客户资源和广告运作经验，其主要客户大致来自亚洲环太平洋沿岸的中国大陆、台湾地区、香港地区、韩国、日本、泰国、新加坡、马来西亚、菲律宾、印度以及澳大利亚。

③强调作业体系并专注数字化的经营手段。台湾伟门汤逊在广告策略、市场调查、项目管理、后续维护等多方面严格遵守伟门汤逊总公司全球化的作业标准和流程，其策略性和执行力都堪称一流。同时，随着网络社会的到来，台湾伟门汤逊还比较注重网站的策略性营销，运用网络互动、实时的特性，使消费者能在主动参与的过程中自行建立品牌忠诚度。

④奖项斩获甚丰，市场知名度高。伟门汤逊广告产品的优良质量得到了绝大多数业内人士和客户的称许。无论是台湾地区、亚洲还是世界范围内，台湾伟门汤逊在平面、立体、海报、广告牌、促销、公共服务、媒介版面运用等诸多方面都曾问鼎多项大奖。

2. 奥美广告公司

（1）台湾奥美的沿革。

创立于 1971 年的国泰建业广告公司，在 1981 年开始与奥美进行技术合作。1985 年 6 月，国泰建业广告公司部分资深员工与奥美以 30%：70%合资，并将公司名称改为奥美广告公司。经过 30 多年的发展成长，目前的台湾奥美公司已发展成集团规模，拥有 10 家子公司，为客户提供品牌创意、公共关系、数据分析和数字营销等方面的服务。

（2）台湾奥美的优势与特点。

①优秀的传播团队。台湾奥美有着令其他公司羡慕不已、具备各种技能的优秀传播团队，熟谙由奥格威创立的品牌形象理论和由此阐发的360度品牌管家、蝴蝶方阵等模型和工具，通过对产品、形象、顾客、通路、视觉、声誉6个相互关联的品牌资产扫描，进行品牌检验并描绘出品牌DNA。

表 3 - 11　台湾奥美广告公司概况

员工人数	超过 500 人
毛收入（2016 年）	97 629 万元新台币
主要客户	联合利华、NIKE、台北银行、远传电信、全联福利中心、eBAY、宜家、惠氏启赋、统一、快手、屈臣氏、葛兰素克等

资料来源：台湾奥美广告公司，http://www.ogilvy.com.tw。

②集团分工精细，能提供非常完善的整合营销传播服务。台湾奥美从1985年开始，将公司内部机构不断剥离重组。30年之后，台湾奥美已经发展成包括奥美广告、奥美公共关系、奥美顾客关系营销、奥美视觉管理、群策营销发展、捷音电话营销、奥奇关系营销、21世纪公关顾问等多个子公司的大型广告集团。其服务内容也从单纯的创意、制作、发布演化为涵盖媒体企划购买、公关活动企划执行、促销活动执行、企业声誉管理、一对一营销咨询、传播规划关系联结、视觉识别规划及设计、数据库系统与应用技术整合等，基本上具备了为客户提供一站式全方位服务的能力。

③借助互联网，建立了智能资产的传承系统。奥美公关亚太香港总部建立的"向日葵"内部知识管理系统，是在香港地区、台北市、新加坡同步实施的。系统中储存了各分公司的员工数据、客户数据、提案、跨国案例研究、市场知识、新产品开发记录等相关档案。各个地区的奥美公司都可以随时使用最新的奥美家族资源，为所有员工提供及时的专业知识和学习信息。这样一来，广告行业员工离职带来的know-how流失问题就可以得到最大的控制。

④重视培训和知识传递。奥美广告公司的知识传承工作在广告界享有盛名，这些大都是由内部的训练完成的。无论是每两周一次的夜间专业训练，还是专题的短期训练（管理、品牌、创意思考），或者三大梯次的密集训练，都为公司员工的技能增长提供了充分的机会和空间。对于一些较具潜质的员工，台湾奥美也会派遣至美国、日本、欧

洲进行考察学习。值得一提的是，在 20 世纪 90 年代，由台湾奥美最早引入大陆的《奥美的观点》一书轰动一时，为大陆广告业加速向专业化方向发展提供了大量的实践指导。

3. 台湾电通广告公司

台湾电通以业绩领先、区域性结盟及完整的情报沟通网受到众人瞩目。无论是在业绩还是在进取心方面，台湾电通是任何一个竞争者都不敢小觑的强劲对手。

（1）台湾电通概况。

1960 年，由日本电通协助联合广告公司创立台湾广告公司，1995 年台湾广告公司与日本电通合并，更名为台湾电通公司，日本电通拥有台湾电通 52% 的股份。21 世纪以来，台湾电通陆续成立了数字整合营销部、促销中心等部门以提供多样化服务。2013年，电通收购安吉斯集团，正式成立"电通安吉斯网络"（Dentsu Aegis Network）。

表 3-12 台湾电通广告公司概况

员工人数	超过 1 000 人
毛收入（2016 年）	45 787 万元新台币
主要客户	TOYOTA、索尼、和运租车、台湾大哥大、台湾固网、花王、华歌尔、佳能、屈臣氏、明治、全家便利商店等

资料来源：台湾电通广告公司，http://www.dentsu.com.tw。

（2）台湾电通的优势与特点。

①来自母公司雄厚的资源和技术支持。日本电通成立时间超过百年，曾长期是世界上规模最大的单体广告公司。在台湾电通的客户结构中，日商占了相当大的比例。基于全球化广告策略的影响，如果当年没有和日本电通合资，今天台湾电通的客户名单中，可能就见不到 TOYOTA 和花王的名字。因此，身为日本电通的海外分公司，台湾电通也就拥有了许多本土广告公司可望而不可即的资源。

②优秀的管理哲学。台湾电通的企业目标是成为质、量皆为台湾地区第一的广告公司。为了达成这个目标，台湾电通严格遵循着由日本电通第四代社长吉田秀雄在1951年创立的"鬼十则"：

一是工作必须主动去寻找，不应该被指派后才去做，要有主动性。

二是工作应该抢先积极去做，不应该消极被动，那不是广告人应该做的。

三是积极从事大的工作，小的工作只会使你的眼睛更加狭小。

四是目标应该放在困难的工作上，完成困难的工作才能有所进步。

五是一旦开始工作，千万别放弃，要有不达目的决不罢休的工作态度。

六是争取主动，因为主动与被动之间有着很大的差别，经过长久的考验，会有迥然不同的结果。

七是要有计划，只有立下长期计划才会有忍耐性，才会花工夫去做，才能产生朝正确方向前进的希望和毅力。

八是信任自己。如果不信任自己，工作的时候必定不会有魄力，难以坚持不懈，也不会稳重。

九是应该时时刻刻动脑，全面地观察和思考，注意四面八方，不容许有一丝空隙，这就是服务。

十是不要怕挫折，挫折才是进步之因，是推动力的源泉，否则将会变得懦弱无能。

③组织内部优势。人的价值在公司里占有绝对优势，日系企业的经营文化强调照顾员工，提供稳定的升迁制度以及较好的待遇。台湾电通几乎每年都派遣员工赴总公司进修，以提高所谓"仁坚力"，即"人类的力量"。高层和中层领导者必须亲临一线"作战"，也只有这样，公司集体才能够形成令竞争对手敬畏的凝聚力和向心力。不同于一般广告公司，台湾电通不鼓励培养明星广告人，更重视整体战斗力的成长。

④成功的经营目标。

A. 客户第一，重视质量。在台湾电通的经营理念中，最重要的人就是客户；最重要的事，就是提供给客户最新、最适当、最具效益的服务。台湾电通不是以创意闻名，它的崛起象征着讲求全面服务的时代已经来临。而在此时，纯粹的数量已不是最终目标，服务的质量才是第一位的。

B. 争取明星产业中具有成长潜力的客户。[①] 1998 年，台湾地区的六家电信业者同时起跑，1997 年还排不上名次的移动电信服务业，翌年便蹿升为第三大广告产业。该年度台湾地区的前三大广告商品中，电信业者就占了两名，台湾电通的客户台湾大哥大就是其中之一。到了 2000 年，台湾大哥大的广告量更跃居台湾 100 大广告商品的第一名。当成药是最流行的产业时，台湾电通就争取武田制药成为它的客户；当电器用品当红时，台湾松下就成了他们的目标。另外，机车业的三洋机车、汽车业的 TOYOTA、电信业的台湾大哥大，在台湾电通全方位的服务下，日后几乎都成为业界的第一品牌。

---

① 吴明纯，黄思远. 台湾广告代理商之竞争互动及其关键成功要素［R］. 南投：台湾暨南国际大学，国际企业学系企业专题竞赛个案报告，2004.

4. 意识形态广告公司

（1）公司概况。

台湾意识形态广告公司由郑松茂于 1987 年创建，初期只有 4 个员工和 2 个客户。在创始之初，意识形态广告公司大胆地将社会议题和其客户司迪麦口香糖的产品定位相结合，制作出以"猫在钢琴上昏倒了"为主题的广告，引发了社会的广泛讨论，并获评为美国好莱坞 IBA（International Broadcasting Award）国际广告奖最佳年度广告影片。1992 年，意识形态广告公司的人均广告承揽额达到 2 000 多万元新台币，相当于美国前十大广告公司的平均水平，居台湾地区之首。同年，意识形态广告公司的作品——中兴百货"家庭生活万岁篇"（1991）入围法国戛纳国际广告奖，成为当时台湾地区广告界少数获得国际广告大奖肯定的作品之一。1992、1997 年，意识形态广告公司两获"年度风云广告代理商"称号，它也是 1998、1999 年在创意方面得奖数最多的广告代理商。其在各种广告形式当中体现出浓郁的后现代主义风格曾受到海峡两岸及香港众多广告公司的效仿。但在诸多因素的综合影响下，2009 年 1 月底，意识形态广告公司宣告结束营业。

表 3 - 13   台湾意识形态广告公司概况

员工人数	约 30 人
毛收入（2003 年）	16 541 万元新台币
主要客户	裕隆汽车、中兴百货、黑松、TOSHIBA、东元、司迪麦口香糖、亚太行动宽带电信、ATT Group 等

资料来源：笔者根据相关资料整理。

（2）意识形态广告公司的优势与特点。

①本土定位。台湾广告学界在 20 世纪 80 年代末到 90 年代初，一直流行以商品意识形态解读意识形态广告公司的广告作品，加入了很多符号学分析以及文本分析。但事实上，意识形态广告公司是在美学方面注入了最多精力，使其广告作品的美学风格呈现出一种有别于美式系统的、独树一帜的广告思想。而曾经拍摄过司迪麦口香糖和中兴百货电视广告的黄蕙清则认为，意识形态广告公司也不像是早期台湾地区广告公司一味模仿日本风格的做法。因此，台湾意识形态广告公司实际上是找到了台湾地区广告的本土地位，也扭转了台湾地区广告的"意识形态"。

②组织扁平化，充分吸收外部脑力资源。意识形态广告公司的组织架构是一种高度

的扁平化架构，高层和资深人员直接参与流程，对客户品牌建立及创意进行全程监控。他们将大量的执行工作外包，如果下游公司有更好的想法，意识形态广告公司也不会固执坚持原先的方案。在拍片时也不会像其他广告公司那样在现场监片，而是交由导演自行发挥。

③广告的出发点。郑松茂早年曾在联广广告公司行销企划部从事调查工作。这些工作使他认识到，市场调查只是试图通过许多片段来拼凑市场的全貌，往往失真。因此，意识形态广告公司不怎么相信市场调查，反而喜欢借用其他行业的观点或是从广泛的书籍阅读当中找出广告创作的灵感。在公司文案人员近似"资讯狂"的工作方法下，意识形态广告公司总能找出别人没想到的全新角度来诠释商品。

他们对视觉美学的要求到了近乎偏执的地步，这是意识形态广告公司最大的特色。独特的风格与品味也是意识形态广告公司的另一大看点。

（3）存在的主要问题。

①广告特色所带来的批评。大陆和台湾地区对于意识形态广告公司的广告也是毁誉参半。有业内人士指出，意识形态广告公司过分玩弄广告的悬疑，其实是不讲求策略性的表现手段，当然也就忽略了产品的特性。意识形态广告公司创意总监许舜英执着于价值观、符号学与解构主义，对美学和影像传递极为坚持，而这样做出的广告有时的确会造成阅听者无法解读、信息传递无效的后果。

②忽略管理。意识形态广告公司过分仰赖公司文化，认为只有有问题的公司才需要管理，而这一点实际上也是存有争议的。

③进取心较弱。例如在对大陆业务的开拓以及网络化等趋势开始时，意识形态广告公司表现的兴趣都不高，公司的管理与经营风格也较为守旧。

5. 太笈策略广告公司

（1）公司概况。

太笈策略成立于1993年，由资深广告人洪志勋与新光集团副董事长洪文梁合资创办。成立之初，太笈策略即以不到300万元新台币的制作费，为7-ELEVEN与台湾世界展望会合办的"饥饿三十"活动创造出当时破纪录的捐款额1.2亿元新台币，并因此三次获得"国际营销传播卓越奖"（MCEI）全球第一名，打破世界纪录。2000年，全球网络泡沫和岛内经济不景气使大量客户纷纷削减广告预算。但由于营销出色，太笈策略当年毛收入增长138%，营业收入也上升了82%。为此，太笈策略还获得了"2000年度台湾最佳广告公司"称号。

表 3 - 14 台湾太笈策略广告公司概况

员工人数	约 35 人
毛收入（2016 年）	19 880 万元新台币
主要客户	统一超商、三洋现代汽车、新光三越百货、台新银行、维力食品、统一企业、阿瘦皮鞋、星巴克、格上租车、第一银行信用卡、PUMA 等

资料来源：笔者根据相关资料整理。

（2）公司特色。

①策略至上，十分注重营销效果。虽然创意是使广告公司成名的最快方法，但是太笈策略相信，策略才是事业经营成功的关键，所以太笈策略的创意很朴实。在产品定位策略与产品区隔方面，由于太笈策略注重营销，因而可以称得上是比较精准的。洪志勋坦言，成立公司的动机就是希望成为一个被客户敬重的策略营销伙伴，而不是一家只会创意、不懂策略的广告公司。

②讲求机动性。广告公司需要机动性，所以不能有太多的层级。对于组织人数的刻意控制，使得太笈策略的机动性和配合度都能符合需求。在广告方案的开始阶段，太笈策略便由市调、业务、创意人员共同面对客户，只有媒介人员是在策略完毕后才介入。其操作方式和服务方式呈现出全线出击的态势，而非其他公司那样前后相继的链式流程。

③与客户的沟通。因为了解策略与通路，能充分领会客户想法，所以太笈策略成功得到了客户的信任与尊重。大多数客户认为，太笈策略能够有效地扮演广告公司兼营销顾问的角色，可以很好地完成从广告到销售再到品牌建立的一系列任务。

6. 雪芃广告公司

（1）公司概况。

雪芃广告公司成立于 1992 年 4 月 1 日，由现任雪芃广告董事长谢中川、雪芃广告群创意总监林智豪、上海雪芃副总经理张树泉与上海雪芃广告总经理郭清煌四人共同创办。2016 年雪芃以 4.7 亿元新台币的营业收入跃升台湾本土广告代理公司第一名，同年荣获"年度风云广告代理商"称号。

表 3-15　台湾雪芃广告公司概况

员工人数	约 160 人
毛收入（2016 年）	47 140 万元新台币
主要客户	纳智捷汽车（品牌形象）、裕隆日产汽车、统一企业、亚太电信、耐斯企业、台湾房屋、104 人力银行、狮王等

资料来源：笔者根据相关资料整理。

（2）公司特色。

①立足本土化。雪芃广告的创业初衷是希望协助台湾地区的原生品牌打造品牌差异、制定沟通策略，让台湾品牌与意念能传递到世界。雪芃广告自成立以来坚持创业初衷，不论品牌大小或商业规模，协助本土品牌茁壮成长；不仅当客户的广告代理商，更是策略伙伴。"本土广告公司才能这么做"。雪芃广告董事长谢中川认为，外商广告公司有总公司与绩效的限制，无法为单一客户投入那么多的无偿心力，雪芃广告的经营理念却可支持团队与客户建立深入的关系。

②与客户建立亲密伙伴关系。雪芃广告立志"永远把客户生意放在第一位"，同时也造就了将客户生意当成自己生意的观念。雪芃广告团队不局限于现有数据，而是从产品定位、市场定位到传播定位，重新为品牌一一检验。从精准的市场策略延伸运用各类工具，产出不同的创意逻辑。

③擅长体验营销。雪芃广告除了不断创新数字传播工具的运用，在虚拟世界触动消费目标人群外，更选择以实体活动与消费者面对面，觉察他们的真实行为与情绪。雪芃广告团队认为，只有人与人、人与产品进行直接接触，才会带给消费者真正的感动，激发其购买欲望。

7. 联广传播集团

（1）公司概况。

联广传播集团最初为联广公司，由徐达光于 1970 年创立，后经多次改组，成为联广传播股份有限公司，并于 2018 年成为台湾地区第一家进入股市的广告公司。联广传播集团也是台湾市场最大的本土广告传播集团，目前旗下包括四大事业群、13 家公司，业务横跨广告、公关、数字媒体、市场调研与会展特展等多个领域。2020 年 2 月，博报堂公开收购了联广传播逾半数股权，后者正式成为前者的关系子公司。

表 3 - 16　台湾联广传播集团概况

员工人数	约 270 人
毛收入（2018 年）	90 491 万元新台币
主要客户	台湾电力公司、宝岛眼镜、长荣航空、经典台湾啤酒、索尼、KFC、碧桂园、全家便利商店、"中华电信"、台湾彩券等

资料来源：笔者根据相关资料整理。

（2）公司特色。

联广传播集团是台湾地区资源最丰富、组织最完整的全方位传播集团之一，主要经营广告制作、媒体企划、营销公关等大众传播营销业务，并能整合商业空间的设计统筹，提供全方位精准之广告创意及媒体营销策略服务。其优势主要体现为：

①全方位的专业服务：联广传播集团由横跨市调、广告、公关、活动、数字、媒体购买、国内外展场、主题馆及各种商业空间的设计统筹等 9 家子公司组成，能满足企业主与品牌的多元需求，拟定不同的沟通传播策略，制作高质量的传播内容，运用创新手法与科技，在今日多变的营销环境中为客户抢得先机，赢得市场。

②与客户共同成长：联广传播集团所服务的客户群中，有许多长期合作的伙伴，秉持着彼此信任的默契一同成长并分享成果。联广传播集团持续优化业务组织，积极培养跨领域的人才，通过各种平台与媒体的深度研究与开发，从消费者分析、媒体使用行为等精准数据分析，提供给客户全方位与实时响应的成效追踪模式，提高连锁整合及营销管理能力，进而赢得更多潜在消费者。

第四章　港澳台广告媒体

第一节　香港的广告媒体

香港地区是一个通信和资讯都非常发达的城市，各种传播媒体蓬勃发展。截至2020年1月，香港共有83份注册报纸、526份注册期刊、3家广播电台、38家电视节目服务牌照，其中包括3家本地免费电视节目服务牌照、2家本地收费电视节目服务牌照、12家非本地电视节目服务牌照和21家其他须领牌电视节目服务牌照。香港拥有先进的电讯科技，加上国际对香港地区事务的关注，所以不少国际通讯社、分销全球的报纸和海外广播公司都纷纷在香港地区设立亚太区总部，或设办事处，或派驻记者。

一、报纸媒体

1. 概况

报业是香港大众传播业中历史最悠久的行业。香港最早的报纸是1841年发行的英文《香港公报》，最早的中文报纸是1853年出版的《中外新报》，而第一份纯粹由华人资本经营的中文报纸则是1874年诞生的《循环日报》。[①]

香港特区政府不办报，报纸都是私营的，报业竞争异常激烈，几乎年年都有报馆倒闭，也年年都有新报纸问世。如今在香港发行时间最长的报纸，当属英文《南华早报》，创刊于1903年，发行至今已有一百多年的历史。2015年12月11日，阿里巴巴集团宣布收购《南华早报》纸质和网络版、杂志和户外媒体等业务。2016年4月5日，阿里巴巴集团完成收购，《南华早报》在线版和移动版向全球读者免费开放。2016年9月8日，《南华早报》中文网停止运作。2018年3月26日，《南华早报》在纽约成立品牌Abacus News（直译"算盘新闻"），用于报道中国技术领域的相关新闻。

有些规模较大的报刊，分销范围远至海外华人社会，有些更在香港地区以外如美

---

① 张云枫. 发展香港的新闻与出版业［J］. 发展论坛，1997（7）：17-18.

国、加拿大、英国、澳大利亚等地印行海外版。在所有香港报纸中,《文汇报》《大公报》《东方日报》三家报纸可以直销内地。

祖国内地和台湾地区的报纸,也可以自由在香港地区发行。《人民日报》及其海外版、英文《中国日报》和《南方日报》《广州日报》《羊城晚报》,还有《深圳特区报》《深圳商报》等,每天都在香港发售。台湾地区的报纸也可以当天运到香港销售。

根据香港中文大学传播与民意调查中心 2019 年发表的传媒公信力调查,香港市民认为收费报纸中公信力最好的报纸依次是《南华早报》《经济日报》《信报》和《星岛日报》。

在传统报纸激烈竞逐的缝隙中,2002 年免费报纸开始强劲登陆香港。瑞典传媒集团 Kinnevik 凭借其在欧美成功的办报经验,创办了香港第一家免费地铁报纸《都市日报》。它秉承了瑞典《地铁报》"提供每天人们最基本的信息消费"的宗旨,以准确的市场定位和有效的经营策略,在创办 14 个月后就实现盈利。《都市日报》在港的赢利模式,引起香港报业的仿效,《头条日报》《am730》等免费报纸相继出版。免费报纸的异军突起,使传统报纸的广告市场受到影响,被迫降低广告价格以求生存,导致香港报业整体广告价格因恶性竞争而不断下降。①

随着新媒体的发展,2019 年报纸全年广告收入较 2018 年缩减 14%,仅占 22% 的市场份额,为有记录以来跌幅最大的一年,收费报及免费报同样受压。

2. 香港报业的特色②

相比其他地区,香港的报业有如下几点特色:

(1) 种类繁多、观点纷呈。

在众多的报纸中,以报道香港地区、中国内地和世界新闻为主的报纸占多数,同时还有集中报道金融财经新闻的报纸,此外还有不少专门报道影视圈消息、娱乐新闻和赛马消息的报纸。香港地区长期以来在政治、经济、地理上形成的独特地位,各种利益集团和各种政治观点均可在香港办报,因此香港地区的报纸表现出观点纷呈的特色。

(2) 版面丰富、内容庞杂。

综合性中文日报一般每天至少出对开十大张,多则每天二三十张。每天的版面多分为 A、B、C、D……若干大"叠"。人们希望得到的各种信息、观点和服务,几乎都可以从同一报纸的不同版面上或不同报纸的不同版面上得到;人们希望表达的各种兴趣、

---

① 傅强. 香港报业:刀光剑影中的世纪嬗变 [J]. 新闻实践, 2007 (4): 61.
② 本部分主要参考了明安香. 香港的报业:社会多棱镜——香港新闻传播事业纵览之二 [J]. 新闻战线, 1997 (4): 44 – 46. 和黄镜棠. 我看香港同业办报 [J]. 传媒观察, 2003 (2): 54 – 56.

观点和爱好，也都能在不同的版面上或不同的报纸得到展现。一份香港报纸很像是一个色彩斑斓的万花筒。一般说来，香港的综合性报纸，如《东方日报》《太阳报》等，每天的版面内容可分为四大叠，第一叠为新闻版；第二叠为财经版；第三叠为娱乐版；第四叠为副刊、专刊版。

（3）注重新闻报道的新、快、活、短。

香港各家报纸，特别是综合性日报，强调对新闻事件报道的迅速、及时和独家采访。为此不惜花重金采用最先进的新闻传播新技术、新装备，不惜人力、物力、财力。例如在报道 1996 年钓鱼岛事件时，一些港报就动用了直升机、海轮甚至直播卫星等现代化"十八般"武艺。但是，为了抢新闻，不尽准确的消息、哗众取宠的消息乃至某些捕风捉影的消息也时见报端，成为香港新闻媒介的一个诟病。

再则是短新闻担纲。20 世纪 50 年代，在香港报纸上，2 000 字的一篇文章算长文；20 世纪 60 年代，1 000 多字已经嫌长了；20 世纪 80 年代以后，流行的是 500 字以下至 200 字的作品。新闻短，就能确保报纸拥有相当大的信息量。

（4）注重编排、印刷考究。

香港报纸在版面编排上注重大字标题，做到标题醒目；注重大幅照片，做到图片清晰。再加上彩色印刷、纸质优良，在印刷质量上超过了许多发达国家的大报。在文字上，香港中文报纸一律使用繁体字。行文则以规范的汉语为主，但香港的新闻和广告撰稿人经常不太遵守现代汉语标准的用语规范，在其文本中夹杂许多粤语口语的表达方式和英语单词，成为典型的"三及第"文体，具有香港特色。

（5）报纸发行以零售为主。

香港报纸的固定订阅户较少，除政府机构订阅的报纸由报贩派送外，市民一般都在街上报摊买报。因此，香港的报纸多采取间接发行的方式，即由报社把报纸包给总代理商，总代理商分发给区代理，区代理再卖给各报贩。也有直接发行的，即由报社在港、九、新分区设立若干经销点，再通过报贩直接销售给市民。报纸的零售方式有利于报馆直接掌握读者和市场的脉搏。

3. 香港免费报纸的营销策略

香港现有 6 份免费报纸，包括 5 份中文免费报纸和 1 份英文免费报纸。根据香港中文大学传播与民意调查中心 2019 年发表的传媒公信力调查，香港市民认为免费报纸中公信力最好的报纸依次是《英文虎报》《头条日报》《都市日报》《晴报》和《香港仔》。

继首份免费报纸《都市日报》于 2002 年在香港面世后，星岛新闻集团的《头条日报》，也于 2005 年 7 月 12 日创刊。在 2 份免费报纸的影响下，香港传媒报业受到了前所未有的挑战。

为什么免费报纸能在竞争激烈的香港报业市场和新媒体盛行的当下生存和发展？

（1）独特的经营策略。

在经营方面，免费报纸通过建立派发队伍，拓展阅报人群，找到碎片化阅读这一细分市场；通过分时段派发的策略，降低发行成本，提升有效发行，由此建立了稳定的读者群，并形成"广告收入高—内容投入大—读者愿意看"的正向循环。①

香港是一个人口密集、屋苑林立、公共运输系统发达、报业兴旺、广告市场蓬勃的国际大都市。为提升发行效率，《头条日报》和等免费报纸的派发人员在早上的地铁站外、人行天桥、小区楼下、公交站等地进行派送，这样的发行模式虽然导致发行成本大幅增加，但报纸的损耗率明显下降。

（2）巧妙的内容定位。

免费报纸的文章简洁、易读；偏重年轻人，为特定人群服务。互联网时代的年轻一代习惯了在互联网上免费获取信息，因此为报纸付费的意愿并不强烈，但年轻人往往热衷接触新事物，渴望了解新信息，因此不少年轻读者也会利用乘坐交通工具的时间翻阅其中内容，而他们正是广告商所期待吸引的群体。②

《头条日报》是一份典型的"厚报"。一般来说，周一到周四的报纸版面约为 60 版至 80 版不等，周五版面最多，因为商家多在周末举行促销活动，产生了更多广告刊登的需求。从广告定位上来说，《头条日报》的广告客户多数是实用性质的，如电讯、财务公司。

免费报纸均为小报形式，内容上关注快速新闻，涉及当地、国内、国际新闻，以及娱乐、休育、电影、天气服务等内容。《头条日报》以本地新闻为主的"港闻"板块占据主导地位，主打香港本土特色，以"读者人数全港最多"自居，讲述香港本地故事。其中的新闻大多源于同属星岛新闻集团的《星岛日报》，评论、专栏则为独家原创。这些新闻报道多使用粤语口语表达，更具亲和力。其次是"娱乐"板块，图文并茂，并主打"独家报道"。③

免费报纸的新闻报道数量虽多，但篇幅极为简短，基本在 300 ~ 500 字，新闻内容

---

① 厉国刚. 免费报纸的发行策略探析 [J]. 新闻传播，2007（10）：28 - 29.

② 周瑜，曾繁娟. 香港免费报纸为什么如此"火"？ [J]. 中国记者，2011（10）：74 - 76.

③ 文思敏. 互联网语境下香港免费报纸如何生存——以香港《头条日报》为例 [D]. 南京：南京大学，2019.

高度浓缩，即便是关涉民生的重大新闻，文字与图片连同广告一起也最多只占一个整版。较短的新闻报道也为广告刊登提供了充足空间。

与此同时，免费报纸也热衷报道政治，为市民搭建公共领域。《头条日报》力图通过批评与回应的模式，让关切民生大事的意见得到多方面的回应，让民众实现与政府对话，获得更强的政治参与感。

（3）鲜明的版面设计。

《头条日报》自诞生起便以全彩色印刷，以红色为主色调，报头为红底白字。新闻标题字号大，多配有两至三幅图片，重要新闻多以双标题形式出现，在标题前以竖版排版，用四个字概括新闻最核心内容，让读者对新闻内容一目了然。①《头条日报》的头版常用夸张的标题和冲击力较强的图片，放大事件的影响力，如"死伤""被捕""离世""家产"等字眼，从而利用受众的猎奇心理吸引其阅读报纸。

《头条日报》严格区分广告与新闻。新闻内容往往在排版时使用彩色边框、特殊底纹等细节来突出和区分，绝对不会和广告混为一谈。在版面中以广告内容为主的情况下，会通过缩小版面报头的情况来与版面中的其他广告内容进行区分。

对于广告内容较为集中的情况，《头条日报》也会根据节日、广告主需求等因素，推出多个整版广告，这些内容会在页面顶部标注为"特刊"，与普通的新闻版面以作区别。特刊长短不一，一般为8～12个版面，常穿插于"港闻"或者"娱乐"两大重点版面当中。

（4）顺应时代的全媒体融合。②③

随着新媒体的发展，免费报纸需要顺应时代推动全媒体转型，才能在香港市场上继续生存。在互联网迅速发展的当下，《头条日报》所属的星岛新闻集团致力于发展新媒体业务，采用"网下结合网上"的策略，开发集内容与广告服务于一体的多元化平台，拓展收入并发挥品牌价值。《头条日报》为年轻消费者设立视频网站"头条POPNews"，提供短视频新闻与财经、电影资讯等内容，截至2020年2月，《头条日报》App"头条Jetso"累计下载量超过33万次，《头条日报》在Facebook上有超过19.8万位粉丝。每一平台都会在特定位置进行广告投放，如"头条POPNews"专栏右侧为固定广告位，从而得到广告商的认可。④⑤

---

① 辜晓进，李舒文．香港免费日报产业研究［J］．新闻与传播研究，2012（3）：80-96.
② 彭伟步．香港报业多元化经营与全媒体战略的启示［J］．中国记者，2018（8）：48-50.
③ 袁宏舟．香港报纸传播平台的拓展［J］．青年记者，2014（9）：43.
④ 袁宏舟．香港报纸传播平台的拓展［J］．青年记者，2014（9）：43.
⑤ 彭伟步．香港报业多元化经营与全媒体战略的启示［J］．中国记者，2018（8）：48-50.

二、电视媒体

1. 概况

香港的电视发展始于 20 世纪 60 年代，从那时起，香港家庭电视机拥有率不断攀升，加上 20 世纪 70 年代本地制作的电视节目大受欢迎，电视媒介对于广告的意义越来越大。根据广告媒体支出的记录，报纸一直稳居广告市场最高占有率，直到 1976 年下跌至 39.2%，而电视广告则上升至 53.8%，正式取代报纸成为最大的广告媒介①。然而，随着新媒体的发展，2019 年香港电视广告收入较 2018 年整体下跌 10%，免费电视及收费电视的广告收入均呈下跌趋势，但仍占据 30% 的市场份额。截至 2020 年 2 月，香港拥有 38 个电视节目服务牌照，电视观众超过 648.6 万人。②

亚洲电视有限公司（ATV，简称亚视）曾是香港电视三巨头之一，是全球第一家华语电视台。但受节目质量下降、数度易主和政治立场转变等影响，其收视率长期低落，最终于 2016 年正式结束 58 年 309 天的免费电视广播历史，其模拟和数码频道分别由港台电视及香港电视娱乐接手。2017 年 12 月 18 日，亚视以网络电视的形式复播，但已不复其旧日辉煌。

香港现有 3 家免费电视节目持牌机构，分别是电视广播有限公司、香港电视娱乐 ViuTV 以及香港奇妙电视有限公司。香港电台亦有电视频道提供公营广播。在持牌收费电视方面，分别有香港有线电视以及电盈的 Now TV。

2. 香港免费电视台

（1）电视广播有限公司。

电视广播有限公司（Television Broadcasts Limited，简称 TVB 或无线电视）于 1967 年 11 月 19 日正式启播，是全港首家商营无线电视台。TVB 现经营五个地面免费高清频道，分别是翡翠台、明珠台、J2 频道、无线电视新闻和无线电视金融与信息频道，为香港约 251 万家庭提供全天候新闻和多样化的电视娱乐节目。TVB 制作的节目，尤其是电视剧，曾一度为各地华人所熟悉，过往甚至通过庞大的海外发行，传播到世界各地。TVB 也是全球第一家在香港特区、澳门特区、中国大陆和台湾地区均能得到当地政府批准，合法落地，进入海峡两岸和香港、澳门千家万户的电视媒体。

---

① 黄少仪. 广告·价值·消费：香港电视广告廿年（1970 – 1989）［G］. 香港：龙吟榜有限公司，2003：17.

② 资料源于香港特别行政区政府通讯事务管理局办公室：https：//www.ofca.gov.hk/mobile/tc/data_ statistics/data_ statistics/key_ stat/index. html.

在日常黄金时段，TVB 的地面电视频道在香港的观众占有率超过 80%；它在本地电视广告市场中的市场份额接近 90%；其粤语中文频道翡翠台是全港收视率最高的电视频道，明珠台则是全港收视人数最多的英文电视频道。

翡翠台凭借其强大的制作能力和明星阵容，为观众提供了大量本地制作的戏剧，丰富多样的节目融合了香港本地的风味。明珠台为观众带来了 TVB 节目的制作以及来自全球的电影、戏剧、生活方式和纪录片等各种节目。J2 频道作为一个普通的娱乐频道，展现了朝气蓬勃的时尚文化。无线电视新闻台作为香港唯一的 24 小时免费新闻频道，为观众带来最新的本地和国际新闻。无线电视金融与信息频道是唯一的 24 小时免费财务信息频道，为观众提供最新的财务和货币信息，该频道还提供高质量的纪录片，以扩大观众的视野。

随着网络科技的发展，TVB 积极发展数码媒体业务，于 2016 年分别在香港地区及海外推出 OTT① 电视服务、my TV SUPER 及 TVB Anywhere，五个地面免费高清频道也在其 OTT 平台、my TV SUPER 上同步播出。随着 2017 年 6 月 1 日 TVB 的本地收费电视节目服务牌照正式终止，其大部分收费频道由 my TV SUPER 接手。目前 my TV SUPER 终端登记用户已有约 900 万，且不断递增，成为香港最大 OTT 平台，在香港 OTT 电视中独占鳌头。

（2）香港电视娱乐有限公司。

香港电视娱乐有限公司（HK Television Entertainment Company Limited，简称港娱），为香港一家商营无线电视台。2010 年 3 月 31 日，港娱向香港特区广管局提交免费电视牌照申请。2013 年 10 月 15 日，港娱获得行政会议原则上同意发牌，并于 2015 年 4 月 1 日正式获发牌照。

港娱旗下有两个免费电视频道，分别为粤语频道 ViuTV 及英语频道 ViuTVsix。ViuTV 于 2016 年 4 月 6 日启播，为 24 小时粤语综合频道，提供剧集、实况娱乐、综艺及资讯、新闻及财经、牌照规定节目。ViuTVsix 于 2017 年 3 月 31 日启播，为 17 小时英语综合频道，以新闻资讯节目为主打节目。

（3）奇妙电视有限公司。

奇妙电视有限公司（Fantastic Television Limited，简称奇妙电视）在 2009 年提出申请免费电视牌照，于 2013 年获行政长官会同行政会议原则上同意发牌，并在 2016 年 5 月 31 日正式获发牌照。奇妙电视计划营运首 6 年投资额逾 10 亿港元。

奇妙电视拥有香港开电视与香港国际财经台两个频道。香港开电视（前称奇妙电视中文台）于 2017 年 5 月 14 日启播，为 24 小时粤语综合频道，包括新闻、财经、综艺

---

① OTT 全称为 Over The Top，是基于公共互联网的视频业务，显示终端为 PC、电视、机顶盒、iPad 等，俗称互联网电视。

娱乐、访谈、儿童节目、纪实、旅游、饮食、剧集、电影及体育等多类节目。香港国际财经台于 2018 年 7 月 30 日启播，为 24 小时英语综合频道，包括纪录片、生活品位、新闻、资讯及财经节目。

三、广播媒体

1. 概况

在香港白热化的媒体竞争中，广播始终保持着其特有的魅力。电台节目很受香港市民的欢迎，其中资讯节目更受市民的喜爱，这些节目以鼓励听众通过致电电台发表意见，或者邀请名人发表个人意见或评论，来吸引听众。资讯节目甚至成为一种热潮，香港商业电台、新城电台和香港电台均开设了此类节目，并且将节目的时间延长以满足听众的需要。

截至 2019 年，香港有 13 个电台频道，其中香港电台占 7 个，香港商业广播有限公司和新城广播有限公司各占 3 个。各台广播节目均可免费收听。据香港中文大学新闻与传播学院于 2019 年所作的传媒公信力评估，在全港电子传媒中，香港电台位列第二，商业电台位列第四，新城电台位列第五。其中香港电台是公营电台，但编辑方针独立；而另外两个商营电台同样也提供咨询、教育和娱乐节目。2019 年香港广播媒体广告收入较 2018 年下降 7%，但跌幅较其他传统媒体相对轻微，保持着 4% 的市场份额。

2. 香港的三大电台

（1）香港商业电台。

香港商业电台，简称商台，是香港的一家商业广播电台，由香港商业广播有限公司经营。该台开播于 1959 年 8 月，经费来源主要靠广告收入。商台设有两个用粤语广播的中文台（雷霆 881 商业一台、叱咤 903 商业二台）和一个英语台（豁达 864 商业三台）。该台长期制作与提供多元化节目，内容涵盖资讯、时事、文艺及娱乐等领域，为香港市民提供即时广播或线上收听（直播/点播）等服务，是深为港人所熟悉的电台之一。

雷霆 881 商业一台以资讯、时事和娱乐节目为主，并以成熟普罗大众为听众对象，是全港听众人数最多的电台；叱咤 903 商业二台以年轻人为对象，经常播放流行歌曲，及制作"广播剧"，以轻松、活泼、娱乐及创意为节目方针，是如今在香港年轻人社群中最具影响力的电子传媒频道；豁达 864 商业三台为英语/外语广播频道，主要播放国际流行音乐及新闻。

（2）新城电台。

香港新城电台是香港政府批准成立的第二家商业电台。该台 1991 年 6 月创办时由和记黄埔、德宝电影有限公司、嘉禾电影有限公司和美国广播集团（THE INDEV GROUP）合资经营。1996 年 6 月，该台的全部股权归和记黄埔、长江实业拥有。新城广播有限公司目前营运三个频道，分别为新城知讯台、新城财经台及新城采讯台，均有独特的节目形式。

新城知讯台（Metro Info，前称为新城娱乐台、新城 997、新城劲歌台）主要提供娱乐、音乐、生活、知识、亲子家庭、自我增值等潮流情报，并在星期日制作近 6 小时的保健节目。该台因应时势、商业、人事等经常转变定位，唯一不变的是强调音乐的重要性，与本地乐坛、流行音乐始终密不可分，亦视年轻人为其重要听众群之一。另有部分时段实时转播及重播日本国际广播电台节目。

新城财经台（Metro Finance，前称为精选 104、新城金曲台）是全球首个 24 小时粤语财经电台频道，提供准确、实时财经消息，以及紧贴环球金融市场的重要资讯，并制作少量人生规划、理财哲学的节目。

新城采讯台（AM1044 METRO PLUS，前称为 AM1044 METRO NEWS）致力为不同国籍听众提供以其母语制作的多元文化节目，实现广播语言无界限，包括少数族裔如印尼籍人士和菲律宾籍人士等。另有部分时段实时转播中国国际广播电台的节目。

（3）香港电台（兼办广播和电视的政府电台）。

香港电台（Radio Television Hong Kong, RTHK）是香港特区政府营办的公营广播电台，简称港台，于 1928 年 6 月 30 日在原"香港广播会"（或称"香港无线电学会"）的基础上开办，开始用英语报道新闻，听众主要是白种人及受过"欧化教育"的华人。1929 年 10 月，港英当局正式宣布该台为政府电台，台号为 GOW。从 1938 年起，该台才增设中文（粤语）节目，并正式成立香港第一个中文广播电台——ZEK 中文台。1948 年正式定名"香港广播电台"（Radio Hong Kong）。1957 年中文台开始全天广播，1960 年英文台开始全天广播。1970 年电视部成立，制作公共事务电视节目，供商业电视台播出。1976 年 4 月，该台英文名称改为 Radio Television Hong Kong，中文名称未变。

该台的主要中文台（第一台）和英文台（第三台）每天 24 小时滚动播出节目，属下的 7 个台均已发展为各具特色的电台。第一、二、五台用粤语广播；第一台以新闻、资讯及综合节目为主；第二台为年轻人而设，播送轻松有趣的信息娱乐及流行音乐节目，并推广家庭及社区活动；第三台用英语广播，播送形形色色的新闻、资讯及综合节目；第四台是双语广播台，以播送古典音乐和艺术节目为主，并于每晚 11 时至早上 7 时转播英国广播公司国际频道（BBC World Service）；第五台主要播送文化及教育节目；第六台全日转播中央人民广播电台香港之声；第七台从 1997 年 3 月 31 日开始成为普通话台，播报新闻、财经及综合节目。

香港电台普通话台是香港最早设立的普通话广播频道，致力成为"新香港人的电台"，以新闻资讯为主要内容，一方面通过专设节目帮助新来港移民尽早融入社区；另一方面提供全面的大中华资讯，促进世界华语地区的信息交流。该台于凌晨2时至早上7时同步播放第一台及第二台节目。

中央人民广播电台香港之声是香港与内地加强联系和沟通的重要角色，致力于将中央人民广播电台声音融入香港本地，制作更多适合香港听众的新闻、文化艺术、财经、生活服务节目。其中《High 青春》节目融合了社交媒体特点，更好地实现对香港青年广播的功能。作为一档专门针对香港年轻人播出的节目，其在内容编排上注重结合年轻人的收听心理与需求，向香港的青年群体介绍内地的经济发展与社会现状，通过宣传祖国的传统文化与社会发展来增强香港年轻听众对祖国的向心力与凝聚力。[①] 中央人民广播电台香港之声2011年11月7日零点开始在香港数码广播第32台试播，2012年9月17日正式开播。因2017年9月4日零时起终止香港数码声音广播服务，香港之声改由香港电台第六台转播，取代之前全天转播的英国广播公司国际频道（BBC World Service）。

3. 融媒体时代香港广播业的发展[②]

（1）传播方式多元化。

总体上看，融媒体不再是单一落点、单一形态、单一平台的传播，而是在多平台上进行多落点、多形态的传播。香港广播实现了与互联网的结合，使得广播节目覆盖范围更广，更直接地影响受众的生活。

香港各家广播机构都有属于自己的App，且不断完善应用，强化了广播节目的伴随性和接受性。香港电台于2010年推出"RTHK On The Go" App，用户可以随时随地在手机上收听电台直播、查看实时新闻、下载Podcast精选等；香港商业电台于2011年推出"Hong Kong Toolbar" App，用户可以收听新闻资讯和音频直播，观看可视化直播，参与各种话题互动。节目在播出的过程中，App上会实时更新分享最新照片，让用户参与实时互动。与此同时，商业电台还与社交网络服务系统联通，将最新新闻资讯、节目动态传送至Facebook和Twitter等社交平台与港铁列车中。

每当香港出现极端天气预警时，全港市民都能通过广播等媒体了解上班、提前下班的有关安排。当遇到这些情况的时候，香港各界广播机构会利用多种传播手段，实现全

---

① 刘文燕. 论对香港广播如何吸引青年听众［J］. 中国广播，2015（9）：74-75，92.
② 本部分主要参考了：杜炜. 香港地区广播融媒体发展的现状及启示［J］. 中国广播，2015（8）：32-35.

方位的报道，为广大市民提供及时服务，真正做到让广播成为移动媒体。

（2）节目形态多元化。

香港广播机构重视门户网站建设，力求达到互联网与可视化的融合。香港电台自 1994 年 12 月推出网上广播服务以来，服务范围日益扩大，至今全部港台制作的节目都可以在"香港电台网站"收看、收听和重温。既可以通过主页收听港台九个频率的节目，又可以欣赏港台的电视节目，还可以实时关注新闻财经信息，视频现场直播，广播即时连线报道，电台电视互相促进，相得益彰。许多香港电台的重头节目都能在官网主页的"电视"一栏中看到，由此，受众既可以看到广播节目主持人的真容，又可以感受生动真实的直播现场。

"网上学习"（e-Learning）也是港台网页上非常有特色的板块，该板块每月的网页浏览次数平均达到 200 万次。通过港台在节目和互联网上搭建的互联网多媒体互动平台，提高大众学习兴趣。香港电台 e-Learning，为大家提供文学、艺术欣赏和语言学习的素材，广播节目也会配套播出有关内容。

四、杂志媒体

香港的杂志有周刊、双周刊、月刊、双月刊、季刊等，文字分为单语种（中文或英文）、双语种（中、英文）和三语种（中、英、日文）等。漫步香港街头，在茶楼酒家的门口或交通要道的街角、码头、车站，到处可见报摊，几百种报纸期刊平铺或直立架上，花花绿绿的杂志封面甚为引人注目。总体来说，这些杂志的档次和文化品位良莠不齐，大致包括如下七种类型：

（1）时政类杂志。如《亚洲周刊》《中外要闻》《广角镜》《紫荆杂志》等。

（2）财经类杂志。如《亚洲经济周刊》《信报财经月刊》《经济导报》《头条财经报》等。

（3）文艺类杂志。如《明报月刊》《粤剧曲艺月刊》《中国文化交流》《艺术香港》等。

（4）亲子类杂志。如《亲子头条》《亲子王》《黄巴士》《儿童之友》等。

（5）时尚类杂志。如《都市流行》《名牌》《流行新姿》《香港美容专业杂志》等。

（6）健康类杂志。如《健康动力》《健康创富》《中医·生活》《医·思维》等。

（7）体育类杂志。如《进攻足球》《全能足球》《赛马天下》《大胜马经》等。

在香港地区，除当地办的杂志之外，国际有实力的杂志出版公司多在那里分设经营机构或出版自己刊物的当地版本。香港杂志通常以市场为导向，以抢眼为第一准则，由市场决定杂志的经营方向，由读者喜好决定杂志的选题。因为地方小，人口少，加之面对报纸、电视等传媒的竞争，香港出版的杂志发行量一般较少，规模达上万份的凤毛麟角，竞争相当严酷，多数生存环境不佳。[①] 2019 年香港杂志广告收入较 2018 年下降了 23%，为广告收入下降幅度最大的媒介，仅占有 3% 的市场份额。

五、户外媒体

香港的户外广告形式随着科技的发展不断进步，从油漆画变为帆布画，再进化到霓虹灯饰及现在的 LED 电子屏幕。户外广告对零售业相当重要，尤其是具有地方特色和优势的户外广告，对带动指定地区的商店和推广有直接帮助。[②] 然而，根据 admanGO 监测的数据，2019 年香港户外媒体的广告收入较 2018 年下降了 22%，仅次于杂志广告跌幅，占有 9% 的市场份额。最早列入吉尼斯世界纪录大全的广告牌，是位于东区海底隧道九龙方向的出口、原来矗立在中旅协记货仓顶上的万宝路香烟广告。该广告牌高逾 64 米，宽逾 16 米。这一纪录之后被乐声、太古汽水有限公司等相继刷新。

香港户外广告牌最集中的地方要属铜锣湾、旺角和尖沙咀等繁华商业区。这些都是广告业界认可的最好的位置。铜锣湾 SOGO 百货公司外墙的大型广告牌于 2017 年改装成为巨型 LED 电子屏幕（见图 4－1），是亚洲最大的 LED 电子屏幕广告（宽 72 米，高 19 米，7 168 像素×1 920 像素）。为避免法律问题，该广告屏幕只出租给 SOGO 的商户。

图 4－1　SOGO 百货公司外墙广告牌

---

① 孙顺华，查灿长，刘悦坦，等. 中外广告史［M］. 济南：山东大学出版社，2005：119.
② 吴博林. 广告 101——Digital Marketing 之变［M］. 香港：天窗出版社，2018：24－26.

香港是著名的不夜城，入夜以后，霓虹灯广告便铺天盖地而来。九龙弥敦道、港岛铜锣湾都是霓虹灯广告最为集中的街区。香港大生地产发展有限公司的广告牌是全世界最大的霓虹灯广告牌，使用了超过 800 000 个电灯泡制造而成。

地面广告是一个户外广告新形式。人的某些需求，要在特定的场景下才会被激发，找到这些场景，就找到了机会。香港的亚热带季风气候让人头疼，少见晴天，多是阴雨，让人心情持续低落。宿务航空却抓住"下雨"这个场景，吸引大家到阳光明媚的地方旅游。雨代码，即利用防水喷漆在大街路面上喷绘二维码广告，平时隐形，一到雨天才现出广告语"It's sunny in the Philippines."及二维码，路人可以通过扫描二维码进入机票购买网站，"因地制宜"的广告催生一场说走就走的旅行（见图 4-2）。

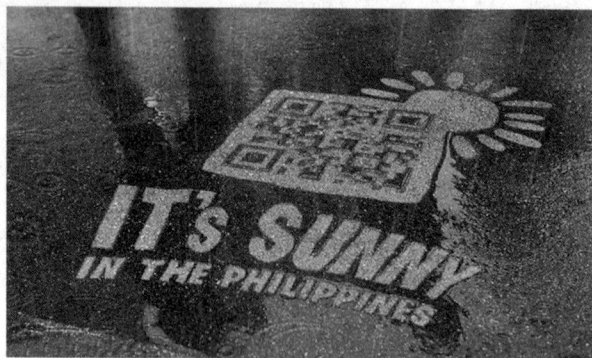

图 4-2　宿务航空"雨代码"地面广告

除了出租车之外，香港的地面交通主要靠双层大巴。在闹市区不宽的马路上，两层楼似的双层大巴车身上涂满了五颜六色的广告画，让人眼花缭乱。最具有本地特色的流动广告，要属香港岛的双层有轨电车。电车车站密集，穿越多条繁华大街，车速又慢，所以广告宣传的效果尤为明显。1973 年，香港电车第一次接受广告，美国西北航空公司的大幅宣传画被刷上了车身，自那以后，电车广告越卖越火，广告收入占了电车公司总收入的 1/5。[①]

香港地铁的全球客运量排名一直居于前十位，每年约有 16 亿人次搭乘香港地铁，每天载客约 467 万人次，占香港公共运输总载客量的 41% 左右。地铁车站里的广告，不仅密度大，而且很讲究设计，许多获奖作品给人留下深刻的印象，像东芝冰箱和空调、立顿柠檬茶、佐丹奴等，都是上乘之作。除此之外，香港国际机场、香港高铁也拥有相

---

① 晓理. 香港广告不夜城［J］. 中国第三产业，1999（10）：12-14.

当数量的户外广告。

此外，电梯广告也是香港常见的户外广告形式。Focus Media 是香港唯一于写字楼及商业大厦电梯大堂设置平面显示屏幕广告的运营商，拥有超过 600 个位于高级写字楼及商业大厦的选定地点，每月接触白领人士超过 1.58 亿人次。凭借着办公室及商业大厦电梯广告的成功，Focus Media 进一步利用其与房地产发展商长期良好的合作关系，于香港主要的私人住宅屋苑铺设电梯广告。Focus Media 独特的媒体推广方式为广告商带来传统电视以外的另一选择——在电梯大堂高度集中的环境下，锁定广告商最希望触及的富裕消费阶层和高收入人群。

六、网络媒体

自 20 世纪末开始，互联网开始进入人们的生活，香港的网络广告（包括 PC 端和移动端）也随之出现在人们的视野中。近年来，网络广告占香港广告总开支的份额稳步增长。根据 admanGO 监测的数据，2019 年香港网络广告收入较 2018 年上升了 4%，是 2019 年唯一获得广告增幅的香港媒体，占据了 32% 的市场份额。

截至 2020 年 1 月，香港有 1 355 万移动终端，数量相当于总人口的 181%，香港拥有 679 万的互联网用户，互联网普及率达到 91%。其中有 580 万社交媒体用户，社交媒体渗透率达到 78%，99% 的用户于手机上使用社交平台。香港人最常使用的社交媒体平台前八位分别是 Facebook、YouTube、WhatsApp、Instagram、微信、FB Messenger、Line 和 Twitter。2020 年 1 月，LinkedIn 超越了 Skype 成为香港排名第 9 位的社交平台。[①]

第二节　澳门的广告媒体

一、电子媒体

澳门的电子传媒机构包括 1 家电视台（澳门广播电视股份有限公司），2 家广播电台（澳门电台、绿邨电台），1 家有线电视台（澳门有线电视股份有限公司）和 3 家以澳门为基地、提供卫星电视广播服务的公司（澳门卫视股份有限公司、澳亚卫视有限公

---

① We Are Social. Digital 2020 Hong Kong ［EB/OL］. （2020 - 02 - 13）［2020 - 02 - 22］https：//datarepor-tal. com/reports/digital - 2020 - hong - kong.

· 79 ·

司、澳门莲花卫视传媒有限公司）。

澳门电台最早设立于1930年，1948年由特区政府收购，成为官方电台。目前澳门的2家电台分别是澳门广播电视股份有限公司下属的澳门电台和1950年由土生葡人罗保博士创办的私营绿邨电台。随着互联网的兴起，2家电台都在无线广播的基础上进行网上实时广播。

澳门的电视台起步较晚。澳门广播电视股份有限公司（简称澳广视），原名为澳门广播电视公司，于1982年1月1日成立，1988年8月改组为公私合营机构。2002年起，私人公司股东陆续将股份以无偿方式退回澳广视，澳广视股份变相由澳门特区政府全资拥有。[①] 2016年，中央电视台（现已更名为中央广播电视总台）正式落地澳门，澳门居民可通过澳广视收看中央广播电视总台的节目。海峡卫视、湖南卫视等卫视频道也可在澳门收看。

澳门有线电视股份有限公司汇聚了世界各地100多个不同类型的频道节目，通过高清数码传播及接收系统，为澳门市民提供高质量、多元化的有线电视服务。此外，澳门还有3家卫星电视台，包括澳门卫视股份有限公司下属澳门卫视新闻台、澳亚卫视有限公司开设的澳门卫视中文台和澳门莲花卫视传媒有限公司的澳门莲花卫视24小时频道。

由于澳门的电子媒体起步较晚，水平也较香港有很大的差距，长期以来，澳门居民收看澳门电视节目和香港电视节目的比例大约是1∶9，收听澳门电台和香港电台的时间比例大约是3∶7。[②] 回归以后，澳门居民收看内地电视节目的时间有增加趋势，但收看当地电视和收听当地电台的时间没有显著增加，电台及电视台因此无法成为强势广告媒体，这在某种程度上影响了澳门广告业的发展。

二、平面媒体

1. 报纸

澳门的平面媒体是广告传播的主要途径，其中又以报纸为主。澳门报业发达，目前共有13家中文日报，2018年的日报发行量为8 715.5万份，其中发行量排前三位的依次是《澳门日报》（创刊于1958年）、《华侨报》（创刊于1937年）和《大众报》（创刊于1933年）。此外，还有《市民日报》《星报》《正报》《现代澳门日报》《新华澳报》《濠江日报》《澳门晚报》《澳门时报》《力报》和《正思今日澳门》。《澳门日报》是澳门目前规模最大、最具影

---

① 林玉凤. 澳门媒体现状与发展 [R] //. 澳门经济社会发展报告（2008 - 2009）. 北京：中国社会科学文献出版社，2009.

② 梁丽娟. 澳门2011年新闻传播业概况 [G]. 北京：中国新闻年鉴社，2012：226 - 229.

响力的中文日报，占澳门收费报纸发行量的七到八成，其广告量也最大。

为加强与内地的联系，澳门各报每日都大量刊登内地的政治、经济、文化活动的消息和图片。由于地理位置的原因，部分澳门报纸辟有珠海专版，澳门读者通过珠海的发展情况窥测整个内地的发展。此外，还有着重报道中共中央及广东、广西和福建等地的新闻。

澳门中文报纸有如下共同的特点：[①]

其一，头版本地化。除重大国家新闻和国际事件外，日报头版头条基本都是"澳闻"（即澳门当地新闻），尤其是突发新闻。无重大突发新闻时，整版广告偶尔也会出现在头版。

其二，内容国际化。由于地缘关系、历史原因以及博彩业的发达，澳门一直是国际化都市。澳门回归后，国际地位也在不断上升。因此，国际报道也是澳门报纸的重要组成部分。

其三，社论日常化。澳门每家中文报每天都有一篇社论或署名的评论，个别大报每天的评论多达两三篇，从不间断。

其四，文风简短化。港澳读者生活节奏紧张，因而报纸文风朴实，突出一个"短"字。一般超过 1 500 字的稿件，宜在文内加小标题；长文章最好分"上、中、下"分日刊出；太长则属杂志稿，不刊为宜。

其五，版面时尚化。版面设计绚丽多彩，不再出现灰蒙蒙一大块。通过美术设计突出大标题、大照片，激发读者的视觉冲动。

其六，管理规范化。尽管澳门各中文报的电子化设备有新有旧，科技含量各有不同，但彼此在公平竞争中交流协作，不存在你死我活的"割喉战"。

其七，转型数字化。互联网和社交媒体的兴起冲击着报纸的生存和发展。澳门各家报纸都在探索媒介转型和媒介融合，纷纷开辟手机报、电子版和手机客户端。报纸新闻阅读实现即时化和移动化。

众多的葡文报刊是澳门传媒的另一特色。由于历史的原因，葡文报纸在澳门的历史比中文报纸更为久远。1822 年就有了中国境内出版的第一家外文报纸《蜜蜂华报》。此后《澳门钞报》《直报》《澳门邮报》等葡文报刊相继刊行。如今，澳门的葡文日报有《句号报》和《澳门论坛日报》；葡文周报有《号角报》（内容包括中、英、葡三语）和《澳门平台》（以中葡双语出版）。由于特殊的社会环境，葡文报纸主要供当地葡萄牙人阅读，报刊发行量极少。此外，在内容方面，葡文报纸以报道葡萄牙国内新闻为主，对澳门本地新闻关注不多，受众群体有限。

---

① 部分内容改写自：李成俊. 澳门华文媒体发展新趋势［C］//第二届世界华文传媒论坛论文集，2003.

此外，澳门的英文日报有《澳门邮报》和《澳门每日时报》。随着澳门英语人口的增加，澳门英文报纸在对外传播上发挥着独特作用。[1]

2. 杂志

澳门2018年注册登记的杂志份数为54份，据不完全统计其发行量为1 158万份。澳门现有官方的时事综合类杂志《澳门》《澳门月刊》《澳门汇》等，与英文杂志 *Macau Business*、*Inside Asian Gaming* 和 *Macau Closer* 构成澳门印刷杂志的主体。[2]

此外，平面媒体的其他形式如海报、传单等也是澳门广告的主要媒介，因此平面设计也成为当地广告工作的重要部分。

三、户外媒体[3]

澳门的户外广告一般来说可分成下列几种：灯箱、横幅、海报街招、路牌、招牌、楼宇外墙、商店橱窗、电话亭、企业车辆、的士车辆、巴士车身和轻轨等。

由于城市环境所限，灯箱可设立的地点及灯箱的面积受到限制。横幅和海报街招只能在事先准许的地点张贴。路牌广告的理想地点一般只能以招牌的形式出现，大面积且人流量大的地点只有殷皇子马路与新马路的交界点。楼宇外墙面积大，容易被看到，但由于在澳门法律中，大厦外墙的拥有权属于小业主，所以只有取得全部小业主的同意才可以在外墙制作广告，正因为手续复杂，楼宇外墙广告在澳门受到局限。的士车身及电话亭的广告展示面积较小，在澳门的使用率并不高。

澳门户外广告的主流是巴士广告。目前澳门有两家巴士公司，即澳门新福利公共汽车有限公司（新福利）和澳门公共汽车有限公司（澳巴）。自1992年开始，两家公司都提供巴士车身和车厢内广告位置的出租服务。澳门巴士广告的最大优点在于覆盖面广。由于巴士的路线遍布澳门主要的大街小巷，加之澳门的马路多数比较狭窄，行驶车速也不快，巴士停站次数频繁，街上的行人和其他汽车的乘客都很容易清楚地看到巴士广告的内容。如果遇上交通堵塞，巴士广告在受众面前展示的机会就更多，时间会更长。随着澳门新道路的使用和城市的不断发展，巴士的路线也会相应地增加，这也意味着巴士广告的覆盖面将会随着城市的发展而不断扩大。

---

① 孟书强. 回归二十年澳门新闻媒体的嬗变：进程、特征与趋势 [J]. 澳门研究, 2019 (93)：60 - 73.

② 李小勤. 澳门华文媒体的现状、表现与发展 [R]. 澳门经济社会发展报告（2008—2009）. 北京：中国社会科学文献出版社, 2012.

③ 本部分主要参考：刘学聪. 走进大街小巷——谈澳门巴士广告的发展 [M] //胡锦汉. 探索澳门广告业. 澳门：澳门广告协会, 1999：19 - 27.

澳门巴士广告的租用期一般为3个月到1年，也可以作更短的租期，但需要缴纳附加费。广告的使用位置为巴士车身的中间部分，包括两边、车尾和车身大包围，但不包括车头。跟香港的巴士广告相比，澳门巴士租期都较短，可能与当地没有大型企业的长期性广告投放有关。

澳门三面环海，由横跨不同海域的岛区组成，水路交通极为发达。并且由于特别行政区的性质，设置了关闸以方便和内地往来，因此码头和关闸都是重要的户外广告投放点。

机场也是高价值户外广告的投放点之一。澳门国际机场作为澳门连接内地与世界的关口，媒体形式十分多样。除了灯箱和电子屏等媒体外，还有机场吊旗广告。澳门国际机场吊旗广告主要分布在机场出发大厅，能够完美覆盖机场出发旅客群体，超大面积的画面设置可带来极强的视觉冲击力，而且位置显眼无干扰，有利于提高受众对品牌的记忆度和信任度。

如今，澳门户外广告正向数字化过渡，数字屏幕在户外广告中的应用日益增多。与传统户外广告相比，数字化户外广告的其中一个主要优势在于其能够通过消费者的智能手机与消费者直接交互的潜力，精准投放、动态效果等均提升了广告的传播效果。

四、网络媒体

1999年12月，澳门互联网用户仅2.5万人，不足澳门总人口的6%。[1] 2018年澳门使用互联网的住户共17.54万户，占住户总数的90.2%，互联网普及率为83.8%。使用手机上网的比例为93.2%。其中，25~35岁和35~44岁的居民互联网普及率分别达到97.0%和96.4%。[2]

千禧年前后，网络讨论区在澳门逐渐兴起。目前，澳门比较著名的讨论区是 Qoos（澳门互联网站）和 Cyber CTM 论坛。随着互联网技术的不断发展，网络讨论区的影响力式微。从2011年到2018年，澳门居民网络讨论区的使用率从38%降至28%。[3]

2011年，社交媒体和新闻网站取代报纸和电台，成为除了电视之外，澳门市民接触新闻最主要的渠道。[4] 澳门作为连接内地和世界的重要窗口和桥梁，其居民常用的既有微信、微博、抖音等内地流行的社交媒体，也有 Facebook、YouTube、Instagram、

---

① 何伟耀. 1999年澳门特区互联网发展概况 [J]. 信息系统工程，2000 (3)：35.
② 澳门特别行政区统计暨普查局. 住户使用资讯科技调查，2018.
③ 孟书强. 回归二十年澳门新闻媒体的嬗变：进程、特征与趋势 [J]. 澳门研究，2019 (93)：60 - 73.
④ 梁丽娟. 澳门2015年新闻传播业概况 [G]. 北京：中国新闻年鉴社，2016：256 - 257.

WhatsApp、Twitter、Line 等国外社交媒体。

从澳门科技大学联合澳门传播学会等机构发布的《2018 澳门居民新媒体使用习惯调查》《2019 澳门居民新媒体使用习惯调查》中可以发现：微信、Facebook、微博占据澳门居民新媒体使用榜的前三位，而且同比有所增长（见图 4-3），主要用于社交、休闲娱乐、朋友动态和大众资讯等情境。[①]

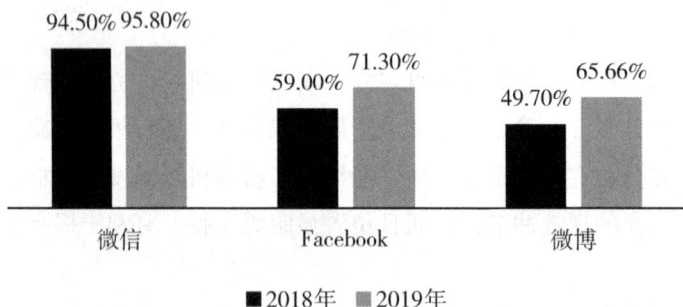

图 4-3　2018 年和 2019 年澳门居民（受访者）社交软件使用情况排名

数据来源：澳门科技大学发布的调研报告《2018 澳门居民新媒体使用习惯调查》《2019 澳门居民新媒体使用习惯调查》。

下面着重介绍澳门居民使用最多的两大社交媒体——微信和 Facebook 的使用情况。

1. 微信

在《2019 澳门居民新媒体使用习惯调查》报告中，微信是澳门居民最常使用的社交软件，有将近 96% 的受访者使用微信。同时，微信覆盖的年龄层也非常广泛，50 岁以上受访者使用微信的超半数。如今，微信已成为澳门广告投放的重要渠道，不少广告代理商开始整合微信的资源，实现对澳门居民的精准投放。

2. Facebook

Facebook 是澳门居民使用最多的国外社交媒体。在《2019 澳门居民新媒体使用习惯调查》报告中，71. 30% 受访者使用 Facebook，仅次于微信。Facebook 关注专页类型前三位分别是朋友个人专页（52.3%）、大众传媒专页（42.3%）和企业团体专页（27.4%）。目前，Facebook 广泛应用于各大赛事、展会、活动的宣传当中，像澳门体育盛事 Facebook 专页，就起到了很好的宣传效果。

---

① 澳门科技大学. 2019 澳门居民新媒体使用习惯调查，2020.

第三节 台湾的广告媒体

作为世界上媒体分布最为密集的地区之一，台湾地区的媒体竞争激烈程度超乎想象，这种竞争对广告业的发展有着正面或负面的巨大影响。在这一节里，我们将对台湾地区主要广告媒体的发展及其广告经营作一梳理。

表4-1 2018年台湾地区总广告量统计

媒体类别			2018年广告量（亿元新台币）	2017年广告量（亿元新台币）	增长率（%）	市场占有率（%）
电视	无线	Terrestrial TV	29.76	30.60	-2.70	4.17
	有线	Cable TV	176.92	183.00	-3.30	24.77
报纸		Newspaper	36.64	41.88	-12.50	5.13
杂志		Magazine	19.84	23.18	-14.40	2.78
广播		Radio	18.73	17.40	7.70	2.62
户外		Outdoor	42.51	36.40	16.80	5.95
小计			324.4	332.46	-2.43	45.52
展示型广告		Display Ads	150.80	135.81	11.03	21.11
口碑/内容营销		Buzz/Content Marketing	61.30	47.12	30.10	8.58
影音广告		Video Ads	81.01	67.42	20.15	11.34
关键字广告		Search Ads	95.12	79.20	20.10	13.32
其他类型数字广告		Other Ads	1.44	1.42	1.01	0.20
小计			389.67	330.97	17.70	54.57
总计			714.07	663.43	7.63	100

资料来源：2019年台湾媒体"白皮书"［R］.台北：台北市媒体服务代理商协会，2019.原数据源于AC尼尔森公司和台北市数字营销经营协会。

一、报纸媒体

从 1990 年开始，台湾地区的报纸媒体经历了快速增长期和衰退期。

1. 数量由增到减

1991 年台湾地区报纸媒体有 237 家，至 2004 年增长为 733 家。然而，报纸数量的增加并未带来报业生态的全新改变。从 20 世纪 90 年代后半期起，虽然形成了党报系、联合报系、中时报系等报业集团，基本上能够以产业化形式运营，但外部环境的恶化使报业的发展急转直下，不仅各报平均广告量锐减，而且即便是台湾地区排名前三位的报纸也多少存在营运危机，更不用说游离于主流之外的其他报纸。对于这种现象，资金雄厚者尚可勉力支撑，实力不济者只能裁员、减薪直至关门大吉。财政方面的问题直接导致了 20 年来报纸版面的紧缺，也迫使报纸的广告安排发生了从追求数量到追求质量的转变。在数字化媒体的冲击下，近年来台湾地区报纸媒体数量大为减少，从业人员流失严重。

2. 内容较为全面

台湾地区报纸的分类比较齐全，定位较为清晰，政治、国际、财经、社会、环保、宗教、消费、体育、女性等都有代表性报纸，副刊和特刊也体现出本土性、知识性和生活化的特点。这些市场定位不仅有助于报纸甄别发行人群，更有助于通过消费者群体找到目标广告客户。

3. 形式有所创新

进入 21 世纪后，以《中晚捷运报》《风报》《捷运快报》为代表的免费报纸对台湾报业产生了一定程度的影响。这种报纸大多集中于公交车站附近，是一种纯粹的"以广告养发行，以发行求广告"的经营模式。

4. 注重营销手段以应对艰难形势

20 世纪 90 年代以来，各报在促销方面日日推陈出新，折价、赠机票、送金币、附电影票、带软件，甚至赠送大件的家电、汽车。读者自然受惠，但对于媒体和广告主而言则是一把"双刃剑"。

5. 开创新型报业，实行付费订阅制

经过近年来的大浪淘沙，一方面，生存下来的报纸基本上都在硬件建设上投入更多的资金，同时实现了全面的自动化，许多传统报纸也纷纷向网络进军；另一方面，各报纸之间也使用合纵连横手段达成了多元化经营目标，以此规避单纯依赖广告收入而带来的风险。

6. 广告量集中，下滑幅度屡创新高

在台湾地区每年的报业广告总额中，联合报系和中时报系两大集团广告量约占全台报业广告市场份额的80%，其中联合报系约占45%，中时报系约占35%。[①] 2006年，自由时报系的广告收入跃居台湾地区首位，此后一直居高不下，然而整个报纸行业广告量的下降趋势因时代变迁而难以扭转。"台湾经济不景气和当局政策变动的双重作用下，广告主投放广告变得保守，又由于21世纪以来网络广告、移动广告的快速增长，各家报纸为了提升竞争力，采取削价拉拢广告客户，报纸广告处于内外交迫的艰难处境"[②]。21世纪以来，报纸广告量的下滑率屡创新高。尤其在2008年全球经济危机影响之下，报纸的广告量受到强烈冲击，是五大媒体中衰退最大的。

（亿元新台币）

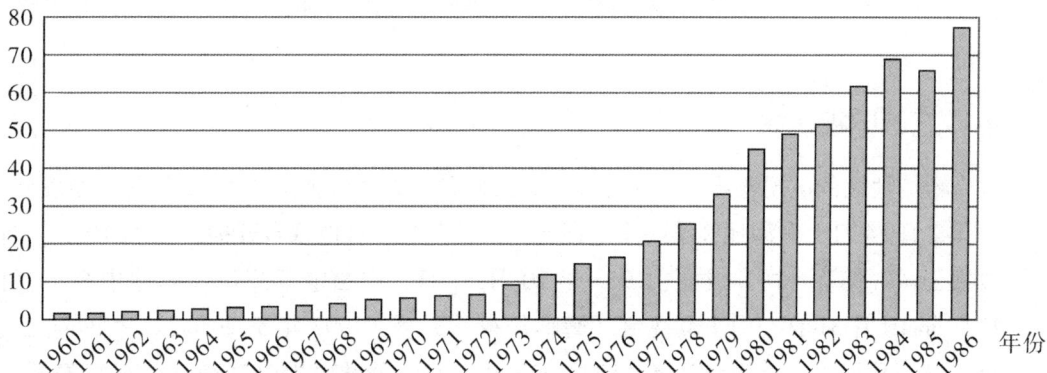

图4-4　台湾地区1960—1986年报纸媒体广告量变化图

资料来源：根据颜伯勤《二十五年来广告量研究》（台北："中央"日报社出版部，1987年版）提供之数据整理。

---

① 刘家林. 新编中外广告通史（第二版）[M]. 广州：暨南大学出版社，2004：223.
② 赵文龙. 报纸低迷，开拓新财源[J]. 动脑，2013（总443）：95.

（亿元新台币）

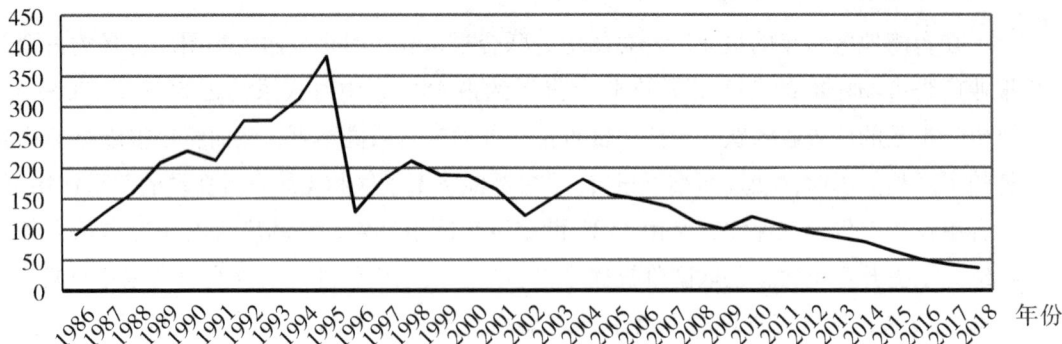

图4-5　台湾地区1986—2018年报纸媒体广告量变化图

资料来源：根据《"中华民国"新闻年鉴》（台北：台北新闻记者工会，1991年），《台湾广告50年》（台北：台北市广告代理商业同业公会，2008年）以及历年《"中华民国"广告年鉴》提供之数据整理。

二、电视媒体

台湾地区的电视媒体可分为无线和有线两种。无线电视是从1962年起开始发展的，当年2月14日，台湾地区第一家电视台——公营的教育电视台开播；10月10日，台湾电视公司（简称台视）成立；1969年10月31日，中国电视公司（简称中视）开播；1971年10月31日，中华电视台（简称华视）开播；1997年5月5日，民间全民电视公司（简称民视）新闻台开播；1998年7月1日，公共电视台（简称公视）开播。在有线电视方面，自从1969年开始出现俗称的"第四台"的有线传播系统之后发展很快。1993年，"有线电视法"和"有线电视节目播送系统暂行管理办法"相继发布，台湾地区"行政院新闻局"即依相关规定把全部地区划分为51个有线电视经营区。截至2003年年底，台湾地区的51个经营区中，已有46个经营区共计64家有线电视正式运营，其中又以TVBS、八大等电视台最为活跃。台湾地区的电视覆盖率现已达到99%以上，电视频道数量有100多个。

从广告量来看，台湾电视创立的第一年（1962年），电视广告量在媒体广告总量当中只有0.5%，而当时的报纸广告量在媒体广告总量当中占54%，连广播广告也有19%的份额。1964年，电视广告超过杂志广告，成为第三大广告媒介；1967年，电视广告超越广播广告，成为第二大广告媒介。到1972年，电视广告已与报纸广告并驾齐驱。1994年，电视媒体的广告经营额首次超过报纸媒体，不过1995年又被报纸超越。从1996年起至2016年，电视媒体的广告投放额一直稳居首位，其中大部分贡献在2000年之后由有线电视作出，有线电视广告营收额已远超无线电视。2016 年之后，电视媒体广告量被网络媒体广告量超越。近年来，由于收视率的下滑以及广告主与媒体代理商的成本考虑，电视媒体广告不断向新媒体转移，电视广告的市场份额呈逐年递减趋势。

（亿元新台币）

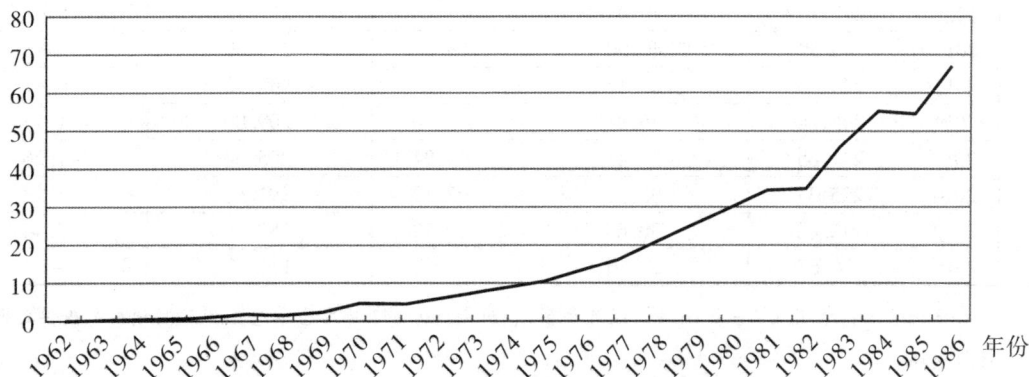

图 4 - 6　台湾地区 1962—1986 年电视媒体广告量变化图

资料来源：根据颜伯勤《二十五年来广告量研究》（台北："中央"日报社出版部，1987 年版）提供之数据整理。

表 4 - 2　台湾 1993—2018 年电视媒体的有效广告量

（单位：亿元新台币）

年份	总量	无线电视广告收入	增幅（%）	有线电视广告收入	增幅（%）
1993	249.84	237.31	—	12.53	—
1994	290.62	240.18	1.21	50.44	302.56
1995	181.20	155.20	− 35.38	26.00	− 48.45
1996	186.27	137.20	− 13.14	49.07	88.73
1997	323.69	151.40	10.35	172.29	251.11
1998	348.32	177.58	17.29	170.74	− 0.90
1999	322.40	176.80	− 0.44	145.60	− 14.72
2000	306.70	130.02	− 26.46	176.68	21.35
2001	277.04	115.60	− 8.63	161.44	− 11.09
2002	306.55	84.73	− 26.70	221.82	37.40
2003	334.13	87.86	3.68	246.28	11.03
2004	238.82	56.91	30.73	181.91	3.06
2005	210.30	43.53	− 23.51	166.78	− 8.32
2006	190.31	41.25	− 5.23	149.06	− 10.62

（续上表）

年份	总量	无线电视广告收入	增幅（%）	有线电视广告收入	增幅（%）
2007	181.42	40.94	−0.75	140.48	−5.76
2008	180.28	44.45	8.58	135.82	−3.31
2009	177.29	43.44	−2.29	133.85	−1.45
2010	249.22	50.61	16.50	194.09	45.01
2011	260.75	49.00	−3.18	211.75	6.61
2012	240.59	40.00	−18.36	200.59	−5.26
2013	248.10	38.17	−4.78	209.92	−0.41
2014	245.88	36.81	−3.70	209.06	−1.72
2015	241.65	36.11	−1.94	205.54	−7.26
2016	225.34	33.71	−7.13	191.63	−4.72
2017	213.60	30.60	−10.17	183.00	−3.44
2018	206.67	29.76	−	176.92	−

资料来源：根据《"中华民国"经济年鉴》、历期《动脑》《广告杂志》以及润利公司提供之数据计算整理。

有线电视诞生4年后，其广告收入超过无线电视，并在媒体广告营收不景气的情况下与报纸共同支撑着半壁江山。

（亿元新台币）

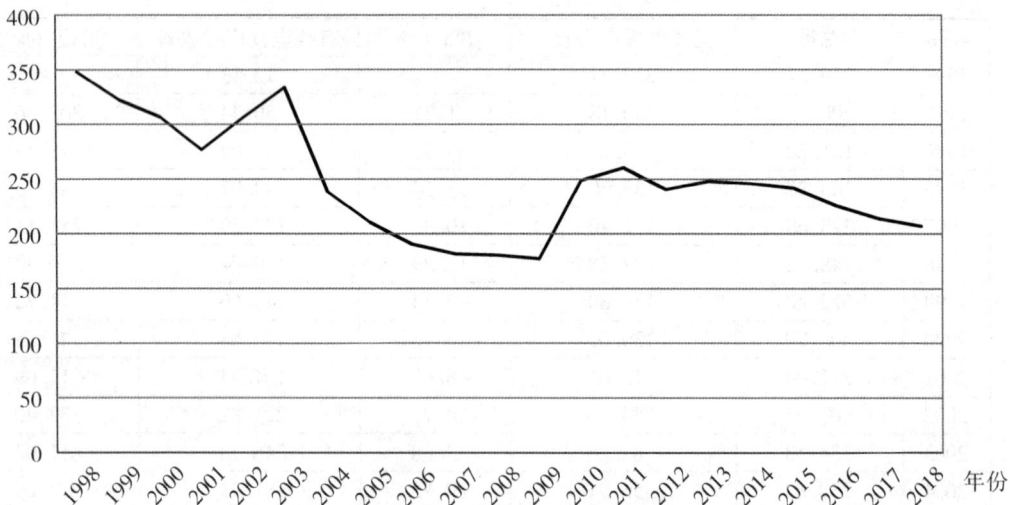

图4-7　台湾地区1998—2018年电视媒体广告量变化图

资料来源：根据《"中华民国"经济年鉴》、历期《动脑》《广告杂志》以及润利公司提供之数据整理。

三、广播媒体

1949 年国民党退守台湾后，国民党党属的"中央台""中国广播公司""空军台""军中台"也随之撤迁。1950 年时，岛内只有十余座电台。1993 年 2 月至 2002 年，台湾当局分 10 个梯次开放广播频率，共批准新建电台 151 家，绝大部分都是属于民营性质的中、小功率调频电台。这些新民营电台凭借清新的形象和较佳的讯号，有效开发了年轻化的听众市场。截至 2016 年底，台湾地区持有经营执照的广播电台共 197 个（含分台）。

面对竞争激烈的媒体市场和受众多方面的需求，电台的定位从过去以地区和专业为区隔转向以人的价值观念和生活状态为区隔。同时，为了扩大或保存现有市场规模，降低营运成本，许多新设立的电台纷纷采取节目联播、策略联盟或以联播网形态进行经营，这是前所未有的现象。

广播在台湾地区曾是仅次于报纸的第二大广告媒介，但已在其他各种媒体的夹击下逐渐衰落。早期，台湾地区公营电台的经费是由当局政府资助的，不接纳广告。但是"中国广播公司"从 1962 年起，开始在每天的节目时间里也插播广告，引起了当时民营广播电台的不满。"中国广播公司"日后更发展成为广播业界的第一大媒体。到 1994 年，台湾地区广播广告营业额为 34 亿元新台币，其中"中国广播公司"就占去 14.65 亿元新台币。[1] 2010 年以前，广播媒体广告还能维持稳定发展的趋势。但"通讯传播委员会"的《2016 年广播电台收听行为调查研究》结果显示，目前台湾地区收听广播的听众比例占台湾人口的 23.4% 左右，比 2002 年减少了一半。[2] 从 2010 年开始，广播媒体的广告量也呈逐年下降的趋势。

（亿元新台币）

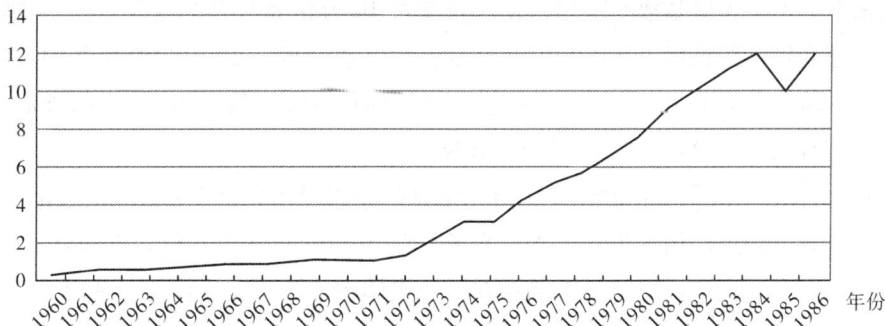

图 4 - 8　台湾地区 1960—1986 年广播媒体的有效广告量

资料来源：根据颜伯勤《二十五年来广告量研究》（台北："中央"日报社出版部，1987 年版）提供之数据整理。

---

① 刘家林. 新编中外广告通史（第二版）[M]. 广州：暨南大学出版社，2004：226.
② 2016 年广播电台收听行为调查研究 [R]. 台北："中华民国"通讯传播委员会，2017.

（亿元新台币）

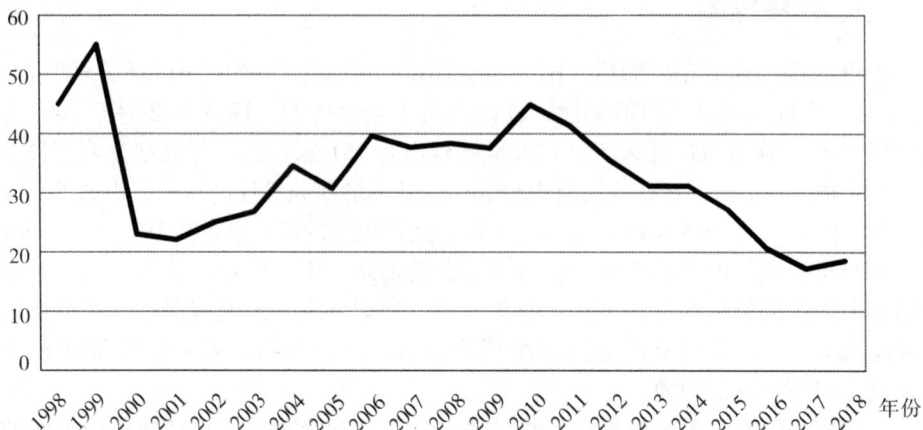

图 4 - 9 台湾地区 1998—2018 年广播媒体的有效广告量

资料来源：根据《"中华民国"经济年鉴》、历期《动脑》《广告杂志》以及润利公司提供之数据整理。

四、杂志媒体

台湾地区的杂志种类与数量都很惊人，竞争十分激烈，2002 年最多时曾达 8 140 家，至 2004 年也有 4 185 家之多，[①] 其中约有 70% 在台北出版。根据台湾"行政院新闻局"出版处的统计，这些杂志大概可分为 25 类，以财经工商类所占比例最大。但从发行上来看，由于人口基数的限制，发行量超过 10 万份者只有三五家而已，实际上在书店公开陈列发行的也仅有 600 余种，且发行量普遍较低。AC 尼尔森所作的台湾地区媒体调查显示，台湾地区杂志媒体的接触率也是逐年下降，从 1991 年的 40.5% 降到 1999 年的 33.6%，到了 2016 年，已降至 11.66%。

从广告收入来看，在 1961 年，台湾地区的杂志媒体只有 428 万元新台币。1985 年，杂志广告收入超过广播广告收入成为第三大媒介。到 2000 年，杂志广告收入达 72 亿元新台币，较 40 年前增长了 1 680 倍，在传统媒体中增长率居于首位。其中，排名第一的《时报周刊》每年广告收入约有 4 亿元新台币，是第二名《天下》的两倍多。

进入 21 世纪后，台湾地区的杂志业遇到不少问题。一是岛内经济状况不好，许多广告客户纷纷减少广告预算，杂志则首当其冲。目前有些广告客户即使刊登广告，也不愿支付现金，而是希望以产品进行置换，杂志业也只好接受。二是网络媒体的进入也压

[①] "中华民国"经济年鉴（2005）［G］. 台北："经济日报"（台北）社（编印），2006：636.

缩了杂志广告增加的空间，虽然最基本的收益还在增加，但上涨的空间已相当狭小。原本广播、电视、报业等传统媒体已经吃掉了大部分广告市场，互联网的出现更给这种状态雪上加霜。三是外来资本介入业界，率先冲击和控制的就是广告市场，使原本市场份额弱小的杂志在广告运作上更是一筹莫展。四是为了扭转这种局面，杂志不得不在营销上走与报纸类似的道路，用降价又送大礼的方法来争取读者，但效果并不明显。不少杂志提供的赠品不但超过杂志本身的价格，而且体积庞大，在利润少又占空间的情况下，有些连锁书店甚至拒绝陈列。再加上销售通路的"拜访费"年年攀升，也让杂志业者伤透脑筋。

　　杂志媒体广告营收在 2004 年达到高峰，随后逐渐衰退；2013 年以后，衰退幅度逐渐扩大。2009—2018 年间，共有 112 本纸本刊物停止发行。

（亿元新台币）

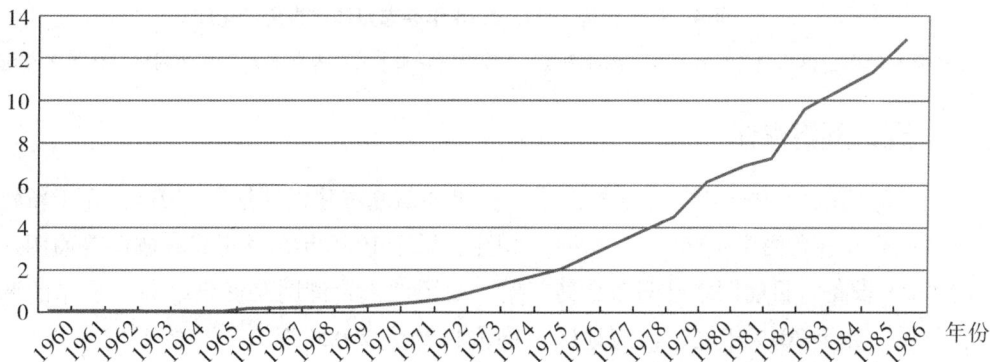

图 4 - 10　台湾地区 1960—1986 年杂志媒体广告量变化图

　　资料来源：根据颜伯勤《二十五年来广告量研究》（台北："中央"日报社出版部，1987 年版）提供之数据整理。

（亿元新台币）

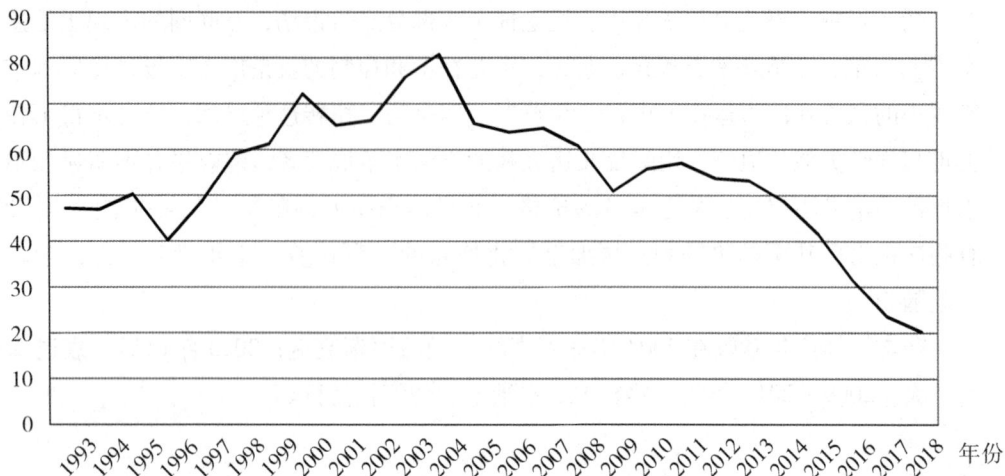

图 4 - 11　台湾 1993—2018 年杂志媒体广告量变化图

资料来源：根据《"中华民国"经济年鉴》、历期《动脑》《广告杂志》以及润利公司提供之数据整理。

五、网络媒体

　　台湾地区于 1994 年 8 月开始推动"资讯通信基本建设计划"（NII），先于新竹工业园区试验并和台湾学术网络（TANet）相连，后于 1995 年 5 月正式开放供普通用户安装的 ISDN 设备，目前网络已遍布全岛。据"财团法人台湾网路资讯中心"公布的调查报告显示，截至 2019 年底，台湾地区上网人口约为 2 020 万人，整体上网率达 85.6%。就住户上网方面来看，约有 90.1% 的家庭（793 万户）可以上网，89.3% 的家庭（708 万户）实际使用宽频上网。宽频上网、无线上网、移动上网都呈现上升趋势，其中无线上网率为 87.5%，移动上网率为 85.2%，呈现出高度普及的网络应用以及转型成为数字移动化社会的发展趋势。

　　1998 年 8 月，台湾地区第一家经营"网络广告联盟"的"亚洲网广告行销公司"成立，旨在建立台湾地区网络广告市场机制，适应广告主对网络广告的专业要求。岛内现已形成五大主要广告联播网，包括 HiAd 联播网（10 类/60 个网站）、Double Click 联播网（6 类/38 个网站）、24/7Media 联播网（15 类/400 余个网站）、Cyber OneAD 联播网（6 类/30 个网站）以及 ADCast 联播网（8 类/39 个网站）。联播网的联盟网站之网友背景资料，是广告主选择目标对象网站的重要参考依据。2005 年 4 月，由 11 家网络广告及媒体产业的经营人员，联合成立了台湾地区"网络广告暨媒体经营协会"，为网络广告暨媒体运作拟定标准与规则，带领网络广告走向规范化，大大增强了网络广告的公信力。

此外，原来的传统媒体也开始纷纷加入网络行列。台湾地区第一家上网的媒体是权威级别的《中国时报》，于 1995 年 9 月建立网站。1997 年 1 月，华视的"华视全球信息网"开通，在岛内率先使用网络实时播放技术，随后众多的媒体相继创立自己的网站，掀起了一波传统媒体上网的热潮。在 2001 年的网络泡沫破灭之后，留存下来的媒体网站大都找到了前进方向，并将其视为多元化经营的一个有效组成部分，广告手段也比以前大为增多。

近年来，台湾地区网络广告发展迅猛，2006 年网络广告量为 37 亿元新台币，2016 年达 258.76 亿元新台币，广告量超过电视媒体，跃升五大媒体首位。[①]

移动端方面，据"财团法人台湾网路资讯中心"公布的《2019 台湾网络报告》显示，2019 年度台湾地区的移动上网率高达 84.6%，移动上网人数逐年增长，居民平均每月花费在移动上网的金额约 663 元新台币，台湾地区逐渐迈向数字移动化社会，移动媒体不断衍变出多元化的媒介形态。[②] 移动媒体的主要载体以智能手机及平板电脑为主，也包括车载电视等移动信息接收终端。手机媒体是移动新媒体的典型代表。数字媒体应用暨营销协会推出的《2018 台湾数字广告统计报告》显示，相比以电脑为主要载体的网络媒体，2018 年度移动媒体的广告量为 279.71 亿元新台币，占数字媒体总广告量的 71.78%。

目前台湾地区 PC 端的主要应用场景是工作，社交、娱乐和休闲等场景则是在移动端进行，移动媒体越来越成为人们日常生活中不可或缺的重要部分。移动媒体主要表现为社交媒体、搜索引擎和电商平台三类。台湾地区居民常用的社交媒体主要包括 Facebook、Instagram、批踢踢论坛（PTT）等；搜索引擎主要包括 Google 台湾、Yahoo 等；电商平台主要包括 Shopee 虾皮购物、PC home、Momo 等。随着移动媒体的用户黏度越来越高，移动端广告的形式越来越多样化。同时，原生广告与精准广告投放越来越受到广告主的青睐，在稳健的发展势头下，移动端广告营收将持续提高。

---

① 台湾数字媒体应用暨营销协会. 2018 台湾数字广告统计报告，2019.
② 2019 台湾网络报告［R］. 台北：财团法人台湾网路资讯中心，2019.

（亿元新台币）

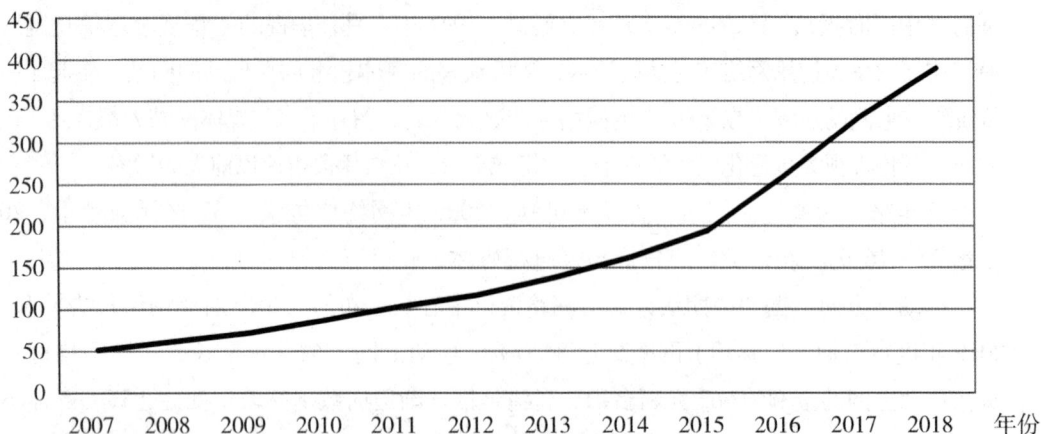

图 4 - 12　台湾地区 2007—2018 年网络媒体的有效广告量

资料来源：2019 年台湾媒体"白皮书"［R］．台北：台北市媒体服务代理商协会．2019；原数据源于 AC 尼尔森公司和台北市数字营销经营协会。

表 4 - 3　台湾地区 2018 年移动媒体与网络媒体的有效广告量

（单位：亿元新台币）

广告类型	移动媒体（手机、平板电脑）		网络媒体（电脑）		总金额	百分比（%）
	总金额	百分比（%）	总金额	百分比（%）		
展示型广告	120.83	31.01	29.97	7.69	150.8	38.7
影音广告（外展型）	7.26	1.86	4.11	1.06	11.37	2.92
影音广告（串流型）	48.41	12.43	21.22	5.45	69.63	17.88
关键字广告	51.7	13.27	43.42	11.14	95.12	24.41
口碑/内容营销	50.27	12.89	11.04	2.83	61.3	15.72
其他广告类型	1.24	0.32	0.2	0.05	1.44	0.37
总体广告量	279.71	71.78	109.95	28.22	389.66	100

资料来源：台湾数字媒体应用暨营销协会．2018 台湾数字广告统计报告，2019.

第五章　港澳台广告教育

第一节　香港的广告教育

一、香港广告教育概况

香港广告行业的竞争归根结底是人才的竞争。香港为本地的广告业人才提供4种不同类型的培训：大专院校新闻传播学院的学位课程、大专院校非新闻传播学院的学位课程、大专院校非学位的广告学培训课程及广告专业团体的短期课程。①

1. 大专院校新闻传播学院的学位课程

全港8所公立大专院校中，开展广告学学士学位课程的有2所，即香港中文大学的新闻与传播学院和香港浸会大学的传理学院。私立大专院校也提供广告相关的学位课程，如香港珠海学院提供广告及企业传播（荣誉）文学士课程。

2. 大专院校非新闻传播学院的学位课程

绝大部分非传播学位的课程都属于市场、商业、管理或艺术的专业训练。它们既有的专业范畴与训练已花去不少时间，故而一般不会给本质属于说服传播的广告学更多培训。如美国萨凡纳艺术与设计学院于2010年成立香港分校，提供广告与品牌艺术学士课程。

以上两类广告学科的培训课程，无论是新闻传播学院，还是非新闻传播学院开办的，素质上都有一定程度的保证，因为学位课程的学科，必须经过严格的学术评审才能通过。它们都有一个或一个以上的学术专业支持或互补，对师资的学术水平有一定要求，学校也有较多的资源购买图书和设备，校外考试委员的督察对课程的学术水平也起了督导的作用。

---

① 梁伟贤，李少南．香港的广告人才培养［J］．中国广告，2005（3）：132-133.

2003 年秋季以前，香港所有与广告学有关的学位课程，都属于学士学位，内容集中在广告行业较为实务的训练。直到 2003 年秋季，香港中文大学新闻与传播学院才开设香港有史以来第一个广告学的硕士课程。

3. 大专院校非学位的广告学培训课程

香港有 3 所公立大专院校提供非学位的广告课程，均为高级文凭课程。包括香港大学附属学院的市场学及广告高级文凭课程、香港中文大学专业进修学院的多媒体及创意广告高级文凭课程，以及香港岭南大学持续进修学院的市场推广及广告学高级文凭课程。这类课程的学期较短，上课时间也较具弹性，但是缺少学位课程的各项优点。

4. 广告专业团体的短期课程

香港有 5 个跟广告行业有密切关系的专业组织，包括香港广告商会（HK4As）、香港广告客户协会（HK2A）、香港管理专业协会（HKMA）、香港市务学会（HKIM）和英国特许市务学会香港分会（CIMHK）。这些专业组织提供广告营销培训课程或研讨会，为香港广告带来创新思维及多元机会。

二、香港著名大专院校的广告教育简介

1. 香港浸会大学

香港浸会大学创立于 1965 年，是一所香港特区政府资助的公立大学。1968 年传理学系成立，1991 年传理学系升格为传理学院（School of Communication）。香港浸会大学传理学院被拥有超过 300 万读者的知名新闻网站 Asian Correspondent 评选为亚洲学生首选的"全球十大新闻学院"，与哥伦比亚大学新闻学院、加州大学伯克利新闻学院、英国谢菲尔德大学新闻学院、威斯敏斯特大学新闻学院等老牌知名学府比肩。浸会大学传理学院下设电影学院、传播系及新闻系。传播学（荣誉）学士学位课程配合通识教育与核心传理课程的安排，提供三大主修范畴，分别是电影、新闻、公关及广告。公关及广告提供广告及品牌（见表 5 - 1）、组织传播、公关三门专修。传播系的实习主任会与业界保持密切联系，为同学寻找适切的实习机会。学生可于实习中接受专业训练，取得经验并了解行业内不同机构的运作。本科生须修完 128 个学分才能毕业。

表 5-1　香港浸会大学广告及品牌专修本科生课程（2019 年起入学学生适用）

学院核心课程 （12 学分）	运动图像和声音导论、新闻学导论、传播导论：基于公关与组织的视角、通讯，技术与变革
主修核心科目 （15 学分）	传播理论（传播研究）、传播研究方法（传播研究）、人际沟通、公共关系和广告中的消费者观点、活动计划和管理
广告与品牌专修科目 （27 学分）	广告原则和方法、广告文案写作、公共关系与广告实习 I（0 学分）、公共关系与广告实习 II（0 学分）、受众测量与参与度、公共关系和广告研究实践、品牌与传播、社交传播和广告、叙事和讲故事、奢侈品和服务品牌、公共关系和广告荣誉项目
主修选修科 广告相关课程 （6 学分）	公共关系原理与实践、广告设计和可视化、数字公共关系、国际公共关系与广告领域研究、移动和社交网络通信、数字音频和视频制作、公共关系写作、视觉设计、公共关系与广告专题、高级广告设计和可视化、跨文化广告、高级广告文案撰写、地方品牌、创意表达

资料来源：香港浸会大学传理学院。

注：上述表格不包括通识教育（38 学分）与跨专业选修科（30 学分）。

国际广告协会（IAA）是广告业界中极具影响力的机构。香港浸会大学传理学院为大中华区首个取得 IAA 认可的院校，而公关及广告主修更通过 IAA 专业评审并取得认证。公关专修、广告及品牌专修的毕业生除取得传理学社会科学学士学位外，亦同时获颁 IAA 的营销传播文凭（IAA's Diploma in Marketing Communication）。

2. 香港中文大学

香港中文大学新闻与传播学院自 1965 年起开设新闻与传播学学士课程。该课程分为 3 个专修范畴，包括新闻、广告与公关、创意媒体与新媒体（见表 5-2）。新闻与传播学院学士课程兼备理论与实践，鼓励学生开展全球视野，训练分析及表达能力，致力于培养学生成为具专业操守及有使命感的传播专才。本科生须修完最少 72 学分方可毕业。

表 5-2　香港中文大学广告与公关本科生课程（2019 至 2020 年度及以后入学学生适用）

学院课程 （9 学分）	大众传播的发展，跨专业课程 2 门（由社会科学院其他学系/学院提供，包括建筑学院、经济学系、地理与资源管理学系、政治与行政学系、心理学系、社会工作学系和社会学系）
专业必修科目 （30 学分）	媒体工业与实践导论、传播研究方法、媒介与传播批判研读、传播专业实习、传播法律与道德、研究导修、媒体写作、受众分析与策略研究、综合策略推广（一）、综合策略推广（二）

（续上表）

	理论/方法科目（6分）	新闻与社会、广告与社会、互联网、数码媒体与信息社会、社交媒体分析技术、公共关系与社会理论
专业选修科目（33学分）	广告与公关范畴科目（27学分）	专业公共关系写作、社交媒体与危机沟通、社会议题推广与非牟利组织公关策略、客户企划及管理、广告与社会、综合市场传播导论、公共关系与社会理论、公共关系专题（一）、公共关系专题（二）、公共关系媒体管理、广告专题（一）、广告专题（二）、广告撰稿、广告美术指导与设计、广告媒体策略、公共关系个案分析与企划、财经公共关系、新媒体广告

资料来源：香港中文大学新闻与传播学院。

    香港中文大学新闻与传播学院设有广告社会科学硕士学位课程，旨在为香港广告和营销传播行业的高级专业人员提供培训。该课程旨在帮助学生掌握规划、整合和实施成功的广告和营销传播活动以及活动的从业人员所需要的战略、创新、管理、创造力和分析能力。学制为一年全日制或两年兼读制，学生须修满24学分方可毕业，见表5-3。

表5-3　香港中文大学广告社会科学硕士课程（2019至2020年度及以后入学学生适用）

必修科目（15学分）		应用传播研究、广告及传播理论、创意作品：欣赏及策略、广告法则与伦理、客户企划与广告管理
选修科目（9学分）	新闻与传播学院	新媒体广告、传播专题研究（一）、传播专题研究（二）、传播专题研究（三）、传播专题研究（四）、公共关系写作、媒介管理、大中华区公共关系策略、公共关系与全球化、公共关系：理论与实务、创意数码媒体制作、应用广告撰稿、广告专题研究（一）、广告专题研究（二）、广告美术指导与设计进阶、整合传播策略研究、传媒分析与策划、消费行为与受众分析
	市场学系（需先修读市场营销管理，并向市场学系缴交相关学费）	市场研究、消费者行为、服务市场营销、中国市场营销、中国市场大数据战略、策略市场营销、整合营销传播、客户关系管理、环球营销管理、销售技巧及管理、策略品牌管理、营销工程、社交媒体营销、数字营销、营销分析、定价策略

资料来源：香港中文大学广告社会科学硕士课程。

3. 香港城市大学

香港城市大学媒体与传播系设有整合营销传播硕士学位课程（Master of Arts in Integrated Marketing Communication）。香港城市大学整合营销传播硕士学位课程是为适应全球最新的整合传播的潮流而开设的新课程，旨在培养能整合公共关系、广告、市场营销和危机管理等专业技能，为商业和政府机构进行整合性说服传播的人才。该课程参照全球领先的美国西北大学整合营销传播硕士课程而设置，同时做到真正的跨学科强联合。学制为一年全日制或两年兼读制，学生须修满30学分方可毕业，见表5-4。

表5-4 香港城市大学整合营销传播硕士学位课程

必修课程 （21学分）	传播与新媒体研究方法、整合营销传播、营销传播基础、广告制作与管理、公共关系策略、危机传播管理、消费者行为洞察
选修课程 （9学分）	数字时代的全球媒体、新媒体的心理处理、公众宣传活动管理、传播研究研讨会、利益相关者关系管理、战略零售传播管理、财务沟通与推广、全球品牌推广、多媒体通讯、动态网络分析、高级多媒体通讯、电子营销数字媒体、沟通的社交网络分析、社交媒体数据采集与处理、数字视觉媒体、定向研究、论文、专业实习、新媒体实习

资料来源：香港城市大学媒体与传播系。

4. 香港其他大学及专上学院①广告课程

目前香港公立大专院校提供的非学位广告课程，均为高级文凭课程。香港岭南大学持续进修学院提供市场推广及广告学高级文凭课程。该课程提供学术及专业技巧训练，包括市场学、广告学基础知识及沟通技巧，并重视理论及经验分析，旨在培养具有批判性思维的营销人员。该文凭受专业认可，学生可于香港市务学会申请成为学生会员，也可于英国特许市务学会注册为附属学生会员。除中文课程或其他涉及中文的课程，所有课程均以英语授课。学生须修满60学分方可毕业，见表5-5。

---

① 专上学院广义指中学以上的学术机构；狭义则指中学以上的学术机构，但不包括大学，例如香港树仁学院、珠海学院等。此处指后者。

表5-5　香港岭南大学持续进修学院市场推广及广告学高级文凭课程

通识科目 （24学分）	实用英语，学术英语会话、商业传意、中文（普通话）传意基础（一）、中文（普通话）传意基础（二）、资讯素养概论	
	自由选修科 任选两门	职业及生涯规划、企业社会责任、中国古代生活、商业学基础、佛学概论、文学与爱情、多媒体基础、个人财务计划、自我认识工作坊、日常生活压力管理
专修科目 （36学分）	商用统计、财务会计、市场学概论、商业经济学、管理学概论、资讯系统管理、数码营销基础、广告及综合市场传播、品牌管理、消费行为、服务市场学、市场研究	

资料来源：香港岭南大学持续进修学院。

第二节　澳门的广告教育

澳门的广告教育可分为职前教育和在职培训两种情况，职前教育主要指的是大专院校的系统教育，而在职培训则包括各类短期课程、研讨会和参观活动等。

澳门的大学教育中专设的广告专业的学位课程不多，多为一些相关的专业，旨在培养大学生广阔的国际视野和灵活的实操能力，为澳门的通讯业等行业提供专业人才。这里主要以澳门大学和澳门科技大学为例。

目前，澳门大学的传播学学士学位提供三个专业：创意媒体、公共传播以及新闻和大众传播。在课程设置上是多种多样的，在学生的选择上也是灵活多变的。其中公共传播专业中涉及广告学、危机广告等课程的学习。另外，澳门大学的传播学硕士学位，专注于大众传播与数字媒体的学习，其中也涉及广告专题与公共关系专题的教育。

澳门科技大学的新闻传播学学士学位为学生提供了数据新闻学、传播学以及公共关系与广告学（原为广告学）三个专业方向，其中公共关系与广告学方向开设消费者行为、品牌研究、广告文案写作、广告设计、市场研究与调查等专业课程（见表5-6）。该课程注重实习的开放性，学生除学习理论和通识教育课外，学习期间要求在相关机构进行文化调查和新闻实践。澳门科技大学传播学硕士学位也提供了整合行销传播专业方向，开设整合行销传播、消费者洞察等课程。

此外，还有澳门理工学院的平面设计学系、公共关系学系等。这些相关专业培养出来的人才基本能够满足澳门广告市场的需求。值得一提的是，由澳门管理专业协会和澳门生产力暨科技转移中心合办的广告高级专业文凭课程，自1997年开办以来，为澳门广告人才的培养提供了更多的机会。

为澳门本地提供广告相关的在职培训机构主要有澳门理工学院艺术高等学校、澳门生产力暨科技转移中心、澳门管理专业协会、澳门业余进修中心、澳门设计师协会和澳门广告学会等。培训课程侧重在平面设计与电脑软件应用方面。①

表5-6　澳门科技大学新闻传播学学士学位课程

专业范畴学科			
学科单元	种类	面授学时	学分
数据新闻学			
新闻报道高阶	必修	45	3
调查新闻报道	必修	45	3
数据新闻编辑	必修	45	3
广播电视新闻	必修	45	3
数据可视化	必修	45	3
数据新闻专题	必修	45	3
传播学			
新媒体传播	必修	45	3
数字媒体设计	必修	45	3
数码影像	必修	45	3
媒介与流行文化	必修	45	3
传播理论高阶	必修	45	3
传播学专题	必修	45	3
公共关系与广告学			
消费者行为	必修	45	3
品牌研究	必修	45	3
广告文案写作	必修	45	3

① 胡锦汉. 澳门广告业的人才培育［J］. 广告大观，1999（3）：58.

（续上表）

公共关系与广告学			
广告设计	必修	45	3
市场研究与调查	必修	45	3
公共关系与广告专题	必修	45	3

资料来源：澳门科技大学官网，https：//www.must.edu.mo/。

第三节　台湾的广告教育

广告教育与业内的知识传递是衡量广告行业专业化程度与成长状况的重要指标。台湾地区广告业历年来的发展为该地的广告教育奠定了坚实基础。反之，广告教育又为广告业的发展提供了源源不断的智力支持。这两者之间业已形成稳定的良性循环。

一、台湾广告教育的演进与特点

与发达国家的广告教育发展类似，台湾地区的广告教育在早年也依附于新闻教育或商学教育。1957 年，台湾政治大学新闻系最早在新闻学中开设"广告概论"；1958 年 3 月，台湾省立法商学院首次开授"广告学"课程，紧接着其他学校也陆续开始授课；1968 年，私立醒吾商专成立两年制的"商业广告科"，并创办《广告人》刊物，共出版了 8 期。

政治大学与文化大学新闻系先后在 1968—1970 年于广告学之外，增开"广告运动与策划"及"印刷媒体广告制作"等课程。此时已有政治大学、辅仁大学的一些学生在教师指导下进行广告学术研究和论文撰述。初期大多以新闻与传播媒体角度为重点，有些也从营销角度进行广告的相关研究。

进入 20 世纪 70 年代，跨国广告集团纷纷在台湾地区设立分公司，电视台也先后开始播放广告，进行大规模广告教育的时机渐趋成熟。教授"广告学"课程的学校科系与日俱增，如政治大学企业管理系、逢甲学院企业管理系、静宜文理学院商学系、成功大学企业管理系、淡江文理学院、台中商业专科学校、侨光商业专科学校、岭东商业专科学校、建国商业专科学校、淡水商业管理专科学校等院校，都将广告学列入教学范围之内。另外，台湾师范大学美术系、文化大学美术系、大同工学院工业设计系、明志工专工艺科、台北艺专美术系以及台湾地区 146 所高级商业职业学校，都在这个时期开始教授"广告企划"课程。中国文化学院的"中华学术院"也于1971年创立"广告研究所"，并与中国文化学院推广教育中心合作，从1972年6月15日起举办了为期3天的"台湾第一届电视广告研讨会"，且于1974年出版了《广告学刊》第一期；辅仁大学的大众传播学系于1973年成立了广告组。南荣大学的董事长沈达吉曾撰文称此时期为"广告专业知识与技术教育的阶段"。

如此众多的台湾地区大专院校在二十世纪六七十年代开设广告学课程，同其整体经济与生活水平提高、大众传播事业快速发展，以及政治环境改善等各种因素息息相关（见表5-7）。其中最主要的原因在于台湾地区经济迅速发展，亟须大批具有营销与广告专业知识的人才。

表5-7　台湾地区20世纪六七十年代广告业影响因素一览表

时间	事件
1961年	广告总额逾2亿新台币 台湾广告公司成立，国华广告公司成立
1962年	台视开播 国华与日本电通缔结合作关系
1964年	台湾地区经济第一次出超
1965年	日本电通在台成立办事处
1967年	中视开播
1969年	广告总额达10亿元新台币
1972年	人均所得逾400美元
1973年	广告总额逾23亿元新台币
1976年	广告总金额逾42亿元新台币 人均所得逾1 000美元
1980年	广告总额逾100亿元新台币 人均所得逾2 000美元

资料来源：根据刘建顺《台湾的广告教育概况与体验》（台北：中国广告学刊，1995），以及丁俊杰《三谈我国广告教育存在的问题》（央视网站"电视批判"栏目，http://www.cctv.com/tvguide/tv-comment/tyzj/zjwz/4997.shtml）等相关资料整理。

进入20世纪80年代，岛内第三产业快速兴起，跨国大型广告公司纷纷涌入，广告事业进入到一个新的阶段。同时，台湾行政当局降低了广告教育的准入门槛，客观上使广告教育跃升到了一个新的层次。1986年7月1日，中国文化大学广告系正式成立并招收第一届学生，台湾地区广告教育正式迈入广告专业学术（理论与实务）教育阶段。1987年8月，政治大学广告系也宣告成立，这两所大学的广告学系，为台湾地区广告媒体、广告公司、广告厂商提供了比较优秀的广告人才，也使得广告从业人员的素质比过去有了很大提高。与此同时，世新大学、铭传大学、淡江大学、辅仁大学的类似专业也都先后改组为广告系或正式成立广告学系。1994年，文化大学还增设了夜间部的广告学系。到1997年，政治大学又设立了广告学研究所，并开始招收硕士生。①

1990年之后，台湾地区广告教育相关系所的发展都具有相当的规模，并表现出以下的种种现象和特色：

①由于传播环境在"报禁"解除后大为改观，传媒产业对于广告专业人才的需求甚为殷切，给应届毕业生提供了大量的就业机会。较为广阔的就业前景又吸引了更多的和更高知识水平的在校学生选择广告专业。

②随着社会整体经济水平的提高，在各校院系的积极努力以及教育主管部门和社会力量的支持之下，各广告专业的硬件设施也在不断增添。以中国文化大学为例，该校是台湾地区学系最多、学科最完备的综合大学之一。其广告系借助学校资源优势，拥有电视广告剪接系统、广播广告制作系统和电视广告动画制作系统，还配设平面多媒体制作中心、广告与产品摄影中心、广告与产品冲印中心、广告图书数据中心等部门及各种所需设备，使广告系学生能从中获得全方位的、更具实用性的广告教育。

③由于社会工作人员的平均学历逐渐上升，且广告的学术研究也较过去更受重视，因此各大学广告专业纷纷设立广告学类研究所。在研究方向和手法上，也由过去单纯的对广告内容的文本分析转向多元化，如量化研究、批判研究、媒体研究等，在此过程中也更为重视对其他学科最新研究成果的吸收与转化。

④重视师资队伍的建设。台湾广告教育界规定，对新聘专任教员，从1992年起具有博士学位者才予以考虑。这项规定促使广告专业教师队伍加快更替进程，保证了更高的教学水平。一方面，一大批留学欧洲、美国、日本的年轻学者返回任教，他们把更为先进的教学理念和研究方法带入岛内。另一方面，由各广告系所培养出来的优秀学生在经过一段时间的实务工作后，也已反哺广告教育，无论是专任还是兼职，都提升了教学品质和效果。

⑤课程内容的安排比较系统，循序渐进、反复权衡，在调整过程中一再斟酌课程内容的衔接与次序，综合考虑学生兴趣与实际需求等问题，课程设置渐臻完善。为保证学生能够将

---

① 刘家林. 新编中外广告通史（第二版）［M］. 广州：暨南大学出版社，2004：224.

课堂所学知识与实践尽量结合，很多系所在很早之前就聘请广告界资深实务人士担当教学任务。如在中国文化大学广告系的课程规划中，就规划了若干课程一定要由该专业的杰出人士讲授。此外，在以广告专业课程为主的前提下，还适当提高了其他应用传播学课程的比例，使学生在将来的工作中能够胜任广告、公关、市场营销、新闻媒体经营等方面的工作。所有本科四年级学生都要参加毕业实习与毕业展，以检验四年所学，及格者方能毕业。

⑥广告学术界并不满足于现状，各系所之间以及海峡两岸间的学术交流更为活跃，并积极主动地参加广告行业的各种活动。学术界的实证性研究结果也更加坚定了岛内广告从业者将目光转向大陆的信心。

⑦大幅度增加对广告教育的投入，加快人才培养步伐，以高校广告专业为基地，逐步建立起广告专业技术资格认证制度。适度调整广告专业教育规模与结构，及时更新广告教学内容。

⑧特别珍惜并有效运用各界的协助、关怀与捐赠，以发挥最大功效。还以中国文化大学为例，其广告系的成长与发展也得益于广告界与热心人士的支持与赞助。例如联广公司前董事长赖东明伉俪捐赠的"明梅广告策略提案竞赛奖学金"，除举办提案竞赛外，还聘请专家对获奖者加以训练，以符合专业标准，再向全系学生演出，形成了一种提案的传统与教育方式，深受各界赞赏。

表5-8　台湾地区大学广告专业相关系所一览表（排名不分先后）

政治大学：广告学系、研究所	元智大学：信息传播系
辅仁大学：广告传播学系/ 大众传播研究所	朝阳科技大学：视觉传达系/ 传播艺术系/ 行销与流通管理系
文化大学：广告学系/ 大众传播学系/ 资讯传播系	岭东科技大学：视觉传达设计系、研究所/ 数字媒体设计系、研究所/ 流行设计系、研究所
铭传大学：广告暨策略行销学系、研究所/ 数字媒体设计学系/ 新媒体暨传播管理学系、研究所/ 商业设计系、研究所	台湾艺术大学：图文传播艺术学系/ 创意产业设计研究所/ 视觉传达设计学系/ 多媒体动画艺术学系

（续上表）

世新大学：公共关系暨广告学系/ 资讯传播学系/ 口语传播暨社群媒体学系/ 数字多媒体设计学/ 传播管理学系/ 传播研究所	台湾昆山科技大学：公共关系暨广告学系/ 视觉传达设计系、研究所/ 视讯传播设计系
大叶大学：视觉传达设计系/ 人力资源暨公共关系学系	树德科技大学：视觉传达设计系/ 应用设计研究所/ 流行设计系
台南科技大学：视觉传达设计系/ 资讯传播学系	台湾昆山大学：公共关系暨广告学系/ 视觉传达设计系
淡江大学：大众传播系、研究所/ 资讯传播学系	台中科技大学：商业设计系、研究所/ 多媒体设计系
实践大学：媒体传达设计系	云林科技大学：视觉传达系
中原大学：商业设计系	高苑科技大学：资讯传播与行销系
景文科技大学：视觉传达设计系	万能科技大学：商业设计系
台湾师范大学：图文传播学系/ 大众传播研究所	环球技术学院：公共事务设计系/ 数字多媒体系
长荣大学：大众传播学系	台湾交通大学：应用艺术研究所/ 传播与科技学系

资料来源：根据各校官网相关资料整理。

二、台湾地区高等院校知名广告系所简介

1. 中国文化大学新闻传播学院广告系①

中国文化大学广告系作为台湾地区第一个成立的综合性大学广告系，为广告界培养了大批人才，有"广告界充满文化"之美誉。它被中国文化大学列为中长期发展计划的重点，其目标是成为台湾地区最完备、最多元化的广告教育中心。中国文化大学广告系在

---

① 根据中国文化大学广告系网站 http：//adv. pccu. edu. tw/所提供资料编写。

1971年就曾在"中华学术院"成立广告研究所，举办广告研讨会，出版广告年刊。在联广公司等广告相关团体与机构的赞助下，于1985年成立"台湾广告史研究中心"，开始有计划、系统地从事广告史料的搜集、保存、整理，以及杰出广告人的介绍与出版工作，同时还创办了《广告学刊》以推动广告学术研究发展。

中国文化大学不仅将实务界人士大量引进广告教育体系内，该系的毕业生也成为广告实务界主要人力的来源。中国文化大学广告系的毕业展在广告学界享有盛名，除了向社会大众展示广告教学成果外，不少实务界人士也将毕业展视为寻找广告人才的重要渠道。

表5-9　中国文化大学广告系主要师资力量（截至2020年3月）

姓名	学历	任教科目或研究领域（或经历）
钮则勋	政治大学政治学博士	广告法规与伦理、广告策略与企划、公共关系个案、政府公关、竞选广告专题、公益广告专题、广告与社会
罗雁红	美国克拉克大学心理学博士	消费行为与广告心理、文化创意产业概论、创意产业营销与实务、创意产业专题
漆梅君	美国阿拉巴马大学文学硕士	广告学概论、消费行为与广告心理、广告与营销、社会营销、广告专题制作与实习、经典广告分析、策展规划与实务
杨胜雄	台湾师范大学美术学博士	视觉传达原理、字形及版面设计、广告制作实务、印刷媒介广告制作、广告策略与企划、产品包装创意设计、色彩学、广告专题制作与实习、毕业制作
黄元禧	台湾师范大学设计研究所创作硕士	毕业制作与实习、广告设计、形象识别设计、基本设计原理、字学暨版面编排、促销活动
黄秋田	法国里昂艺术学院	影片剪辑、特效制作
杨锡彬	台湾艺术大学艺术硕士	动画实务制作、广告创意实务、计算机多媒体概论、设计策略
黄丽燕（兼职）	暂缺	曾任李奥贝纳股份有限公司董事长、黑笔广告（上海）有限公司董事长；现任李奥贝纳股份有限公司集团执行长暨大中华区总裁
吴孝明（兼职）	暂缺	曾任北京奥美行动营销总经理、易车集团副总裁；现任圣火传媒科技公司合伙人兼执行长

（续上表）

姓名	学历	任教科目或研究领域（或经历）
罗文坤 （兼职）	政治大学新闻研究所硕士	广告识别系统、广告创意策略、平面广告文案写作、电子广告文案写作、营销传播管理、品牌经营、创意原理
林隆仪 （兼职）	台北大学企业管理研究所博士	营销规划实务、促销战略与管理、广告策略、营销策略管理
李明哲 （兼职）	暂缺	数字营销与广告

该系目前分为三大学群——广告策略企划、广告表现创作以及创意产业营销学，并针对每个学群的特点开展相关课程教学。广告策略企划开设经济学、广告心理学与企业经营方面的课程，从专题研究的角度，切入探讨不同个案中的广告策略应用与经营。广告表现创作课程则专注于创意与设计，所主修的课程内容包含色彩学、艺术史、音乐概论、视觉传播、动画制作与各种艺术概念在创作方面的表现，旨在培养广告创意规划、广告文案写作、广告设计、视觉传达表现、广告制作等广告专业人才。创意产业营销学开设创意产业营销与实务，并邀请资深创意产业工作者进行专题讨论，旨在培养创意产业规划、非营利组织营销、文化创意产业营销、事件营销等专业规划人才（见表5－10）。

表5－10　中国文化大学广告系2018—2020年课程规划

学习领域	专业必修科目
新传学院必修	媒体素养、传播理论、传播研究方法、传播统计学、传播伦理与法规
广告系必修	数字化沟通与叙事能力、广告学概论、营销原理、消费行为与广告心理、创意原理、广告英文、广告策略与企划、广告专题讲座、广告专题制作与实习
广告策略企划学群必修	整合营销传播、媒体计划、营销研究
广告表现创作学群必修	设计基本原理、视觉传达原理、广告设计
创意产业营销学群必修	创意产业营销与实务、生活创意产业、创意产业专题

2. 政治大学广告学系/研究所①

政治大学广告学系于1987年8月起正式招生，硕士班于1997年起招生。在"教学与

---

① 根据政治大学广告系网站 http：// www. ad. nccu. edu. tw/所提供资料编写。

研究并重、学术与实务合一"的办学方针指引下，政治大学广告系着力培养学识、品德、判断力兼具的广告与公共关系新人，训练在新世纪中"最杰出的广告、营销、创意与公关实务研究领导人才"。政治大学广告系还十分重视广告学以及公关学的理论研究，它通过《广告学研究》期刊的出版（约每年两期）、广告暨公共关系国际学术与实务研讨会（每年一届）的举办与其他渠道的宣传，现已成为台湾地区广告学研究的学术重镇。

在课程安排上，该系以"广告营销""公共关系"和"传播设计"为本科培养的核心。自1998年起配合政治大学传播学院学程规划，规定最低毕业学分为128学分。2014年之后，政治大学传播学院本科生采用"大一大二不分系，大三第一学期才分系学习"的培养方法。除校级、院级必修科目及自由选修科目外，学生必须在广告系"策略与创意沟通""传播设计"两个专业方向的学程中至少选修一个学程，并依规定修满相关学分才能毕业（见表5-11）。

表5-11 政治大学广告系2020级课程规划

课程类别		科目名称和内容	最低应修学分数
校级课程	基础语言通识、一般通识	包括中国语文4~6学分、外国语文4~6学分，分为人文学、社会科学、自然（生命）科学，各4~12学分	28~32
院级课程	院共同必修	含下列6科，分别是：基础影音制作（全学年，共3学分）、静态影像设计（全学年，共3学分）、传播概论（一学期，3学分）、传播与社会（一学期，3学分）、传播叙事（一学期，3学分）、资讯搜集与应用（一学期，3学分）	18
	院共同选修	如计算机概论、创意与设计、营销原理、传播法规等科目，可视当学期开课状况及个人兴趣自行选修	自由选修
	工作坊	为无学分之短期训练，旨在提供修习本院各项课程前所需的基本技能，如排版、绘图、摄影、流动影像与声音制作等	无学分

（续上表）

课程类别		科目名称和内容	最低应修学分数
系级专业课程	策略与创意沟通必修	广告策略与企划、公关策略与企划	6
	传播设计必修	视觉传达设计、广告创意	6
自由选修		学生可依照个人兴趣能力与人生目标选修	自行规划

政治大学自 2014 年起，将原"新闻学系硕士班""广告学系硕士班"及"广播电视学系硕士班"整合为"传播学院传播硕士学位学程"，开设"传播与文化""新闻与信息传播""想象、叙事与互动""电讯传播政策与管理""整合传播""两岸传播""科学与风险传播"等七大专业课程领域，传播硕士可以择一方向修习，其中"整合传播"专业主要学习的是广告与公共关系的理论与实务。对于"整合传播"方向研究生培养的课程设置，除在研究生一年级有广告学原理与研究方法两门必修课外，还有如下的一些选修课目（见表 5 - 12）。

表 5 - 12　政治大学"整合传播"方向研究生选修课程

主题	课程名称
广告学术理论	广告心理、说服理论、公共关系理论、消费行为、营销原理
广告伦理与法规	广告伦理与法规、广告与批判理论、广告与社会
广告创意	影像传播研究、广告创意—洞察、体验与沟通、创意策略与设计、创作体验
广告媒体	网络广告研究、广告媒体企划研究
广告研究方法	进阶量化分析、广告效果研究、资料分析与统计
广告经营与管理	广告管理与营销策略
全传播策略规划	整合营销传播
广告实务	台湾电通课堂—新广告实战解密、电通安吉斯讲堂：新营销时代下的媒体创新、奥美实境秀—大咖来上课
专题研究	品牌营销专题、国际广告研究、跨国性推广活动研究、国际营销传播、跨文化消费行为研究、竞选广告专题、市场分析与广告企划、广告信息处理专题、公共关系管理专题、广告史专题、媒介营销、企业沟通

注：学分数均为 3 学分。

表 5－13 政治大学广告系主要师资力量（截至 2020 年 3 月）

姓名	学历	任教科目或研究领域
张郁敏	美国密苏里大学新闻学博士	整合传播、跨媒介传播、综效、传播信息处理、行动广告
林颖青	"中央"大学企业管理学博士	营销管理、消费者行为、广告学、研究方法、实验设计
吴岳刚	美国得州奥斯汀大学广告研究所硕士	广告设计、平面设计、视觉设计与说服、广告图文关系
郭贞	美国密歇根大学博士	消费行为、传播理论、研究方法
孙秀蕙	美国威斯康星大学博士	公共关系、民意调查
陈文玲	美国得州大学博士	创意策略、广告企划
陈忆宁	美国得州大学奥斯汀分校博士	公共关系、传播研究方法、政治传播
林淑芳	美国俄亥俄州立大学传播学博士	媒体心理、娱乐媒介
郑怡卉	美国密苏里大学新闻学博士	公共关系、广告学、健康传播
林日璇	美国得州奥斯汀大学博士	媒体心理学、娱乐媒体、电子游戏、媒介效果与媒体互动、社交网站、健康传播
郑自隆（兼职）	政治大学政治学博士	竞选广告、广告效果评估
赖建都（兼职）	美国宾夕法尼亚州立大学科技艺术博士候选人	网络广告、数字艺术、广告创意与设计
祝凤冈（兼职）	美国纽约市立大学博士	广告策略与企划、营销研究、媒体策略与企划
游本宽（兼职）	美国俄亥俄大学硕士	影像美学与创作
黄文博（兼职）	辅仁大学学士	广告创意与策略

3. 辅仁大学广告传播学系①

该系前身为辅仁大学大众传播学系之下的广告组（设立于 1984 年），于 1997 年升

---

① 根据辅仁大学广告传播学系网站 http：//www.adpr.fju.edu.tw/news/htm 所提供资料编写。

格为广告传播学系。此系以培养具有"全人教育"思想与专业素养的广告传播人才为目标，以一般基础学科、传播基础学科及营销管理学科为三大基础方向，并努力在课程设置中体现"全人教育"特点，见表5-14。

表5-14 辅仁大学广告传播学系课程规划

基础学科	一般基础学科	国文、外文、英语听讲、历史与文化、信息科学概论、大学入门、社会学、心理学、经济学、人生哲学、企业管理、美学、摄影作品导读、军训、专业伦理、通识教育、人文、自然科技、社会科学、体育
	营销管理学科	文创与营销个案研究、营销原理、营销策略、全球化营销、整合营销传播、品牌营销传播实务
	传播基础学科	大众传播理论、大众媒介与社会、传播统计、传播统计实习、传播研究方法与电脑应用、影视原理与制作
专业学科	广告企划	媒体企划、媒体企划实务、广告学、创意原理、广告心理学、广告实务、营销与广告实务、广告法规、广告创意导论、专业实习、广告效果测定、广告基本设计、专业实务制作、广告策略与企划、印刷媒介与广告制作、整合营销传播专题、广告企划实务、数字叙事、广告文案、广告项目活动企划、广播广告企划与制作、网络广告制作与设计、广告个案研究、广告项目活动展示设计、政治广告
	公关企划	专业实习、专业实务制作、公关概论、公关个案研究、公关写作、公关策略与企划、企业公关实务、公共关系与媒体策略、议题营销与危机管理
	多媒体企划	摄影原理与实务、商业摄影、专业实习、专业实务制作、电脑绘图、设计素描、视觉传达设计、电脑影像处理、设计绘画、电脑排版与设计、数字媒介概论、CI制作品牌企划与设计、数字案例分析、数字营销、社群营销、绩效营销

　　为了鼓励、帮助在校学生安心学习，辅仁大学广告传播学系还多方争取奖学金项目，现有校级和社会人士提供的辅大书卷奖、王惕吾奖学金、世界广播奖学金、国泰人寿奖学金、董显光新闻奖学金、潘公展奖学金、萧同兹奖学金、陈博生新闻奖学金、沈吕百急难救助金等。

表 5－15 辅仁大学广告传播学系主要师资力量（截至 2020 年 3 月）

姓名	最高学历或现职	任教科目或研究领域
吴宜蓁	美国南伊利诺伊大学新闻博士	公关概论、公关策略与企划、危机管理
陈尚永	美国威斯康星大学麦迪逊分校大众传播学博士	传播研究方法与电脑应用、大众媒介与社会、电视原理与制作、大众传播理论、专业实务制作、电视问题研究、广告理论研究、市场调查
洪雅慧	美国威斯康星大学麦迪逊分校大众传播学博士	广告学、广告文案、广播广告、广告法规、政治广告、传播统计电脑应用、政治传播、网络营销
萧富峰	政治大学企业管理研究所博士	经济学、营销原理、营销策略、服务营销、消费行为、公共关系概论
张佩娟	美国密歇根州立大学广告学硕士	消费行为、社会营销、广告策略与企划、广告效果测定、广告法规、营销策略、广告学
游易霖	美国佛罗里达州大学数字媒体企业管理博士	广告企划、营销策略、数字游戏策略、文创产业研究、创意造型设计、3D 动画、动画脚本企划、互动多媒体设计、网站设计、视觉传达设计、摄影原理与实务、美学、设计素描、设计绘画
朱诣璋（兼职）	凯络媒体服务公司副董事长	媒体企划、媒体企划实务
赵政岷（兼职）	时报文化董事长	营销个案研究
芮家楹（兼职）	西门子企业传播事务处协理	企业公关、品牌营销传播实务
龚大中（兼职）	奥美广告执行创意总监	广告创意导论、整合营销传播专题
蔡秀丽（兼职）	iProspect 总经理	绩效营销
张志浩（兼职）	奥美数字媒体营销公司总经理	数字营销
黄文博（兼职）	就是广告公司总经理	广告创意导论、创意实务
尤元靖（兼职）	利众公关执行长	公共关系与媒体策略、议题营销与危机管理
于治中（兼职）	电通安吉斯集团品牌策略长	社群营销

4. 铭传大学传播学院广告与策略营销系①

铭传大学广告与策略营销系的原身为广告系，广告系成立于1999年。该系依循铭传大学传播学院"整合传播"的教学模式，在既有的大众传播与营销管理的基础上，结合传播科技培养兼具创意、人文素养、社会责任、国际视野的广告与公共关系的管理人才。本科的一、二年级主要修习传播学院的传播专业核心课程，自三年级起，课程设计以广告为核心，向外延伸至营销、公关、媒体、创意、消费者洞悉五大领域。铭传大学广告与策略营销系注重培养学生的实务能力，该系规定大三学生必须修习一学年的"传播实务"课程，依兴趣与专长分发至不同的媒体中心（整合营销传播中心或品牌实验中心），见表5-16。

表5-16　铭传大学广告与策略营销系课程规划

校级课程	校定必修	文学赏作、英文、电脑、体育
系级课程	系定必修	管理学、策略品牌管理、多媒体基本应用、传播原理、传播研究方法、传播实务、广告学、公共关系、摄影实务、电脑绘图、消费者洞悉、广告创意、公关策略、营销原理、传播叙事、论文写作、媒体企划与购买、整合营销传播、广告设计、专题讲座、广告策略与企划、广告营销研究、毕业论文
	专业选修（传播理论）	经济学、心理学
	专业选修（营销与管理）	剪辑美学、多媒体脚本创作、微电影制作、镜头语言、创意与创新、说服传播、公关写作、企业公关、商业摄影、文化创意营销、文化创意专题、社会营销、公关个案研究、新媒体营销、广告伦理与法规、媒体实习、国际广告与营销、广告影片企划制作、顾客关系管理
	专业选修（广电与新闻）	视觉传播、新闻采访写作
	专业选修（数字传播）	网页设计、数字特效制作

---

① 根据铭传大学传播学院广告系网站 http://www.mcu.edu.tw/department/comm/adv/web/index.htm 所提供资料编写。

表5-17 铭传大学传播学院广告系主要师资力量（截至2020年3月）

姓名	学历或曾任职	任教科目或研究领域
陈柏宇	淡江大学管理科学研究所博士	经济学、统计学、营销管理
郭秀莉	澳洲沃隆岗大学艺术研究所博士	视觉艺术、摄影美学与理论、视觉传达设计
余淑芬	美国密歇根州立大学传播所硕士	消费者行为、广告企划、品牌管理
林琼华	东吴大学经济学博士	制度经济学、经济史、台湾少数民族经济
黄丽燕（兼任）	李奥贝纳集团执行长暨大中华区总裁	广告实务、品牌营销、媒体计划、数字营销、CRM（Customer Relationship Management，客户关系管理）、通路
何尧智（兼任）	英国东伦敦大学建筑暨视觉艺术学院博士	视觉语言与数字视觉文化、计算机艺术与视觉传达设计、东西方美术比较研究及当代艺术创作
丁菱娟（兼任）	美国宾州布鲁斯堡大学企业管理硕士/世纪奥美公关创办人	企业管理

三、台湾地区的广告著作与业内知识传递

1. 台湾地区的广告著作

台湾地区广告学科的快速发展是实践与理论相结合的结果。在发展进程当中涌现出一批卓有成就的广告学者，他们当中的很多人同时也是广告业界的知名人士，有着比较丰富的实战经验。因此，其著作不但具有理论深度，亦具有很强的可操作性。以下为比较著名的广告学者与著作：

王德馨著《广告学》（台北三民书局，1959年版）。1958年3月，台湾省立法商学院企业管理学系首开"广告学"课程，由王德馨担任教授，次年10月他出版了这本《广告学》。王德馨可谓是"台湾一位最早的广告学术创导者"（樊志育语）。

杨朝阳著《广告的科学》（台湾朝阳堂，1982年版）。此书是杨朝阳的力作，曾连续发行29版，是台湾广告从业人员及广告学专业学生必读必备的专业书籍。杨朝阳的其他专著还有《广告战略》《广告企划》《实用创意法——商品开发、行销广告发展的新潮流》等。这些书都曾被列入台湾朝阳堂"行销·广告选书"及"企业人实用系列"等系列丛书中，久踞畅销书排行榜前列。

辅仁大学与中国文化大学教授颜伯勤著有《广告的经营管理》（台北新闻记者公会，1977年版）、《广告学》（台北三民书局，1978年版）、《广告》（台北允晨文化实业公司，1984年版）、《店面广告学》（台北三民书局，1987年版）、《二十五年来台湾

广告量研究》（"中央"日报社出版部，1987 年版）、《成功广告 80 例》（中国友谊出版公司，1991 年版）等。

辅仁大学大众传播学系的刘毅志编译有《怎样创作广告》（台北天一图书公司，1987 年版）、《广告活动策略新论》（中国友谊出版公司，1991 年版）、《广告攻心战略——品牌定位》、《广告媒体研究》、《广告写作艺术》（中国友谊出版公司，1991 年版）等。

曾任教于醒吾商专商业广告科的樊志育著有《广告设计学》（台北三民书局，1973 年版）、《广告学新论》（台北三民书局，1973 年版）、《店面广告学》（台北三民书局，1976 年版）、《广播电视广告学》（台北三民书局，1983 年版）、《中外广告史》（台北三民书局，1989 年版）、《广告学原理》（台北三民书局，1992 年版）等。①

政治大学的郑自隆著有《竞选文宣策略——广告、传播与政治行销》（台北远流出版公司，1992 年版）、《竞选广告》（台北正中书局，1995 年版）、《公共关系策略与管理》（台湾前程文化出版公司，2013 版）、《广告、媒体与社会》（台北华泰文化有限公司，2014 年版）、《广告策略与管理》（台北华泰文化有限公司，2014 年版），孙秀蕙、冯建三合著有《广告文化》（台北扬智出版公司），新闻研究所的彭芸著有《政治广告与选举》（台北正中书局，1992 年版），郭贞翻译了《广告目标与效果测定》（台北滚石文化出版公司，1997 年版），国际经营与贸易学系邱志圣著有《品牌策略与管理》（台北元照出版社，2017 年版）。

文化大学的蓝三印、罗文坤著有《广告心理学》（台北天马出版社，1979 年版），刘建顺著有《现代广告概论》（朝阳堂文化事业股份有限公司，1995 年版），纽则勋著有《政治广告：理论与实务》（台北扬智出版公司，2005 年版）。世新大学新闻系的胡光夏著有《国际广告产业研究》（台北五南书局，2002 年版），公共关系暨广告学系的肖湘文著有《广告传播》（台北威士曼文化事业公司，2009 版），张依依著有《公共关系理论的发展与变迁》（台北五南书局，2007 版），戴国良著有《图解整合营销传播》（台北五南书局，2014 版）、《图解营销学》（台北五南书局，2018 版）。中正大学的曾光华著有《消费者行为》（台湾前程文化出版公司，2016 版）。台湾大学的任立中著有《营销源典：任意营销首部曲》（台湾前程文化出版公司，2019 版）。

业界人士结合广告实务所撰写的著作同样硕果累累。资深广告人、联广董事长赖东明著有《广告之路》（台湾新生报社，1981 年版），是作者从事广告事业 20 年的经验之

---

① 以上部分主要参考了刘家林《新编中外广告通史（第二版）》（广州：暨南大学出版社 2004 年版）一书中的相关内容。

谈。此外还著有《30 年广告情：赖东明谈广告、行销、传播》（台湾英文杂志社，1994
年版），译有《成功的广告活动》《一个广告人的自白》《摘星的男人》《广告鬼才——
吉田秀雄》等书。

智得沟通广告公司董事长沈吕百著有《30 秒的感动——广告见真情》《你今天工作
的心情好不好——广告人情绪管理》等书，智得沟通广告公司总经理张百清著有《台
湾 CI 战略》《日本 CI 战略》《企业形象（CIS）另类主张》《CIS 发展与国别模式》《12
类 5 因素透析房产广告创意作品点评》等书。

奥美中国整合行销传播集团副董事长庄淑芬著有《奥美有情》《奥美有情Ⅱ》，并
主持编译了《奥格威——未公诸于世的选集》《如何做广告》《奥美的观点》等书籍。
陈俊良著有《广告媒体研究》一书，普遍被采用为媒体计划培训教材。奥美广告副董
事长暨奥美集团策略长叶明桂著有《品牌的技术和艺术》。奥美创意总监龚大中著《当
创意遇见创意》。

资深广告人黄文博著有《品牌，原来如此》《赢在营销》《广告游戏》《鸡蛋里挑
骨头》《越活越灵光》《关于创意我有意见》《去它的广告营销》《让顾客掏腰包的策略
营销》等书。周绍贤著有《最 high 的广告创意》《引爆创意 54 个奇招》《广告 IQ 大放
送》等。

台北市广告代理商业同业公会除推出每年的《广告年鉴》之外，还陆续出版了
《台湾广告 50 年》《台湾广告创意发展简史》《广告人数字指南》等书。

此外，获得过较好评价的书籍还有：范可钦著《做个创意大爷》（台北平安文化，
1999 年版）、庄丽卿著《认识广告》（台北远流出版公司，1995 年版）、邱莉玲著《广
告阳谋——广告创意大公开》（台北时报文化出版公司，1999 年版）、张成华著《赢在
简单——广告创意人的工作哲学》（台湾商周出版社，2000 年版）、黄守全著《广告鲜
频道》（台北时报文化出版公司，2001 年版）、邱丘著《创意不正经》（台湾星定石出
版公司，2001 年版）、薛良凯著《今天创意教什么？》（暖暖书屋出版公司，2012 年
版）、温慕垚著《这就是营销：营销金三角》（集梦坊出版社，2014 年版）、卢建彰著
《会说故事，让世界听你的》（三采文化出版公司，2014 年版）及《创意力：你的问
题，用创意来解决》（远见天下文化出版公司，2018 年版）、吴博林著《广告 101：引
爆 Digital Marketing》（天窗出版社，2017 年版）。

近年来，随着数字营销的兴起，相关营销类书籍也获得学者和业内人士的欢迎。例
如，杨飞著有《流量池》（采宝文化出版公司，2008 年版）、吴灿铭著有《网络营销的
12 堂必修课》（博硕出版公司，2017 版）、李科成著有《直播营销革命》（台湾商周出

版公司，2017 年版）、刘文良著有《电子商务与网络营销》（碁峰出版社，2018 版）、郑纬筌著有《网络营销》（台湾方言文化出版公司，2019 年版）、杨名皓等著有《数字时代的奥格威谈广告》（天下杂志出版公司，2019 版）等。

2. 业内重要刊物和奖项

台湾地区广告专业及学术研究刊物主要有《动脑》《广告杂志》《广告年鉴》《广告创作年鉴》《杰出广告人暨终身成就奖专刊》《广告学研究》等。

《动脑》由赖东明发起，创刊于 1977 年 7 月 1 日，至今已 40 余年，在海峡两岸和香港、澳门具有很大影响。《广告杂志》于 1991 年 2 月正式出版。以上两种均为月刊。《广告学研究》由政治大学广告学系编辑出版，每半年一期。

1984 年，台湾地区出现了第一本《广告年鉴》（哈佛企管，1984 年 1 月），收录了 1983 年台湾的优秀广告作品，但仅出一期。1989 年 6 月，由台北市广告代理商业同业公会编纂的台湾地区第二本《广告年鉴》出版，内容包括时报广告金像奖获奖作品简介，以及台湾地区广告业 40 年大事记等。此后每年出版一册，为后来者研究和了解广告业生态提供了宝贵资料。2004 年起，台北市广告代理商业同业公会开始每年出版《杰出广告人暨终身成就奖专刊》，每年一册，介绍该年度台湾地区杰出的广告代理经营人、媒体代理经营人、数字经营人、公关经营人、创意人才等。另外，台北印刷与设计出版社还每年编辑有《广告创作年鉴》，收录台湾地区每年优秀的广告设计作品。

在业内奖项与竞赛方面，除戛纳、莫比、克里奥、纽约、伦敦、艾菲、金铅笔这些国际性的广告大奖之外，具有较大影响力的广告奖项还有龙玺环球华文广告奖、时报世界华文广告奖、时报广告金像奖（限台湾地区）、时报广告金犊奖、"两岸"营销创意企业竞赛、亚洲户外广告大奖、亚太广告奖、亚洲平面设计大赏、4A 自由创意奖、TAA 广告策略竞赛、广告杂志"年度风云代理商"、数字奇点奖、流行广告金句奖（限台湾地区）、流行广告金句奖"学生金句奖"（限台湾地区）、台湾广告节、台北国际数字广告节等。

由台湾《中国时报》出资兴办的时报广告金像奖是台湾地区历史最久、最具权威的一项广告评鉴活动，自 1978 年创办以来每年举行一次。时报广告金犊奖更成为业界对广告新生力量表示认可的一致标准。

此外，为了迎合数字经济发展潮流，台湾数字媒体应用暨营销协会于 2017 年首次举办数字奇点奖，以检视数字营销产业的发展程度。

第六章　港澳台广告监管

第一节　香港的广告监管

香港是个高度自由竞争的社会，但其强调对广告业的严格管理，这也是香港广告业得以蓬勃、有序发展的重要保障。① 香港的广告监管主要包括相关法律规定、消费者监督和行业自律三大部分。三部分相辅相成，形成了一个比较完整的广告监管体系，为香港广告业的持续健康发展奠定了坚实的基础。此外，严密的执法惩处和开放的国际观念也使得香港广告从业者表现出对法律意识与法规的依从。②

一、与广告监管相关的法律规定

香港监管广告的政府机构主要有通讯事务管理局、公共广播服务检讨委员会、电影检查审核委员会、消费者委员会、卫生署等。其中通讯事务管理局是最重要的广告管理机关。

香港并没有一部专门的广告法，但在其他专业法律中有很多严格的关于广告的规定。主要包括两大类：第一类是专项广告管理法规，如《电视通用业务守则——广告标准》《电台业务守则——广告标准》等；第二类是散见于各专业法律法规的与广告管理相关的条例，主要包括《吸烟（公众卫生）条例》《不良广告（医药）条例》《商标条例》《公众娱乐场所条例》《药剂业及毒药条例》《诊疗所条例》《商品说明条例》《货品售卖条例》《版权条例》《诽谤条例》《博彩税条例》《证券及期货条例》《地产代理条例》《教育条例》等20多项。

1. 《电视通用业务守则——广告标准》和《电台业务守则——广告标准》

电视和电台受众人数多，广告影响力大，因此影视及娱乐事务管理处制定了《电视

---

① 吕蓉. 广告法规管理［M］. 上海：复旦大学出版社，2003：253.
② 唐仁承. 香港广告的法律意识与法规依从及其启示［J］. 广告大观（综合版），2010（7）：79 – 83.

通用业务守则——广告标准》和《电台业务守则——广告标准》（以下简称两个《标准》），其中《电视通用业务守则——广告标准》是香港最重要的广告专业管理法规。

电视和电台广告标准的规范主要分三方面：第一是针对广告的真实性，第二是针对个别高风险及社会文化较敏感的产品类别，第三是针对特定对象（如儿童）所作出的规定。[①]

两个《标准》规定电视和电台广告必须合法、健康、诚实及准确。广告表达方式应庄重及有品位，不得贬抑竞争对手。所有有事实根据的声称和最畅销声称，均须有凭据。除非有充分事实证明，否则广告字句不能使用"最好""最成功""最安全""最快"等绝对性、比较性用语。例如，描述产品为"最畅销"，则需要呈交经独立核算的销售数字或概率抽样调查记录的资料支持，并充分而准确地以声音或画面的形式说明居领导地位牌子的产品类别、销售国家/地区及所涉时期（如：1992 年 X 牌是香港地区销售第一的电视机品牌），广告内容也需要说明评估或研究的原始资料和进行日期。任何广告都不得以误导手法声称或暗示所宣传的产品或服务，或其中任何成分，具有某些无法证明的特性或成分。

针对个别产品类别的规范，以下商品不得在本地免费、收费以及其他须领牌电视节目和电台中发布广告：枪械、占卜星相业、无牌照职业介绍所、提供博彩提示的机构或人士、特定医疗服务（如整容手术）、宗教、政治及以男伴或女伴吸引顾客的娱乐场所。

以下商品属特别类别产品，有特定广告内容或广告播放时段的限制：博彩（包括彩池）、含酒精饮品、烟草及相关产品、药品及治疗方法、女性卫生产品、避孕套、财经广告、教育课程、存款及储蓄服务、借贷及信贷、投资产品、财经刊物、政治、物业及电影、殡仪馆及相关行业。风险高的产品如投资、进修课程等，会限制课程内容的承诺部分，例如，存款及储蓄服务的广告不应使用任何字句或措辞宣称存款将会绝对安全，教育课程广告不能作出就业机会或任职薪酬回报等承诺。

2018 年 7 月 27 日起，通讯事务管理局放宽对电视节目间接宣传的监管，准许播出植入式广告，以及在无偿情况下提及其商品或服务。除新闻、时事、儿童、教育、宗教仪式等节目，持牌机构可在节目中播放植入式广告，但须顾及节目内容和类别，以自然和不突兀的手法表达，且不能直接推销或建议使用有关产品或服务。[②]

---

① 陈家华、陈霓. 广告·公关新思维：与香港业界对谈［M］. 香港：香港城市大学出版社，2006：43.
② 政府新闻网. 通讯局放宽植入式广告规管［EB/OL］.（2018 – 07 – 04）［2020 – 05 – 28］. https://www. news. gov. hk/chi/2018/07/20180704/20180704_155507_712. html.

为保护儿童观众，在以儿童为对象的电视节目内，或在可能有很多儿童观看的本地免费电视节目内，不得播映任何会引致儿童生理、心理或道德观念受到损害的产品或服务广告，或采用有此后果的宣传手法，同时不得利用儿童容易轻信及单纯本性以达到宣传目的。凡有儿童出现的电视广告，必须保证儿童在安全的环境下且广告内容须有良好的行为及态度。

2. 《不良广告（医药）条例》

与医药事宜有关的广告亦受香港法例监管，如《不良广告（医药）条例》第 3 条禁止发布或安排发布有关某些疾病的广告（包括良性或恶性肿瘤、传染性疾病、性病、呼吸系统疾病、心血管系统疾病、肠胃病、神经系统疾病、血液或淋巴系统疾病、内分泌疾病等）；或某些口服产品的广告（如治疗乳房肿胀，调节生殖泌尿系统或内分泌系统机能，调控血糖）。禁止出于以下目的而为任何药物、外科用具或疗法做广告宣传（如妇产科疾病、增强性功能、恢复青春、矫正畸形、外科整容手术）。根据该条例第 4 条，有关堕胎的广告也被禁止，除非该广告由香港特区卫生署署长发布或取得其书面授权。任何违反第 3、4 条条文的人均属犯罪，一经首次定罪，可处以 50 000 港元罚款及 6 个月监禁，而在第二次或其后就同一条所订的罪行再被定罪，则可处以 100 000 港元罚款及 1 年监禁。

3. 《吸烟（公众卫生）条例》

涉及公共卫生的广告受香港法例监管，如《吸烟（公众卫生）条例》所管制的烟草类广告。《吸烟（公众卫生）条例》第四部规定任何人不得展示或安排展示，或为展示用途而刊登或分发任何形式的烟草广告。同时亦禁止在印刷刊物、公众场所、电影及互联网等展示烟草广告。[①] 任何人如违反规定，一经简易程序定罪，最高可被罚款 50 000 港元。如属持续罪行，则在罪行持续期间，每日另加罚款 1 500 港元。

4. 《商品说明条例》

一些涉及监管商户经营手法的法例，同样适用于监管电视广播媒体的广告。如《商品说明条例》涵盖对不良经营手法的说明。诱饵式广告宣传（如未在合理期间内按合理价格供应合理数量的产品，除限时限量产品外）属于犯罪。2013 年 7 月至 2014 年 3 月，香港海关接获涉及诱饵式广告宣传的投诉 85 起，通讯事务管理局办公室接获 1 起，消费者委员会接获 46 起。

---

① 任何广告如以明示或暗示的方式诱使、建议或督促任何人购买或吸用烟草产品，包括香烟、雪茄、烟斗烟草或香烟烟草；述及吸烟，而所用的词句刻意以明示或暗示的方式推广或鼓励使用烟草产品；或阐述或提及吸烟、烟草产品、其包装或品质的任何广告，都属于烟草广告。

5. 消费者监督①

利用消费者对广告业进行监督，是香港广告监管的一个重要途径。为了维护消费者的正当权益，香港特区于 1974 年 4 月成立了消费者委员会，其根据《消费者委员会条例》（第 216 章）接收及审查货品及服务的消费者投诉以及不动产的购买人、按揭人及承租人的投诉，并向他们提供意见。2014—2015 年，接获消费者投诉 29 457 起，调停成功率达 73.26%。

通讯事务管理局为独立的法定机构，根据《广播条例》（第 562 章）、《电讯条例》（第 106 章）、《通讯事务管理局条例》和《广播（杂项条文）条例》（第 391 章）监管香港的广播业和电讯业。通讯局处理有关广播和电讯服务的投诉，并惩处违反各项条文及规定的广播机构和电讯营办商。

由表 6-1 可见，市民对电视广告中包含的色情、儿童不宜及失实内容最为敏感。市民的品位及道德标准不断改变，而通讯事务管理局既要维护社会道德，又要保护商业言论自由，因此，管理机构只能按当时社会大多数人可接受的标准来量度广告内容，使社会对广告的不满程度降至最低。

至于报纸杂志广告，由于现在没有政府部门专门负责监管，广告内容往往出现夸大失实的情况。消费者委员会的工作目标包括研究产品及服务能否为消费者提供正确资讯，所以也关注虚假广告。卫生署卫生防护中心关注市面上的不切实际的减肥广告宣传，并提醒市民要当心。

表 6-1 2012—2019 年投诉成立的电视／电台广告

广告名称	频道	播放时间	主要投诉内容	审决
Gucci Guilty Black	有线电视儿童台	2013 年 3 月	色情，儿童不宜	强烈劝喻
五粮液	翡翠台	2013 年 3 月	播放时间不适宜，儿童不宜	强烈劝喻
雅培 Eye - QPlus	翡翠台	2013 年 9 月	误导、内容失实	警告
百佳超级市场	高清翡翠台	2014 年 1 月	酒精饮品广告有儿童参演	劝喻
碧桂园十里银滩	翡翠台	2014 年 8 月	内容失实	劝喻

① 本部分主要参考：陈家华，陈霓. 广告·公关新思维：与香港业界对谈［M］. 香港：香港城市大学出版社，2006：42-48.

（续上表）

广告名称	频道	播放时间	主要投诉内容	审决
卫健抗菌沐浴乳	翡翠台	2015 年 7 月	"全球最畅销"说法缺乏凭据	强烈劝喻
优步	雷霆 881 商业一台、叱咤 903 商业二台	2016 年 5 月至 9 月	误导听众采取违法行为	警告
超力—熊井美国珍珠米	奇妙电视中文台、now 宽带电视 now 新闻台	2017 年 8 月	有关农药残余和重金属的声称可能欠缺凭据	劝喻

资料来源：通讯事务管理局。

6. 广告行业组织自律

香港广告监管的另一个重要方面是其广告行业组织的自律。事实上，香港的广告行业组织在行业自律、提高服务水平、防止不正当竞争方面都发挥着重要作用。这些行业组织主要有：香港广告商会、香港人广告客户协会和国际广告协会香港分会等。[1] 它们是政府与广告经营单位联系的桥梁：一方面，政府利用这些广告组织贯彻广告管理法规、条例、标准，引导各会员公司遵守政府法律、法规；另一方面，这些广告组织又代表会员公司向政府有关职能部门反映广告业界的意见和要求，维护广告业界的利益，帮助公司做好经营管理，加强各公司间的交流及协调，督促、加强各成员公司的自律。[2] 例如，香港广告商会规定："会员必须同意遵守香港政府及'4A'所颁布的一切有关广告内容及意旨之香港广告标准。"

---

① 有关香港广告行业组织的介绍参见第三章第一节中的相关内容。
② 刘家林. 新编中外广告通史（第二版）[M]. 广州：暨南大学出版社，2004：257.

第二节　澳门的广告监管

澳门是少数几个制订了专门广告法的地区之一。完善的法律体系加上广告行业的自律，保证了澳门广告业的健康有序发展。澳门涉及广告管理的法规主要包括以下九种。

（1）《澳门法律第 7/89/M 号广告活动之条文》：澳门管理广告活动的基本法律，总共 4 章，分别为广告概则、广告的安装、广告罚则和最后规定，共 33 条。该条文规定了广告的定义，广告的原则，户外广告的审批，广告的禁止内容和禁止做广告的对象等很多项；对涉及妇女、儿童、青少年的广告、机动车辆广告、药物药剂产品及治疗广告、房地产广告作了特别规定；并特别指出含酒精饮品及香烟广告是受管制的广告；

（2）《澳门第 8/89/M 号法律视听广播业务之法律制度》：规定视听广播的广告播放以及被禁止传播的原则，订定了有条件限制的广告类型；

（3）《第 30/95/M 号法令药品广告方面之法律制度》：该法规为药品广告的专有制度，通过该制度确保在宣传药品广告产品时提供正确及明晰的资讯，同时促使公众在消费药品时应采取合理之态度。其中，订定了药品广告的一般原则、广告活动和监察及处罚等原则；

（4）《澳门第 5/2011 号法律之预防及控制吸烟制度》：就烟草及烟草制品的广告、促销及赞助作出了规定；

（5）《澳门商法典有关广告之条文》：规定了签署合同的广告主体之间的权利和义务；

（6）《第 14/2017 号法律之分层建筑物共同部分的管理法律制度》：规定了分层建筑物共同部分中广告或招牌的装设；

（7）《第 28/2004 号行政法规之公共地方总规章》：对公共地方的广告准照、语文、保证金、招牌和义务等作出了规定；

（8）《澳门政府财政局对广告宣传缴纳印花税之规定》：规定了需缴交广告费用 2% 印花税的情况。

（9）《第 88/99/M 号法令》：规定了邮件的广告、宣传类资料加盖原则和与公共利益相关的信息加贴原则。

在澳门，广告管理是这样规定的：医药卫生广告等由卫生司负责；旅行及旅游方面的由旅游司负责；其他的一般由经济司负责。①

除了澳门特有的广告法律对广告业的管束，澳门广告商会也肩负了规范广告行业行为、维护广告行业权益等使命，对澳门广告业进行管理和监督，同时其也是澳门与内地广告行业沟通的重要桥梁。

第三节　台湾的广告监管

台湾的广告业在短短的三四十年时间里便走完了西方广告业一百多年的历程。但是，20 世纪 60 年代末自农业社会转入工业社会后，台湾地区一方面呈现出经济持续大幅增长、居民消费能力增强、寻求商品信息的需要加大，另一方面呈现出广告业高速发展②而广告环境却日显恶化、媒体职业道德水平不断下滑的态势。在激烈的市场竞争背后，竞争各方完全不顾职业道德与社会公德，纷纷采取不正当竞争手段，在广告战中一较高下：或采用"王婆卖瓜"式的自吹自擂，或用不实宣传手法欺骗消费者……一时间，虚假广告泛滥成灾，成为社会公害。广告从业人员的总体形象大大受损，广告行业也成为使台湾社会遍感愤懑和大众舆论公开声讨的对象。迫于公众的呼声和社会的压力，同时为了规范广告行为、促进广告业良性发展，台湾地区的各级行政主管部门和相关行业组织不得不开始着力解决广告监管这道难题。

经过 20 世纪 70 年代中期到 90 年代中期这 20 年间向美国、日本、英国等发达国家的不断学习与摸索创新，台湾地区的广告监管体系已基本形成：

第一，制定了比较完善的广告监管体系。在这个体系中虽然没有一部专门针对广告的成文法，但仍以配套有关规定搭建起了一个行之有效的约束框架，其中主要包括《"广播电视法"》《"卫星广播电视法"》《"公共电视法"》《"化妆品卫生安全管理法"》《"健康食品管理法"》《"食品安全卫生管理法"》《"医疗法"》《"消费者保护法"》《"药事法"》《"电影法"》《"出版法"》等几十项。这些有关规定起到了以下作用：一

---

① 邓荣芳，刘海波. 港、澳、台地区的广告监管［J］. 中国广告，2006（12）：110 – 111.
② 1962 年，台湾地区的广告经营总额为 2 亿多元新台币，到 1971 年时已经达到约 16 亿元新台币，增长近 7 倍。仅 1971 年电视广告量就增长了 19.5%。

是确立了广告的基本原则及发布标准；二是授权有关部门加强对广告的监管；三是规定了处理违法广告的程序；四是明确了处罚的原则。

第二，充分发挥了广告行业的自律作用。台湾地区的行政部门对广告行业自律组织比较重视，广告行业自律组织也十分积极地配合当局加强对广告的监管，维护广告业的信誉。广告行业自律组织主要有台北市广告代理商同业公会、台北市广告业经营人协会、台湾广告主协会、国际广告协会中国台北分会，以及台北市媒体服务代理商协会、各新闻媒介的专业协会等；主要的自律规则有《广告人自律纲要》《报业道德规范》《无线电广播道德规范》《电视道德规范》《新闻事业广告规约》《会员承揽广告协约》等。从总体上看，这些规则主要是要求组织成员遵守有关广告方面的法律法规、坚持广告的真实性原则、新闻与广告不得混淆等，对加强广告监管、引导广告健康发展起到巨大作用，均比较合理可行。

第三，消费者保护组织的事后监督。台湾地区的消费者保护组织为保护消费者的合法权益，会站在消费者的立场上对广告进行日常监督，发现违法和虚假广告，即向有关部门举报投诉，同时针对广告活动中存在的问题，向有关主管部门提出建议。

第四，以媒体为重要控制环节。媒体是广告传播的载体，任何广告都要通过媒体的传播才能与广大公众见面。台湾地区有关部门一方面要求媒体严格把关，以有效地制止虚假、违法广告；另一方面若发现虚假、违法广告，立即通知所有媒体，使该违法广告不能进一步危害社会、损害消费者的利益。

第五，严厉制裁违法广告，尤其是虚假和误导广告。台湾地区对违法广告的处罚有两个特点。首先是处罚方式灵活多样，主要表现在：既有广告行业自律组织对违法广告的处罚，又有当局对违法广告的处罚；既有通报批评等对当事人名誉方面的处罚，又有经济乃至刑事方面的处罚。这些处罚措施不仅使违法者名誉受损，而且使其牟取非法利益的企图化为泡影。其次是重罚虚假广告和误导广告，主要表现在：①确立广告主的首要责任，即广告主对其广告所产生的负面影响应承担首要责任；②采取严厉的处罚措施。例如，行政当局在2006年修改有关法规，大幅提高了对违规药品广告的罚款额度。非药品类产品如刊登广告宣称具有疗效，刊播广告的非药商及媒体最高可被处以2 500万元新台币的罚款。

一、以规范媒体为出发点的广告相关规定

台湾地区的广告监管主要由各行政部门实施。药品、食品广告由卫生行政主管部门管理，实行内容审批制度；房地产广告由"建设委员会"管理；报刊、广播、电视广

告由"行政院新闻传播处"① 管理，电视广告实行事前审查制度。

1967 年颁布实施的《广告物管理办法》② 是一项标志性的法规。20 世纪 70 年代中期、90 年代初期和后期以及 21 世纪初期是台湾地区广告相关规定颁布、修正的四个高峰。

以规范媒体为出发点的广告相关规定主要由以下一些构成：《"广告物管理办法"》（已废止）、《"卫星广播电视法"》《"广播电视法"》《"广播电视法"施行细则》《广播节目制作规范》《广播广告制作规范》《广播电视节目供应事业管理规则》（已废止）、《广播电视广告内容审查标准》（已废止）、《"有线广播电视法"》《"公共电视法"》《电视广告制作规范》（已废止）、《电视节目制作规范》（已废止）、《广播电视广告送审注意事项》《有线广播电视广告制播标准》《"电影法"》《"出版法"》《招牌广告及树立广告管理办法》等。

《"广播电视法"》于 1976 年 1 月 8 日公布实施，最近的修正时间是 2018 年 6 月 13 日，共计 7 章 51 条；《"广播电视法"施行细则》对《"广播电视法"》进行了更详细的解释，于 1976 年 12 月 30 日公布，最近的修正时间是 2016 年 11 月 11 日；《"有线广播电视法"》于 1993 年 12 月 20 日公布，最后修正于 2018 年 6 月 13 日；《"有线广播电视法"施行细则》最后修正于 2016 年 10 月 13 日；《"公共电视法"》最初颁布于 1997 年 5 月，最后修正于 2009 年 12 月，其中第四十一条是："电台不得播送商业广告。但电台策划制作之节目，接受赞助者，得于该节目播送结束时，注明赞助者之姓名或名称"；《"卫星广播电视法"》颁布于 1999 年 2 月 3 日，最后修正于 2018 年 6 月 13 日。除以上的"法"之外，台湾还有一些由"行政院新闻传播处"制订的、具有法律效力的各种"规范"，如《有线电视广告制作标准》《广播电视广告送审注意事项》《广播节目制作规范》《广播节目广告区隔与置入性营销及赞助管理办法》等。

《有线电视广告制作标准》于 1994 年 3 月 9 日由原"行政院新闻局"发布，于 1999 年更名为《有线广播电视广告制播标准》，并由最初发布的 8 条缩减为 7 条；《广播电视广告送审注意事项》共有 5 条规定；《广播节目制作规范》于 1988 年 8 月 19 日颁布，广告管理内容约涉及 5 条。

户外广告的法律法规主要是 2004 年 6 月 17 日公布的《招牌广告及树立广告管理办

---

① "行政院新闻传播处"负责"行政院"的新闻发布、政策宣传和形象推广等公共关系工作，由于台湾地区没有专门针对广告的成文法，因此实际上"行政院新闻传播处"在对涉及广告管理的立法和解释上具有非常大的权力。"行政院新闻传播处"是"行政院新闻局"的续接单位，"行政院新闻局"于 2012 年 5 月 20 日裁撤，其所属"国际宣传""广播、出版、电影业务""对内宣传"三部分业务分别并入台湾当局外事部门、"文化部"及"行政院院本部"。

② 此办法已废止，另订定《招牌广告及树立广告管理办法》。

法》，共有 16 条。

二、以确保商业活动正常运行和社会稳定为目的的广告相关规定

此部分有关规定主要包括《"药事法"》《"医疗法"》《"食品安全卫生管理法"》《"健康食品管理法"》《"化妆品卫生安全管理法"》《"消费者保护法"》《"公平交易法"》《"商标法"》《"专利法"》《"烟酒管理法"》《"电信法"》《"建筑法"》以及与这些规定配套实施的施行细则等。

《"消费者保护法"》公布于 1994 年 1 月 11 日；《"消费者保护法"施行细则》颁布于 1994 年 11 月 2 日；《"公平交易法"》公布于 1991 年 2 月 4 日，最后修正于 2017 年 6 月 14 日，涉及广告的条款主要是第二十一条；《"商标法"》最后修正于 2016 年 11 月 30 日；《"专利法"》最后修正于 2019 年 5 月 1 日；《"烟酒管理法"》公布于 2000 年 4 月 19 日；《"烟酒管理法"施行细则》也于 2004 年 6 月 29 日由台湾"财政部"修正公布；《"电信法"》最后公布于 2013 年 12 月 11 日，[①] 涉及广告的条款主要是第八条："电信之内容及其发生之效果或影响，均由使用电信人负责任。以提供妨害公共秩序及善良风俗之电信内容为营业者，电信事业得停止其使用。擅自设置、张贴或喷漆有碍景观之广告物，并于广告物上登载自己或他人之电话号码或其他电信服务识别符号、号码，作为广告宣传者，广告物主管机关得通知电信事业者，停止提供该广告物登载之电信服务。"

从世界范围来看，对于医药、医疗、食品、化妆品的广告管理都是各国和各地区广告监管的重中之重，台湾地区也不例外。从 1960 年公布"取缔伪药劣药禁药办法"后，又陆续公布了《"药事法"》《"医疗法"》《"食品安全卫生管理法"》《"健康食品管理法"》《化妆品管理条例》等有关规定。

《"药事法"》源于 1970 年通过的《"药物药商管理法"》，1993 年改为现名，2018 年 1 月 31 日最后修正；与之相配套的《"药事法"施行细则》公布于 1973 年 4 月 4 日，最后修正于 2015 年 9 月 28 日。《"医疗法"》于 1985 年公布实施，最后修正于 2020 年 1 月 15 日；衍生的《"医疗法"施行细则》最后修正于 2017 年 12 月 12 日；《"食品卫生管理法"》公布于 1975 年，2014 年更名为《"食品安全卫生管理法"》，最后修正于 2019 年 6 月 12 日，涉及广告管理的内容有六条；1999 年，台湾地区吸收了日本、美国和中国大陆的经验，公布了《"健康食品管理法"》，将健康食品管理纳入法制化轨道，《"健康食品管理法"》最后修正于 2020 年 1 月 15 日；《化妆品管理条例》公布于 1972

---

① 马英九任台北市市长之初，对当时台北街头猖獗的"牛皮癣"小广告即以此法为主要依据，严肃整治，收效甚好。

年 2 月 28 日，后更名为《"化妆品卫生安全管理法"》，最后修正于 2018 年 5 月 2 日，涉及广告管理的内容有三条，其中第十条提到"化妆品之标示、宣传及广告内容，不得有虚伪或夸大之情事；化妆品不得为医疗效能之标示、宣传或广告"。

由于医药、医疗、化妆品等产品与服务之后存在巨额利润，各国各地区不法商人皆挖空心思制作各种违法广告，以达到其不可告人的目的。台湾地区的广告监管在此问题上也长期受到困扰。

据"卫生署"公布的 2006 年 1 月至 4 月针对电视媒体疑似违规广告的监控结果，平均每小时有 0.11 件疑似违规医疗健康相关广告，其中又以食品类违规广告最严重，占 60% 以上，宣称疗效则以美容、减肥居冠。据"卫生署"统计，2006 年 1 至 4 月间，共计监录电视媒体广告 537 小时，有 61 件疑似违规，其中又以邀请艺人主持甚至邀请医疗人员代言的节目性广告最多，共计 45 件，占疑似违规广告的 73.8%。在违规比例方面，电视媒体中食品类违规广告的 65.75% 最高，大多是将食品功效夸大不实，并宣称其具有壮阳、瘦身功效或对糖尿病有疗效；违规广告宣称效能类型则以美容、减肥瘦身、促进新陈代谢、增强性功能、丰胸为前 5 名。据"食品药物管理署"公布的 2019 年针对电子媒体（电视、电台、网络）违规广告的监控结果，共发现 9 291 件违规广告，查获 1 125 件违规广告，其中网络广告高达 671 件（59.64%），电台广告 245 件（21.78%）次之，电视广告则有 209 件（18.58%）。另，以违规食品、药物、化妆品广告宣称之效能类型统计显示，网络媒体常见宣称"皮肤美容""减肥"等美体功效；电台、电视媒体以宣称"强健骨骼肌肉""促进血液循环"等预防身体机能退化功效为主。2019 年台湾地区卫生机关裁处食品、药物、化妆品违规广告共计 6 275 件，罚款金额达 1 亿 8 155 万元新台币。

为尽量减少上述情况的发生，台北市卫生局定期为广告业者和相关厂商举办法律法规讲座，并整理出一些违法案例和知识点以帮助其加深理解。例如，台北市卫生局规定，在宣称预防、改善、减轻、诊断或治疗疾病或特定生理情形时，广告中不得有治疗近视、恢复视力、防止便秘、利尿、壮阳、强精、治失眠、降血压、改善血浊、清血、调整内分泌、补肾、滋肾、固肾、健脾、补脾、和胃、养心、补心、强心、润肺、养肝、泻肝、润肠、活血、改善更年期障碍、消渴、消滞、平胃气、肝火、防口臭、改善喉咙发炎、消肿止痛、消除心律不齐、解毒等词语。在化妆品广告中，不得有漂白、快白、美白、幼白、超级、超高级、唯一、第一、强力、纯中性、独特、收敛、防晒、含抗 UVA 及 UVB 物质、隔离紫外线、杀菌、预防（治疗）青春痘、促进细胞活动、活化细胞、淡化黑色素、瘦身、燃烧脂肪、塑身、雕琢肌肤、修补皮肤组织、增强免疫（抵抗）力等词语。

三、行业自律性质的道德规范

台湾地区制约广告刊播的道德规范主要有五个方面。一是广告必须真实。《新闻事业广告规约》《报业道德规范》《无线电广播道德规范》和《电视道德规范》都明确规定，广告必须真实，不得夸张，如有怀疑，必须即时查证，对于所有虚假广告一律禁止刊播。二是禁止广告新闻化。三是禁止淫诲虚假的医药广告。四是广告要有美感。五是刊播广告的时间、空间篇幅不能过多。新闻界在自行制订的道德规范中，虽未有明确而具体的规定，但在实际运作过程中，还是存在着相对客观的尺度。①

台湾地区有关广告行业自律性质的道德规范主要包括《综合广告业经营者自律纲要》《新闻事业广告规约》《新闻记者信条》《报业道德规范》《无线电广播道德规范》《电视道德规范》《电视广告规范》（后演变为《净化电视广告规范手册》）《广告人自律纲要》《会员承揽广告协约》等。此外，一些新闻媒体也纷纷制订本单位的广告处理规则，也颇具道德自律意义。如"中国广播公司"、正声广播公司、台湾电视公司、"中国电视公司""中华电视台"《"中央"日报》《联合报》《经济日报》《中国时报》《工商时报》《中华日报》等，其广告经营相关文件或称"规范""准则"，或称"处理办法""章则""规则"。②

在《报业道德规范》中，广告条目位于第七部分，有六款；在《电视道德规范》里，涉及广告的内容有三款；《电视广告制作规范》（已废止）则有较大篇幅的专门规定；《无线电广播道德规范》涉及广告的内容在第六部分，共三款。《净化电视广告规范手册》是台湾电视学会在《电视广告规范》的基础上为净化电视广告而专门编集的。该手册内容分为电视广告"制作"和"播映"两部分，此外还将各类商品广告的管理办法详细收集作为附文。③

以上这些自律规范，在台湾地区广告业的发展过程中起了很大的作用，至今仍为业内人士所遵循引用。随着外部环境的变化，自律规范自然也会随之调整；但有一点可以肯定的是，无论台湾地区广告业发展到何种阶段，广告道德规范在广告监管中的作用和力量都是必不可少的。

---

① 张昆．略论"报禁"开放前台湾的新闻道德观念［Z］．第六届（海峡）两岸传媒迈入二十一世纪学术研讨会宣读论文，武汉大学媒介发展研究中心，http：//media．whu．edu．cn/NewsDetail．asp？id＝298．2005－11－21．

② 参见：樊志育．广告学（革新版）［M］．台北：三民书局，1996：391－408．

③ 参见：王多明．中国广告词典［M］．成都：四川大学出版社，1996：383－387．

第七章 香港宏观环境变迁对广告业发展的影响

第一节 解读香港广告行业的重心波动

香港特区的经济是世界经济的一个奇迹，她以不到全球十万分之一的面积和千分之一的人口，创造着全球第二位的人均对外贸易值和世界第一的转口贸易总值。现代意义上的香港经济，始于 20 世纪 50 年代，经历了三次重大的经济转型。第一次是在 20 世纪 50 年代，香港从转口贸易港发展为以轻纺工业为龙头的出口加工业基地；第二次是从 20 世纪 70 年代末开始，由于制造业迁移内地，为香港发展以房地产和金融业为主的服务业让出了空间；1997 年底的亚洲金融风暴使香港特区经济陷入了战后罕见的衰退，迫使香港经济结构作出痛苦的调整，但也为香港新经济时代的来临提供了历史性契机。当前，香港正处于以知识经济为目标、以数字科技为动力的第三次历史性飞跃的关键阶段，而 2004 年 1 月 1 日开始实施的《内地与香港、澳门关于建立更紧密经贸关系的安排》（CEPA）则为香港的历史性飞跃提供了重要动力。

由图 7-1 可见，香港经济自 2000 年以来基本保持稳定增长，GDP 从 2000 年的 1 717 亿美元上升至 2018 年的 3 627 亿美元，增长了 1 倍多，其中 2003 年和 2009 年香港 GDP 都较上年略有下降；另外，香港特区政府统计处发布的数据显示，由于受到社会不稳定因素的影响，香港 2019 年度 GDP 比上年下降 1.2%，是自 2009 年以来首次出现的年度跌幅。

（亿美元）

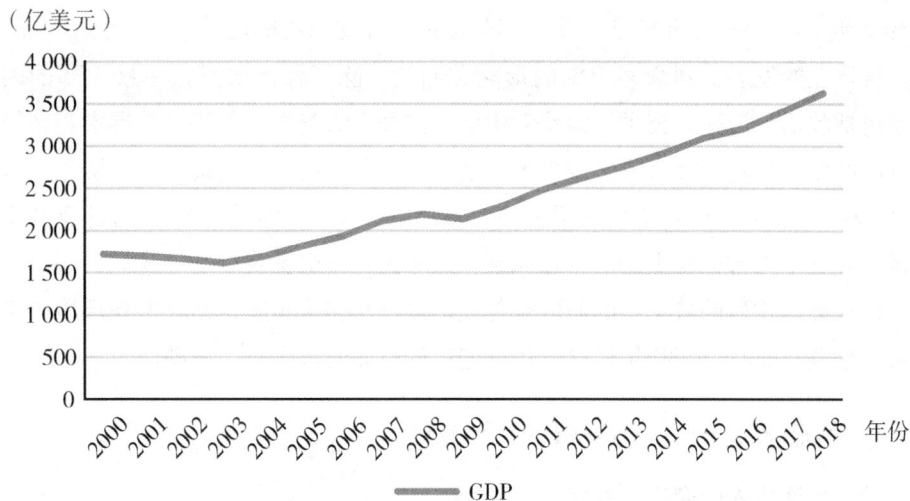

图 7 - 1　2000—2018 年香港 GDP

资料来源：世界银行。

（百万港元）

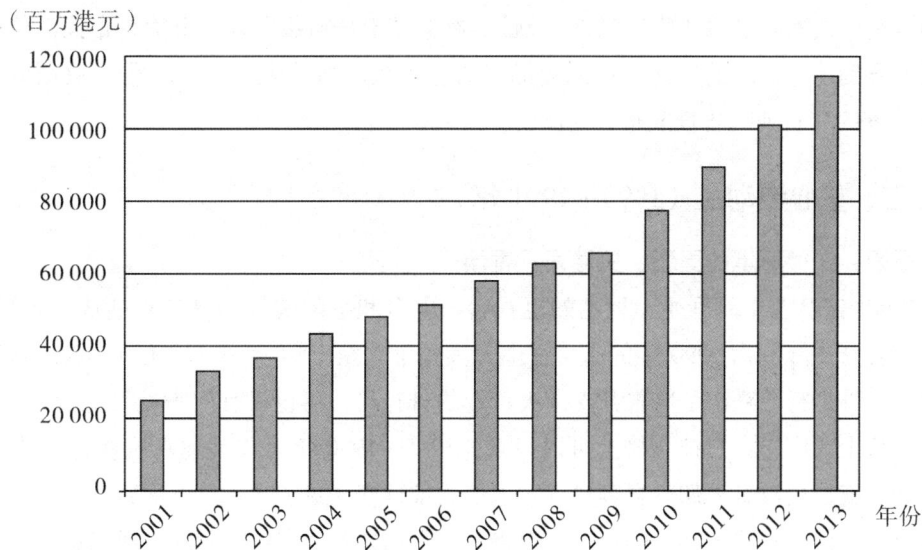

图 7 - 2　2001—2013 年香港年度广告开支

资料来源：李少南. 香港传媒新世纪（第二版）［M］. 香港：香港中文大学出版社，2015：6.

21 世纪以来，香港年度广告开支走势与 GDP 增长趋势基本保持一致（见图 7 - 1、7 - 2），可见广告业的发展主要受到经济状况的影响。值得注意的是，虽然 2003 年和

2009 年香港 GDP 都较上年略有下降，但年度广告开支仍在增长。

广告行业的发展受到众多因素的影响和制约，除了经济状况这一最主要的因素之外，还包括政治、法律、技术、消费者生活方式和重大突发事件等，香港宏观环境的每一个方面的剧烈变化，都会或多或少地体现在广告行业的发展轨迹上。事实上，香港广告业自 1979 年以来，广告总开支增长率时高时低，呈波动状态；广告的行业开支和广告的客户开支十大排行榜上也是各领风骚三五年，你方唱罢我登场。我们关心的是，每次广告行业波动背后的最主要的原因是什么。以下从多个角度，结合宏观环境的各个影响因素，解读自 20 世纪 80 年代以来，香港广告行业的数次重心波动。

一、重心波动一（1984—1985 年）

原因：生活方式的变迁　关键词：休闲

由表 7－1 可见，1984 年香港的消闲商品（包括旅行社、航空公司及酒店）广告开支仅列十大行业之末，1985 年迅速飙升至榜首；而 1984 年排名榜首的食品广告开支排名从 1985 年开始总体呈下降的趋势，显示随着香港经济的发展、生活水平的提高，市民的消费方式重心已由"吃"转向"玩"，社会"有闲阶级"队伍壮大，市民总体生活品质上升到了一个新的层次。消闲商品广告主不失时机，大量投放广告，故而成就了 1984—1985 年行业广告投放重心的演变。

二、重心波动二（1990—1991 年）

原因：法律环境的更新　关键词：香烟

1990 年 12 月 1 日开始，香港的电视台、电台和电影院等相继禁止播放香烟广告。香烟广告开支金额由 1990 年的 3.4 亿港元大幅下跌至 1991 年的 1.7 亿港元①。从这一年开始，香烟行业跌出了广告开支十大行业的排行榜，再也没有回来过（见表 7－1）。此外，从十大广告客户排行榜上可以发现，1985—1990 年万宝路均高居榜首，从 1993 年开始，就再也没有香烟广告客户进入过十大排行榜（见表 7－2）。从这一典型个案可以看出，任何广告法律环境的变迁，都将直接影响到整个广告行业的发展态势。

---

① 1991 年香港经济年鉴［G］．香港：经济导报社，1992：140.

三、重心波动三（1992—1993 年）

原因：内地市场的辐射　关键词：房地产

香港经济跟内地经济有着千丝万缕的联系。1992 年，内地的外销楼盘增加，掀起内地的房地产热潮。同年，香港房地产广告开支增长超过一倍，达 11.03 亿港元。1993 年，内地房地产广告开支增长一倍，攀升至行业广告投放排行榜第一位（见表 7 - 1），达 8.28 亿港元。可见，内地市场的发展对香港市场有着非常重要的影响，市场环境的变化也直接导致了广告行业投放格局的变动。随着 CEPA 的实施，香港与内地的经济联系更加紧密，内地市场的辐射对香港总体经济走势、对广告行业发展态势的影响也更为显著。

四、重心波动四（1997—1998 年）

原因：经济状况的影响　关键词：金融风暴

受 1997 年亚洲金融风暴的影响，1998 年香港经济出现衰退现象，GDP 呈负增长。不少企业纷纷收缩开支，大幅削减广告预算，令依赖经济兴衰的广告业表现欠佳。1998 年，香港广告支出总额为 208.03 亿港元，仅比 1997 年微增 1.98%，为 30 多年来增幅最小的一年。除去各广告公司在收费上普遍给予客户较大折扣的因素后，1998 年广告实际开支其实是倒退的[①]。广告行业的整体发展状况主要受经济发展水平的影响和制约，在 1997—1998 年的这次亚洲金融风暴中，这一规律表现得尤为明显。

五、重心波动五（1998—1999 年）

原因：创新产品的普及　关键词：手机

通信器材和流动通信服务的广告开支在 1999 年大幅攀升至十大广告开支行业的榜首（见表 7 - 1），说明当时手机通信已经进入市场普及阶段，大量的手机生产商和通信服务商进入市场，激烈的客户竞争拉高了整个行业的广告开支。从这一个案不难看出，技术的革新为市场带来创新产品，而创新产品为消费者所普遍接受需要广告的"推波助澜"。因此，在创新产品的生产商和服务商为争夺客户而进行激烈市场竞争的过程中，相关行业的广告开支额便相应地需要大幅提升。

---

① 1998 年香港经济年鉴［G］. 香港：经济导报社，1999：218.

六、重心波动六（2003—2004 年）

原因：重大事件的突发　关键词：SARS

2003 年，受到 SARS（非典型肺炎）的严重影响，许多行业的广告开支都大幅下跌，如房地产业广告开支比 2002 年同期下跌了 14.02%。相反，家居用品和医药保健品为了促销产品乘势增加广告投放，令广告开支增幅分别达到 28.11% 和 27.79%。

2004 年，美容及瘦身业的广告开支升幅高达 48.7%，主要原因是，2003 年该行业受 SARS 的严重打击，2004 年开始恢复元气，所以呈现大幅上涨态势。由这一事件及广告行业的相应波动现象可见，重大事件的突发可以改变整个社会的消费需求格局，相关产品和服务供应商的广告投放也会采取扩张或紧缩的策略，各行业广告投放额度也不可避免地随之发生较大幅度的波动。

七、重心波动七（2008—2009 年）

原因：经济状况的影响　关键词：金融危机

受 2008 年美国金融危机影响，2009 年，香港 GDP 由上年的 2 192.8 亿美元降至 2 140.46 亿美元，出现继 2003 年遭遇 SARS 以来的又一次 GDP 负增长。广告开支虽然较 2008 年仍有所增长，但增速明显放缓。相关数据显示，受金融危机冲击，2009 年香港百家广告商将开支削减 13%，由此可见金融危机对香港广告的影响之大。

八、重心波动八（2017—2018 年）

原因：历史节点的促进　关键词：香港回归 20 周年

2017 年是香港回归 20 周年，香港与内地的关系迎来一个历史性的节点。

2017 年，香港旅游行业的广告支出达 31.10 亿元，比上年增长 8%，位列 2017 年十大广告支出行业第三名（见表 7 - 1），较上年前进一名。在香港回归 20 周年这一政治性历史节点的影响下，许多内地游客前往香港，想要体验和追随这个仪式性的时刻，并亲身感受香港的发展变化，由此带动了香港旅游业和整体经济的增长。

九、重心波动九（2019—2020 年）

原因：社会动荡的重创　关键词："反修例"风波

2019 年，由香港"反修例"游行为起点引发的社会暴乱愈演愈烈，从静坐示威、游行示威到打砸抢烧、人身攻击，香港社会一度陷入混乱，整体经济也受到影响，GDP

再次呈现负增长。

受到政治、经济的重创，香港广告总支出也不容乐观。但是，这一年度的公益广告发展迅猛，由香港特区政府各部门机构宣传制作的公益广告集中发力，希望在维护社会安定方面起到作用，具体案例将在本章第二节详述。

由此看来，无论是经济环境的起伏、法律环境的变更、重大事件的突发，还是消费者生活方式的转变、创新产品的普及等，无一不对广告业的兴衰产生着重要的影响。反过来看，广告业也会对上述影响因素产生反作用力。例如，广告对商品的普及起到了至关重要的推动作用，进而加快了人们生活方式的转变；再如，广告行业的巨额开支为GDP的增长作出了贡献等，都是广告业对社会发展产生正面影响的有力证据。当然，诸如虚假宣传等不良广告也会给社会发展带来负面影响，则不在本章论述范围之内。具体可参见"香港的广告监管"一节。

表 7 - 1　历年香港十大广告开支行业一览表（1979—2017 年）

年份	排名									
	1	2	3	4	5	6	7	8	9	10
1979	香烟	酒类	汽水	—	—	—	—	—	—	—
1981	香烟	酒类	汽水	—	—	—	—	—	—	—
1983	食品	时装	香烟	药物	酒类	电器	家庭用品	钟表	金融	消闲商品
1984	食品	时装	香烟	药物	酒类	电器	家庭用品	钟表	金融	消闲商品
1985	消闲商品	食品	零售商品	饮品	香烟	化妆品	个人用品	电器	药物	酒类
1986	消闲商品	零售商品	食品	香烟	个人用品	化妆品	地产	饮料	酒类	药物
1988	娱乐项目	零售商品	食品	香烟	个人用品	厕具用品	电器	银行金融	地产	药品
1990	海外旅游	香烟	钟表	物业租售	电影、演唱会及戏剧	餐厅俱乐部	洋酒	百货公司	传播器材及服务	影视器材及配件
1991	消闲商品	零售	浴室洁具	食品	电器	个人用品	物业	工商用品	服装	财务银行投资
1992	消闲商品	房地产	零售	浴室用品	个人用品	电器	食品	工业用品	财务投资银行	服装
1993	外销楼盘	杂项	旅游	传讯设备及服务	住宅楼宇租卖	电影、演唱会及话剧	手表	汽车	信用卡	餐厅和俱乐部

（续上表）

年份	排名									
	1	2	3	4	5	6	7	8	9	10
1994	房地产	消闲服务	零售	杂项	工业用品	浴室用品	食品	财务投资银行	电器	汽车
1995	消闲服务	地产	杂项	零售	浴室用品	工业用品	财务投资银行	食品	个人用品	电器
1996	消闲服务	零售	杂项	地产	财务投资银行	工业用品	浴室用品	食品	个人用品	药物
1997	消闲服务	地产	零售	工业用品	杂项	财务投资银行	浴室用品	食品	个人用品	药物
1998	消闲服务	工业用品	杂项	零售	地产	财务投资银行	食品	浴室用品	药物	饮品
1999	通信器材和服务	流通电话服务和器材	超级市场	海外旅游	房地产	媒介本身宣传	内地楼盘	餐饮/会所	唱片	信用卡
2000	消闲服务	零售业务	银行金融	—	—	—	—	—	—	—
2001	内地楼盘	餐厅会所	媒体自我宣传	海外旅游	本地楼盘	信用卡	保健饮品	护肤品	教育	快餐店
2002	楼盘	内地楼盘	面、眼部护理产品	旅行社	头发护理产品	银行投资	餐厅及快餐	美容纤体健康食品	珠宝手表及奢侈品	美容、纤体中心
2003	地产	家居用品	食品	娱乐	医药保健	银行投资	化妆护肤	零售	美容瘦身	食肆
2004	家居用品	银行投资	化妆护肤	医药	美容瘦身	食品	娱乐	地产	零售	食肆
2005	银行投资	化妆护肤	家居用品	地产	食品	美容瘦身	药品健康	娱乐	零售	食肆
2008	银行投资	药品健康	家居用品	化妆护肤	食品	零售	美容瘦身	旅游	娱乐	地产
2009	银行投资	家居用品	医药	化妆护肤	零售	食品	娱乐	餐厅	美容瘦身	旅游
2010	银行投资	药物医护	化妆护肤	浴室家居	零售	食品	美容瘦身	地产	饮品	娱乐
2011	银行投资	化妆护肤	药物医护	浴室家居	零售	食品	饮品	珠宝手表	旅游	娱乐
2016	银行投资	药物医护	浴室家居	旅游	饮品	化妆护肤	零售	娱乐	地产	饮品
2017	银行投资	药物医护	旅游	浴室家居	饮品	化妆护肤	地产	娱乐	食品	零售

资料来源：香港经济年鉴：1985—2018［G］. 香港：经济导报社，1986—2019.

注：①消闲商品指的是旅行社、航空公司及酒店；②表中"—"代表资料缺失；③若干年份的资料缺失，故未列入。

表 7 - 2　历年香港十大广告客户一览表（1985—2017 年）

年份	排名									
	1	2	3	4	5	6	7	8	9	10
1985	万宝路	康泰旅行	精工表	健牌香烟	总督香烟	中邦集团	永安百货	星晨旅行	麦当劳	浪琴手表
1986	万宝路	康泰旅行	维他产品	健牌香烟	星晨旅行	精工表	永安百货	万事发烟	麦当劳	乐声
1988	万宝路	乐声	康泰旅行	万事发烟	麦当劳	新华旅行	精工表	花王	健牌香烟	声宝
1989	万宝路	康泰旅行	万事发烟	花王	麦当劳	乐声	东芝	声宝	健牌香烟	新华旅行
1990	万宝路	声宝	花王	康泰旅行	麦当劳	万事发	新华旅行	健牌香烟	沙龙	乐声
1992	声宝	花王	麦当劳	乐声	万宝路	康泰旅行	和记传讯	庄生	万国宝通银行	新华旅行
1997	惠康超市	麦当劳	百佳超市	中原地产	和记传讯	汇丰银行	爱立信	宇宙表	雅涛居	数码通
1998	香港电讯	和记传讯	汇丰银行	数码通	麦当劳	百佳超市	恒生银行	Sunday	康泰旅行	强生
2001	麦当劳	碧桂园	有线电视	汇丰银行	百佳超市	电讯盈科	箭牌	恒生银行	惠康超市	康泰旅行
2002	麦当劳	电讯盈科	汇丰银行	百佳超市	碧桂园	长江实业	新鸿基	太太药业	康泰旅行	胡礼
2004	麦当劳	汇丰银行	电讯盈科	P&G - Olay	新鸿基	胡礼	百佳	优之良品	康泰旅行	P&G SK - II
2005	麦当劳	美联地产	汇丰银行	优之良品	胡礼	新鸿基	百佳	电讯盈科	数码通	中原物业
2008	汇丰银行	麦当劳	葛兰素史克	电讯盈科	胡礼	百佳	惠康	幸运医药	中国银行	恒生银行
2009	葛兰素史克	麦当劳	狮王	箭牌	惠康	幸福医药	汇丰银行	万宁	百佳	玉兰油
2010	汇丰银行	麦当劳	箭牌	百佳	幸福医药	花旗银行	惠康	佳能	电讯盈科	SK - II
2011	汇丰银行	麦当劳	SK - II	百佳	三星	花旗银行	美国雅培	兰蔻	幸福医药	惠康
2012	宝洁	欧莱雅	三星	屈臣氏	狮王	雅诗兰黛	葛兰素史克	美国雅培	斯沃琪	美国辉瑞
2013	宝洁	欧莱雅	牛奶国际	狮王	屈臣氏	葛兰素史克	三星	雅诗兰黛	斯沃琪	美国辉瑞
2016	牛奶国际	宝洁	葛兰素史克	达能	Expedia	屈臣氏	菲仕兰坎纳	汇丰集团	雀巢集团	利洁时
2017	Expedia	宝洁	葛兰素史克	牛奶国际	达能	屈臣氏	汇丰集团	利洁时	花王	雀巢集团

资料来源：香港经济年鉴：1985—2018［G］.香港：经济导报社，1986—2019.

注：①表中"—"代表资料缺失；②若干年份的资料缺失，故未列入。

第二节　香港公益广告与社会变迁

一、香港公益广告概况

公益广告（Public Services Advertisement），在香港也被称为"政府宣传短片"（Announcements in the Public Interest，简称 API）。作为亚洲广告业的中心之一，香港不仅商业广告发达，公益广告的表现也十分出色。走在香港的大街小巷，随处可以看到大大小小的公益广告。街角的大屏幕、街头的自助免费资料册、义工们街边派发的传单，处处都是公益广告的领地。内容从"请珍惜你的选举权"到"垃圾分类——就是这么简单"，从"急需 O 型血"到"扶助老弱，从细处做起啦"，从"改善服务态度，多一个笑容"到"我们会渡过难关，香港明天更美好"，无所不有。除了大量的商业广告外，商业电视台还会经常播放戒烟、禁毒、伦理道德、社会义务、交通安全、防盗防火等内容的社会公共教育广告，不仅涉及面广，而且形成了自己鲜明的风格特点，比如简单直白、通俗易懂，同时节奏紧凑，从不拖泥带水①。此类广告的出资者主要是政府有关部门，同时得到广告公司和一些大企业的赞助，电视台则经常采取免费或减费的办法予以播出②。

香港特区政府新闻处是香港公益广告的主要管理部门。该处担任特区政府的公共关系顾问，负责特区政府的新闻、出版及宣传工作。特区政府新闻处是特区政府与传播媒介之间的桥梁，并通过传媒提高市民对政府政策、决定和工作的认识。

特区政府新闻处分为 4 个科，分别是本地公共关系科、宣传及推广科、香港以外地区公共关系科和行政科。本地公共关系科督导决策局和部门新闻组的工作，该科负责找出争议，指导各新闻组制定公关策略，加以监督并提供意见。宣传及推广科负责政府刊物出版及广告工作，同时负责执行政府各类宣传运动及大部分创作设计和摄影工作。香港以外地区公共关系科负责制定和推行政府的国际公共关系及联络沟通策略，该科与香港特区政府驻外经济贸易办事处合作，建立及推广香港特别行政区在国际上的形象。该科管辖下的香港品牌管理组负责宣传香港的形象标志——香港品牌，目的在于将香港包装成为一个城市品牌，宣传香港是国际都会、理想商业之都和热门旅游点。

---

① 叶傲雪. 香港电视公益广告的主题与表现形式探究［J］. 科技传播，2016（5）：44 - 45.
② 尚恒德. 大陆人眼中的香港广告［J］. 中外第三产业，1993（5）：30 - 31.

二、香港公益广告与社会变迁

香港在社会发展的过程中，难免会遇到各种各样的社会问题，这时，特区政府往往会采用公益广告的方式对其加以引导和解决。因而，随着香港社会的变迁，公益广告宣传的重点也有所变更。回顾过去半个多世纪香港的公益广告，我们便不难发现这种关联。事实上，一方面，我们可以通过研究公益广告的主题变化，来考察香港社会的发展历程；另一方面，我们也可以通过香港社会价值的变迁，来体会公益广告在构建和谐社会中的重要作用。以下我们便简要回顾从 20 世纪 50 年代至今，香港特区政府投放的具有重要历史意义、反映社会变迁，并成功引导社会风尚的公益广告。

1. 无偿献血

香港红十字会从 1952 年开始推广没有报酬的自愿捐血，也一直是唯一提供血液给全港医院病人使用的机构。但是在 20 世纪 50 年代，香港大部分市民都不能接受没有报酬的自愿捐血。因此，香港红十字会便开始制作一些教育短片，告诉市民人的血液可以再生，少量捐血并不影响健康，以鼓励更多的人捐血。但这样的宣传还不足以吸引大量的市民参与其中，香港的血库常常出现血液短缺的情况，以至于很多病人本来可以得到救助，却因为失血过多而死亡。

20 世纪 70 年代末 80 年代初，大量的香港市民居住在木屋区，多个家庭共用一个电源，经常会因为超负荷用电而引起短路，因此火灾频发。这些火灾所带来的问题之一是大批人员伤亡。在这种情况下，香港需要大量的血液帮助有需要的人。从 80 年代开始，香港红十字会制作一系列的宣传短片，例如"盼世上同和应"和"捐血救人，益己益人"等。直到 80 年代末期，香港红十字会改原来的私有经营为政府公营模式，政府开始投入大量资金，邀请最受欢迎的演艺明星作为捐血广告的代言人，如 1994 年是张学友，1996 年是盖鸣晖、吴美英，1997 年是陈晓东，1998 年是许志安、陈慧琳，1999 年是郑经翰等。公益广告利用明星作为代言人，令市民对广告传达的信息有更深刻的印象，因为他们的名气和以身作则都会使观众对广告的认同感大大增强。

2. 交通问题

从 20 世纪 60 年代末开始，香港港口开始向集装箱（或称为货柜）运输发展。1969年，尖沙咀九龙仓码头靠泊第一艘来港的集装箱船，它标志着香港集装箱运输业的开始。此后集装箱运输业便以惊人的速度迅猛发展，香港的交通越来越繁忙。当时市民对交通规则的认识还十分贫乏，同时街道又不够宽阔，交通灯的设立也并非现在这样完善，路牌和交通灯在很多人眼中根本形同虚设，人与车争道、车与灯赛跑、人与灯竞争等险象环生的现象不时在香港各大街道上出现。随着交通事故频发，港英政府开始加大宣传交通安全的力度，呼吁民众遵守交通规则。

那时，路上、报纸、电台、电视台，甚至学校上课之前，都会看到或听到"慢慢走，勿乱跑，马路如虎口，交通规则要遵守，安全第一，命长久"的交通安全宣传口号。香港商业电台还把这则宣传广告编成朗朗上口的儿歌，便于民众记忆。这种言语简单通俗又像顺口溜的交通安全宣传语，让不少市民深刻体会到遵守交通规则的重要性。

3. 清洁香港运动

清洁香港运动是从 20 世纪 70 年代开始的。为了配合政府的行动，公益广告设计了一个"垃圾虫"形象。垃圾虫是乱扔垃圾的人制造的："一片草地，经过此处的人们随手将吃剩的食物或包装袋扔在草坪上，草坪渐渐隆起，变成一个绿色的可以行走的虫子，其身上的垃圾变成一个个红色的凸起的黏状物，垃圾虫蹒跚走出镜头，原来的绿草地成了裸露的水泥地。"广告的目的在于用"垃圾虫"这样的负面形象引起市民的反感，从而阻止乱扔垃圾的行为。

进入 20 世纪 80 年代，虽然大部分街道的清洁程度已大大提高，但政府仍然觉得不可松懈，须推出更有新意的宣传手法，提醒市民继续努力。1981—1984 年，广告中出现了一对"怒目而视"的眼睛，配以"乱抛垃圾、人见人憎"和"香港更清洁、社会更健康"等宣传语提醒市民保持香港城市清洁，让市民时刻警觉乱扔垃圾是惹人讨厌的行为。到了 20 世纪 80 年代中期，清洁香港运动已深入社会每一个角落，宣传亦转为以爱心为主题，在一些海报上采用一颗心为标志及以"清洁香港、人见人爱"为标语。1987 年，当局希望市民自发投入清洁香港运动的行列，宣传重点转到社区参与和市民的自觉精神上来。很多市民都对清洁香港运动的宣传歌曲《清洁香港》耳熟能详，这首歌在 20 世纪 80 年代相当流行，时刻提醒着市民关注和保持环境清洁。

4. 计划生育

1950—1971 年，香港人口增长中有八成是自然增长，其关键原因是香港正值战后婴儿出生高峰期。在这种环境下，控制人口持续高速增长刻不容缓。于 1950 年 9 月成立的香港家庭计划指导会（简称家计会），前身是成立于 1936 年的香港优生会。20 世纪 50 年代香港失业率高涨，人口高速增长，家计会积聚战前的经验，继续致力于家庭计划生育指导的工作。在家计会的各项宣传活动中，给人留下印象最为深刻、影响最为深远的要属 1975 年的"两个够晒数"（两个就够了）的公益广告。其倡议的每个家庭两个孩子的理念，至今仍为大多数市民所认同和奉行。在这则广告中，由已故音乐才子黄霑创作的广告歌词不断重复着"两个就够晒数"："两个就够晒数，两个就够晒数，生女也好，生仔也好，两个已经够晒数。无谓追，无谓追，追得到也未必好，追唔到呢，生坏肚。两个就够晒数，两个就够晒数。"歌词内容简洁、信息清晰，潜移默化地把"两个孩子"的观念烙在受众的脑海中①。广告画面是一对夫妇在海里划船，最后是船上子女太多船承载不了，喻义有些家庭为了生儿女，不顾经济条件，最后影响整个家庭的生活水平。歌词挑战了中国家庭重男轻女的传统观念，引起社会各界关注计划生育的问题。此后，"两个就够晒数"更成为民间"俚语"，这则公益广告也成为香港广告史上的经典。

与此同时，家计会开始制作针对男性的广告。1977 年制作的"模范男士"正是把关注点放在如何实行家庭计划生育的细节上——争取男人的支持，提倡现代社会文明行为，教导男性如何做一个负责任的丈夫。

1973—1975 年，两个孩子是最理想的子女数目的观念被广泛认同，使家庭平均人口从 1971 年的 4.5 人下降至 1976 年的 4.2 人。虽然小家庭观念的普及和出生率的下降不能全归功于家计会的广告，但不可否认的是，家计会的广告实实在在地令"两个就够晒数"的家庭观念深入民心，对舒缓香港的人口密度、房屋、教育、卫生、福利和其他社会服务方面的压力均有莫大的帮助。

5. 反贪

香港廉政公署（ICAC）（以下简称廉署）成立于 1974 年 2 月，该机构通过有效执法、教育及预防工作，肃贪倡廉，致力于追寻香港的公平正义和安定繁荣。廉署并不隶属于政府公务员架构，廉政专员直接对特别行政区行政长官负责。

为了针对不同阶层、不同对象做好宣传工作，廉署每年都会制作 2 ~ 3 个宣传短片，以不同的主题传播信息。同一主题的宣传短片推出后，还辅以报刊广告和海报配合，拓展宣传面。短片宣传效果很好，对鼓励市民举报贪污十分奏效。

贪污行为往往是秘密进行的，因此很多贪官都怀有"天知地知，你知我知"的侥幸心理，以为可以"瞒天过海"。但廉署执着地向社会传达这样一种信息：法网恢恢，疏而不漏。罪行一旦被揭露，后果只有一个，就是接受法律的制裁。

廉署在不同时期制作的广告片意味深长——《探监日》（1983）和《纸袋》（1987）细腻地将贪污者在犯法后终日诚惶诚恐、寝食难安的心情刻画出来。《囚车》（1985）和《新衣》（1990）则刻画出贪污者面对可能入狱后果的悔恨心情。这类广告是利用恐吓的手法，让观众认识到贪污带来的耻辱和祸害。在《纸袋》中，广告片的

---

① 黄少仪. 广告·价值·消费：香港电视广告廿年（1970—1989）[G]. 香港：龙吟榜有限公司，2003：21 - 22.

画面上是一名遭蒙头的疑犯，在廉署官员的押解下，沿途被记者争相采访，路人围观，更有其家人的失声哭泣，让市民深切感受到贪污行为所招致的恶果。这则广告是香港廉署首个在广告创作比赛中获奖的广告。反对贪污必须有广大市民的参与和支持，着重培养廉洁新一代，无疑是香港廉署工作不可或缺的一个方面。在 1995 年的系列广告《黑白不分》《指鹿为马》和《同流合污》中，廉署煞费苦心地告诫市民做人必须分清黑白、明辨是非。2000 年，廉署推出广告《廉洁新世纪》，通过接力赛跑，将"合力打击，贪污绝迹"的决心薪火相传。2001 年又推出了《合作伙伴》，鼓励市民与廉署成为反贪伙伴，同心同德打击贪污犯罪。好的作品自然能够打动人，优秀的廉政广告也必然会深得民心。廉政广告都是由廉署官员根据社会情况和反贪策略定下主题，交由广告公司构思创作，其间双方反复推敲，直至确保达到教育市民的预期效果。如此精心制作，难怪赢得掌声一片。廉政广告曾获得不少广告大奖，其中包括《黑白不分》《指鹿为马》《同流合污》和《贪污游戏》，这些广告的口号均为"香港胜在有 ICAC"，言简意赅地道出了廉署在维护香港社会廉洁公平方面作出的贡献。如今的香港，被世人冠以"反贪典范之都"的美名，在多项国际性调查中名列亚洲地区"清廉城市"前茅。可以相信，通过香港廉署的廉政广告以及其他多元化的宣传教育工作，廉洁文化已经在香港牢牢扎根。

6. 预防艾滋病

传统的中国人思想保守，认为性是一件令人害羞和尴尬的事情，所以家长普遍很少向孩子提起这个话题，也不会直接将这方面的知识教给子女。1986 年，香港记录了第一宗女性感染艾滋病病毒的个案，在这之后数年间，女性感染艾滋病病毒的人数急剧上升。政府认为性知识除了可以通过学校的教育来传授，家庭教育也是一个很好的渠道，所以就从这方面着手，以故事的形式传达广告信息，令观众更容易接受。

1990 年 12 月之前，香港并没有专为女性而制订的艾滋病预防计划。为了响应当年的世界艾滋病日的主题，艾滋病教育及宣传委员会举办了一次以女性为对象的研讨会。1992 年，一部以女性为对象的政府宣传短片问世。其后，香港卫生署艾滋病服务组还为女性制作了宣传手册和展板，让女性从多个渠道、多个层面了解和认识防范艾滋病的重要性及方法。

7. 香港回归

1997 年 7 月 1 日零点，在全世界目光的聚焦下，中华人民共和国国旗和香港特别行政区区旗在香港会展中心大会场内冉冉升起。香港回归是中国人民洗雪百年国耻的大喜事，是完成祖国统一大业的重要步骤，也是国际通过谈判方式解决历史遗留问题的范例。

可是经历了从 1842 年到 1997 年的被殖民统治后，香港人建立了一套特有的身份认同。面对香港回归带来的一系列社会变革，过去的身份认同再次令香港人困惑起来。由于香港人一直在充满了殖民色彩的环境中长大，对国家和民族并没有深切体会，所以，在香港回归祖国后，特区政府为了加强市民的国家认同，开展了不少这方面的广告宣传。

8. 家庭暴力

随着香港人口、社会和经济的急剧变化，家庭的凝聚力不断被削弱，感情失和、离婚、单亲家庭个案等持续上升，促使家庭暴力事件增多。数据反映，虐偶个案由 1998 年的 1 009 宗上升至 2002 年的 3 034 宗，事实上，举报数字往往只是冰山一角，被虐者通常一开始会忍气吞声，直到忍无可忍才去举报。

家庭暴力案件和家庭惨案已屡见不鲜，杀亲、自杀的极端个案或由民间团体揭发的家庭暴力案件也时有发生。家庭暴力已成为社会普遍关注的问题。由于传统观念的影响、生活圈子的缩小、生活习惯的改变，很多家庭纠纷不能得到及时的化解。

家庭是社会的基石，而爱护家庭是社会的核心价值。鉴于此，香港特区政府致力于通过不同渠道，例如宣传推广和地区活动，宣扬建立和谐家庭的价值观、道德观和个人责任。其中一个举动是制作了四套政府电视宣传短片和电台广播信息，以"和谐家"为主题，宣扬"身教""和谐""关怀""承担"的家庭价值观。有一则广告的旁白是："赢了场架，输了个家，值得吗？请停止一切家庭暴力。"个中道理，令人深思。

9. 健康卫生

2003 年 SARS 暴发后，公众对保持环境卫生的意识不断提高。随地吐痰和乱扔垃圾不但对环境造成滋扰，而且危害公众健康。政府对此采取"绝不容忍"的态度，严厉执法，并投放大量的健康及环境卫生方面的公益广告，以提醒市民环境卫生和个人健康的密切关系。

此外，由于不少市民，尤其是儿童，都有肥胖的问题，卫生福利及食物局便加大宣传均衡饮食的力度。实际上，由肥胖引起的疾病是当今许多国家和地区都面临的严重问题，为了改变这一现状，政府需要重新培养市民的健康饮食习惯。香港特区政府为了提高儿童和家长在这方面的认识，投放了多个关于均衡饮食的公益广告。

10. 环保问题

香港现正面临空气污染问题——路边空气污染和区域性的烟雾问题。路边空气污染主要来自柴油车辆的尾气；而区域性的烟雾问题则是由香港和周边的车辆、工厂及发电厂排放的污染物引起。晴天的时候天空亦被烟雾掩盖，以致一年中能看到蓝天白云的日子非常少，导致香港人普遍患有呼吸道疾病，加重了医疗开支，并使一些有意到港开设分部的公司打消此念头。为了改善香港的空气质量，特区政府于 2006 年推行名为"蓝天行动"的环保计划。

"蓝天行动"环保计划由环境保护署主办，口号为"全城投入，为蓝天打气"。在 2006 年 7 月 25 日的启动礼上，播放了两段宣传短片后，由环境运输及工务局局长廖秀冬博士现场讲述了治理空气污染区域协作的重要性，让市民认识到个人如何为改善空气质量出一份力。

"蓝天行动"的意义在于唤醒社会各阶层人士关注香港的空气污染问题，让他们明白要解决这个问题，社会的每一分子都要切实行动、积极参与。这是一个全民觉醒的运动，已收到不错的效果：学校采取环保措施减少用电；商界和市民加入节约能源行动；驾车人士也更自觉地做到停车熄匙。

11. 禁毒

一直以来，受特殊的地理位置、复杂的人员流动、不完善的监管制度等因素影响，香港社会经常被毒品问题困扰。因此，香港特区政府每年推出有关禁毒主题的公益广告，并加大相关方面的治理力度，明确吸食毒品的种种危害，呼吁人们共同抵制毒品，维持社会的健康稳定发展。

如 2008—2009 年，香港集中推出多条禁毒类公益广告，以《向毒品说不》为核心，包括《向遗憾说不》《哥哥变了》《责无旁贷》《真的爱你》《最差损友》《魔鬼交易》《突然死亡》《法网难逃》《惶恐半生》等十余个系列篇章。

12. 劳工权益

香港对劳工权益的维护十分重视，香港特区政府劳工处专门摄制电视宣传短片和开设电台广播专栏，推出维护劳动者权益的公益广告，类别涉及就业服务、劳资关系、职业安全与健康、雇员权益及福利、电台广播等多个方面，将公益广告与相关法例的修订结合起来，从保证最低工资、维护残疾雇员权利、呼吁订立公平聘用条款、保障工作安全、打破职业歧视等多个具体方面为保护劳工权益做出努力。

2011 年 5 月，香港特区政府颁布并实施《最低工资条例》，由此拉开了香港劳工法改革的序幕，此后香港劳工处也更加注重对维护劳工权益的公益宣传。

13. 反暴爱港

香港自回归以来，在坚持"一国两制"的基本国策下，基本维持稳定的发展。但

2019 年，一场以"反修例"游行为开端的社会暴乱极大地破坏了香港社会的稳定，逐渐升级的势态严重影响了香港市民的正常生活及香港的民主法制建设。在此关键节点上，香港推出一系列反对暴乱、爱护香港的公益广告。

《爱和平，与暴力割席》以中华民族传统书法为表现形式，象征香港自古就是中国的一部分，该片的前半部分表现了传统书法的书写过程，画面最终呈现出"爱和平，与暴力割席"几个大字，其中"和"字右边的"口"被分割，象征了"（与暴力）割席"之意；《珍惜香港，这个家》以生活在香港的小人物为素材，展现了公交司机、店铺商贩、清洁工、维修工、都市白领等各阶层香港人的平凡生活，并以"这个家，因我们每个香港人的努力而建立，珍惜香港，这个家"为结束语；《携手灭罪，守护香港》则是以警察的视角，讲述他们尽职尽责守护着香港的安全，并提到"在市民的支持和协助下，我们会继续勇敢无畏"，意在唤起更多市民对维护家园、守护和平的责任意识……这些公益广告片的推出都对唤醒市民的民族意识、维护社会稳定与和平统一起到积极的作用。

14. 预防新冠病毒

2020 年，新型冠状病毒引发的肺炎疫情再次让公共卫生话题成为全民关注的焦点，面对此，香港特区政府从各个方面进行紧急应对和积极防控。同时，各大电视台也在此期间播放了一系列关于预防新冠肺炎的宣传片，如《预防肺炎及呼吸道传染病》《病毒四处遍布，怎能避免》《家家防流感，户户健康又开心》等，以科普形式为主，讲解如何判断病症以及佩戴口罩、彻底洗手等应对疫情的防护措施，主要是提醒市民如何有效预防新型冠状病毒，保护自己和家人的健康安全。

从以上十四大公益广告宣传主题我们可以看到，香港的公益广告能与时俱进，随时代潮流而变，准确把握社会脉搏，适时而有针对性地发布有教育意义的信息，引导香港社会朝着健康、有序、和谐的方向发展。可以说，香港的公益广告是一部教科书，它教给市民正确的公民价值和行为准则；香港公益广告是一面镜子，从这里我们可以看到其社会发展的脉络。

毫无疑义，公益广告在香港过去半个多世纪的社会发展过程中起着举足轻重的作用。我们也有理由相信，在未来的日子里，公益广告还将一如既往地在社会生活中扮演重要的角色，为香港的繁荣稳定作出新的贡献。同时，香港公益广告也为世界其他国家和地区树立了公益广告服务社会、改造社会的典范。

表 7 - 3   2000—2020 年香港广告业大事记

年份	事件
2000	●本年度香港地区的整体广告开支达 276 亿元，在亚太地区仅次于中国内地和韩国，排名第三位
2001	●香港广告商会发表的 2001 年业绩报告显示，该会会员全年在香港特区的营业额及总收入分别减少了 6%，分别减至约 106.69 亿元和 15.5 亿元
2002	●3 月，中国内地企业开始进军香港广告市场
2003	●SARS 疫情令广告客户纷纷缩减广告开支，本地广告市场陷入前所未有的低潮，直至 6 月，当疫情渐渐得到控制后得以恢复 ●"自由行"刺激本地消费，给疲软的消费市场注入一支强心剂，也令第三季度的广告市场恢复生气，比 2002 年同期增长 15.1%
2004	●本年度广告市场受到经济复苏、通缩缓和、失业率下降、CEPA 和"自由行"等正面因素影响，加上股市、楼市在第四季度有不俗表现，作为经济"探热针"的广告市场呈现一片好景象 ●3 月起，由于 CEPA 的实施，香港企业在深圳设立新的广告公司，不再需要"广告经营许可证"
2005	●香港 4A 广告公司进一步开发中国内地市场，4A 广告公司员工在调配到内地开发业务的过程中，进一步把握内地商业文化和消费趋势
2006	●过去十年香港广告业总支出实现近 3 倍增长，付费电视的普及率从 17% 增长到 46% ●地产广告投放地位十年来首次被银行和金融业撼动
2007	●本年度香港广告业高速发展，广告总开支达 576 亿港元，比上年增长 12%
2008	●香港最大的独立广告公司密达美渡成立
2009	●香港商务及经济发展局建立"创意香港"（Create HK）部门，为广告业界提供一站式服务
2010	●香港广告从业人员达 18 000 人
2011	●InMobi 统计称，本年度第四季度香港移动广告展示数量破 10 亿次，80% 来自智能手机
2012	●中国内地广告业开支达 2 867 亿港元（香港地区的 2.8 倍），成为全球第三大广告市场，内地发展潜力巨大，香港广告业面临被边缘化危险
2013	●年底，香港广告业支出突破 1 000 亿元，达到 1 115 亿港币 ●6 月，Bate CHI & Partners 和智威汤逊广告公司组建合资公司
2015	●7 月后，内地 A 股股灾。同时，人民币贬值、内地经济增速放缓、"自由行"减少，再加上港币强势，令香港零售业步入寒冬，广告业也一度受到重创

（续上表）

年份	事件
2016	●本年度数字媒体首次取代传统电视，成为广告商最重视的媒体
2017	●香港线上广告（51％）投入首超线下（49％）
2018	●信息流广告增速达 70.4％，对于网络广告的推动作用明显
2019	●多家公司卷入香港《逃犯条例》风波，以宝矿力为代表的多家公司宣布或被曝取消在 TVB 刊登广告，成为政治事件影响广告行业的典型案例
2020	●新冠肺炎疫情令电视广播受惠。TVB 黄金时段 30 秒广告价达 143 640 港元，ViuTV 将黄金 30 秒广告加价 2.02％至 1.11 万港元

资料来源：相关年份《香港经济年鉴》、李少南《香港传媒新世纪》（第二版）和其他相关资料。

第八章　台湾地区政治、经济、传媒环境对广告业的影响

每一国家或地区广告业的发展都有其自身的特点和规律，台湾地区也不例外。自1960 年跨进广告业导入期算起，台湾现代广告业的发展已有 61 年的历程。如果只从广告市场的四大主体（即广告主、广告公司、广告媒体、广告受众）来对台湾广告业进行考察，则眼光限于一隅，无法产生更为深刻的认识。因此，我们还需要结合影响整体广告业发展的外部因素，系统地对台湾地区的广告业进行剖析。

对于台湾地区经济状况的了解，可以更好地解答广告主之广告投入变化、广告公司之成长壮大、广告受众消费能力与趋势等问题。而对于政治格局的了解则有助于解读台湾地区传媒发展，进而明晰广告业与传媒之间的依存关系，并可与其他相关因素结合，预测广告业的未来走向。

第一节　台湾地区政治、经济环境对广告业的影响

一、台湾地区政治经济发展回顾

1949 年 5 月，国民党宣布在台湾地区实行所谓"戒严法"，在台湾全岛实行戒严体制，1949 年 12 月 8 日，国民党政府全面退守台湾。国民党当局还加强对新闻、广播、出版等机构的严密控制，制定了《戒严时期出版物管理办法》，规定"诋毁国家元首者""混淆视听，足以影响民心士气或危害社会治安者""挑拨政府与人民情感者"等类出版物均予以查禁。这种戒严体制直到 1987 年 7 月蒋经国当局宣布解除戒严状态方告终止。

进入 20 世纪 60 年代之后，台湾地区从发展内向型经济为主转向以发展外向型经济为主，大力发展劳动力密集的出口加工业，拓展对外贸易，以带动整个地区经济的发展。这一时期台湾经济发生了根本性变化：第一，经济结构上完成了从农业经济向工业经济的转变。第二，内向型经济转变为外向型经济。第三，重工业得到发展，纺织、电子、电器工

业发展尤为突出。总之，60 年代至 70 年代初，是台湾经济飞速发展的时期。

20 世纪 70 年代，台湾地区在经济方面受两次石油危机的影响表现出衰退迹象，并始终处在剧烈的通货膨胀当中。物价上涨的同时，外贸也出现了逆差。大批企业倒闭或裁减人员，失业率逐年上升。面对严重的经济衰退，行政当局采取了在稳定中求发展的策略，制定了各种调整措施。当物价渐趋稳定之后，行政当局又于 1975 年制订了 1976—1981 年"六年经济建设计划"，主要任务是调整经济结构，从以轻工业为主逐步过渡到以重工业为主，从劳动密集型工业逐步过渡到技术密集型工业。在推行"六年经济建设计划"的同时，行政当局于 1973 年宣布进行"十大建设"，并在 1979 年全部完成。"十大建设"的推进，对缓和台湾经济衰退、降低失业率与促进经济复苏有一定作用。继"十大建设"之后，行政当局又宣布进行 12 项建设，还于 1979 年在新竹创建了类似美国硅谷的科学工业园区，这是为促进工业由劳动密集型向技术密集型转变而采取的一项战略性措施。

进入 20 世纪 80 年代后，台湾地区经济保持了较高的发展速度，1980—1987 年，国民生产总值年均增长 7.9%。李登辉主政时期经济形势一波三折。20 世纪 90 年代初，由于贸易保护主义抬头和台币贬值，出现了连续三年的经济低迷；1994 年以后经济又进入了相对高速的增长时期；受 1997 年亚洲金融危机的冲击，台湾地区经济也受到了很大的影响，从此又有两三年的时间处在低迷状态；20 世纪最后两年经济一直处在低水平增长状态，2001 年，经济首次出现衰退迹象。2004 年陈水扁续任地区最高领导人，更是降到了 50 多年来的最低点。与此同时，海峡两岸在经贸关系上往来频繁，祖国大陆已经成为台湾地区贸易顺差的主要来源地。

2008 年，美国次贷危机引发全球性金融危机。2009 年，欧债危机不断扩大，全球经济陷入低迷，严重危及外向型的台湾地区经济。2008 年马英九执政之后，制定和实施了一系列政策，积极促进海峡两岸经贸交流与合作，为经济振兴提供了重要条件。特别是 2010 年签署的《海峡两岸经济合作框架协议》（ECFA），对未来海峡两岸经贸关系的持续、稳定、健康发展具有十分重大的意义，也为经济发展注入了新的活力。随着大陆产业转型升级，海峡两岸直接进出口贸易开始由互补性转为竞争性，岛内产业结构亟待升级，内部产业的单一化、低阶服务业劳动力的空洞化、薪资水平停滞、贫富差距扩大等因素对台湾地区经济增长带来了负面冲击[①]。2016 年，民进党重新执政，对海峡两岸关系声称"维持现状"，模糊应对"九二共识"，实质推行"去大陆化"的经济战

---

① 蔡世峰，郑振清．（海峡）两岸经济合作对台湾经济增长和波动的影响（1996—2013 年）——基于广义脉冲响应函数之实证分析［J］．台湾研究，2016（2）：67－77.

略，海峡两岸经贸活动正常化与自由化进展缓慢，台湾地区经济形势也一路下滑，2016年经济增长率即陷于"保1"的窘境之中。2017年，随着"5＋2"产业创新计划等新政策的启动和推行，逐步开启经济低增长模式。

表 8-1　台湾地区政治经济大事记（1947 年至今）

年份	事件
1947	台湾发生"二二八事件"
1949	国民党政府退守台湾。实施地方自治，宣布在台湾地区实行所谓"戒严法"
1950	蒋介石复"总统"职，重组国民党权力核心。"二二八事件"的重要人物陈仪被枪决。推行稳定经济的三项政策
1951	"报禁"开始。推展土地改革
1953	制订了第一期"四年经济建设计划"
1971	联合国驱逐国民党代表，"外交"阵线大溃决
1975	蒋介石病逝
1977	发生"中坜事件"。国民生产总值突破 1 万亿元新台币
1979	台美"断交"。发生"美丽岛事件"。"十大建设"完成，在新竹创建科学工业园区
1980	实现利率自由化
1983	经济克服衰退，开始迅速复苏，多家上市公司发生财务问题
1984	发生"江南命案"。成立"反伪冒委员会"，消费者保护运动兴起。国民生产总值突破 2 万亿元新台币
1985	爆发因"十信"弊案波及整个台湾的金融风暴。成立"经济革新委员会"
1986	贸易顺差达到往年最高。股指突破千点大关。民进党创立
1987	宣布解除台湾地区戒严状态。正式开放台湾民众赴大陆探亲。外汇汇兑自由化，台币大幅升值
1988	蒋经国病逝，李登辉继任中国国民党主席。"行政院"大幅改组。"报禁"解除。股票涨幅居全球之冠。国民生产总值突破 3 万亿元新台币
1989	股市登峰造极，引发投机风潮，房地产价格狂飙
1990	股指暴跌 80%，15 年来工业首次减产，民间投资负增长。国民生产总值突破 4 万亿元新台币
1992	成为 GATT（WTO 前身）观察员。大陆宣布对台商开放内销市场。人均国民生产总值首次超过一万美元。海峡两岸达成"九二共识"。国民生产总值突破 5 万亿元新台币
1994	为加入 WTO 全面制定经济自由化政策。提出"亚太营运中心"方案和时间表。财政收支连续三个年度出现巨额赤字

（续上表）

年份	事件
1995	进出口贸易金额均超一千亿美元。金融与股市重挫。国民生产总值突破 6 万亿元新台币
1996	首次全民直选台湾地区领导人。李登辉对台商表示，对大陆投资要"戒急用忍"，海峡两岸经贸陷入低潮
1997	遭受亚洲金融危机影响，台币贬值。海峡两岸关系略见缓和，台湾企业前往大陆投资者日众。国民生产总值突破 8 万亿元新台币
1999	"9·21"大地震对经济造成冲击。李登辉抛出"两国论"，对海峡两岸经贸造成巨大影响。网络业与电子商务业蓬勃发展。国民生产总值突破 9 万亿元新台币
2000	陈水扁继任，政党轮替。网络产业大起大落
2001	经济增长首次出现衰退现象，失业率攀升到 5% 以上，民间投资衰退 23%。经济不景气，电子资讯业加速向大陆投资。自然灾害频发，再度重创台湾经济
2002	经济复苏，但失业率再创新高到 5.17%。通货紧缩阴影笼罩。以"中国台北"身份加入 WTO
2003	暴发 SARS 疫情。失业率居高不下。国民生产总值突破 10 万亿元新台币
2004	陈水扁连任，大陆通过《反分裂国家法》，海峡两岸政治气氛低迷。金融市场陆续爆发"博达事件"等多起企业掏空案
2005	国民党副主席江丙坤率团访问大陆，国民党主席连战访问大陆，亲民党主席宋楚瑜访问大陆。国民生产总值突破 11 万亿元新台币
2008	金融危机。马英九上台，国民党执政
2009	台湾开放大陆企业对台投资，拉开海峡两岸双向直接投资的序幕
2010	台湾"立法机构"通过《海峡两岸经济合作框架协议》
2011	大陆赴台个人游试点开放
2013	马英九在"汪辜会谈"20 周年茶会提出"新三不"，台湾"1985 行动联盟"街头抗议示威
2014	"太阳花学运"。民进党"九合一"大选获胜，马英九辞任国民党主席
2016	蔡英文上台。民进党当局推出"新向南政策"，停止推行原有"自由经济示范区"政策
2017	台湾启动"5+2"产业政策。推出"前瞻基础建设计划"
2018	福建晋江与金门正式通水，拉开"新三通"的序幕
2019	蔡英文发表"双十讲话"，妄称拒绝"一国两制"
2020	蔡英文当选，民进党继续执政

资料来源：历年《"中华民国"经济年鉴》，以及华夏经纬网"台湾大事记"，http://www.huaxia.com/lasd/twdsj/index.html。

（百万元新台币）

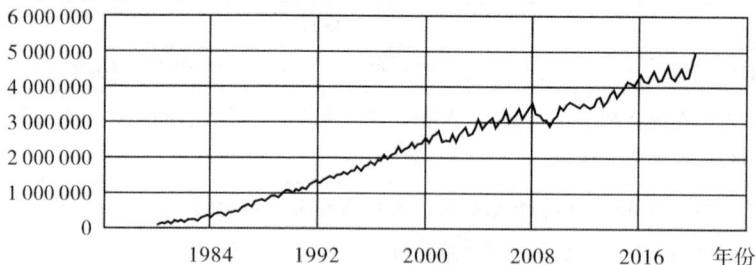

图 8 - 1 1980—2019 年台湾地区国民生产总值（GNP）变化趋势图

资料来源：历年《"中华民国"经济年鉴》，以及全球经济指标数据网，https：//tradingeconomics.com。

注：受外向型经济体系影响，台湾地区投在境外的资本和劳务的收入大于外国投在台湾地区的资本和劳务的收入，故国民生产总值大于国内生产总值（GDP），选用 GNP 可以更好地表现其经济形态。

二、台湾地区广告业波动脉象

1971 年至今，台湾地区广告业经历了一个飞速发展的时期。广告业开支总额从 1 亿元新台币发展到 10 亿元新台币，用了 11 年的时间；10 亿元新台币到 20 亿元新台币，用了 3 年；20 亿元新台币到 100 亿元新台币，5 年；100 亿元新台币到 200 亿元新台币，7 年；200 亿元新台币到 1 000 亿元新台币，仅用了 8 年。但从图 8 - 2 我们可以看到，在 1999 年，台湾地区广告业的发展出现了一个拐点，其原因在于 1999 年 9 月 21 日发生大地震，致使原本就比较脆弱的经济状况遭受沉重打击，连带着广告业经营额大幅下跌。

（亿元新台币）

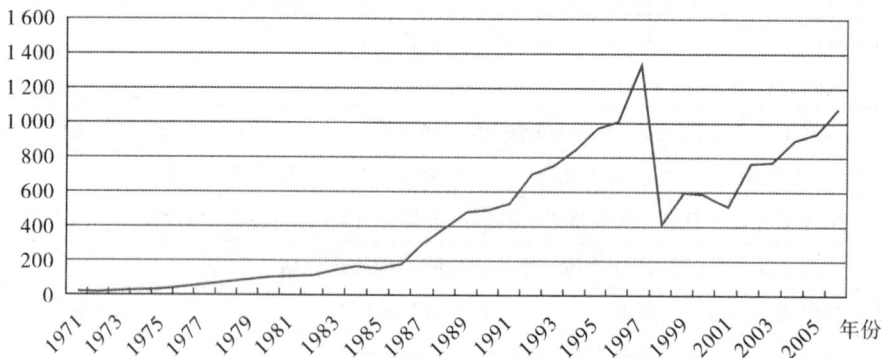

图 8 - 2 1971—2006 年台湾地区广告量的变化

资料来源：根据颜伯勤《二十五年来广告量研究》（台北："中央"日报社出版部，1987 年版）、《"中华民国"经济年鉴》《动脑》《广告杂志》以及润利公司提供的数据整理。

　　台湾地区从 1986 年开始全面开放市场，允许外资自由进出，跨国广告公司随其客户纷纷登陆。在 21 世纪之前该地经济一直稳定增长，外汇储备居世界前列、劳动生产率高、物价较平稳等经济因素拉抬起强劲的购买力。同时，台湾地区人口密度高、赢利企业众多、第三产业所占比重大，这些因素综合作用促成广告业的兴隆，同期的广告支出总额与日俱增。以 1995 年为例，台湾地区广告投资金额约为 GNP 的 1.34%，超过日本，与韩国接近，世界排名约为第 6 或第 7，而广告总量的世界排名也从 1980 年的第 16 名提升至 1999 年的第 13 名①。到 2005 年时，台湾地区的经济总量居世界第 18 位，大陆居第 5 位，而同期大陆广告经营额是 1 416.3 亿元人民币，台湾地区是 941.89 亿元新台币（约合 235.5 亿元人民币），是大陆的 1/6。但以岛内 2 300 万人口计算，其广告投放力度已相当惊人。

　　进入 21 世纪以后，台湾地区的广告总量虽然仍在上升，速度却已经放缓。总体看来，台湾地区的总广告量与经济环境息息相关。2008 年受全球金融风暴的冲击，经济严重衰退，媒体广告量也急速下跌。2009 年之后广告业触底反弹，出现回春迹象。尼尔森提供的数据显示，2010 年台湾地区第一季度广告支出增长了 22.8%，达 3.12 亿美元（99 亿元新台币）。

　　近年来，移动互联网的普及和发展给台湾地区广告业带来了新的机遇和挑战，网络广告在总广告量中所占比重越来越大。2017 年，台湾地区的总广告量为 663.43 亿元新台币，其中网络广告高达 330.97 亿元新台币，占比近 50%。②

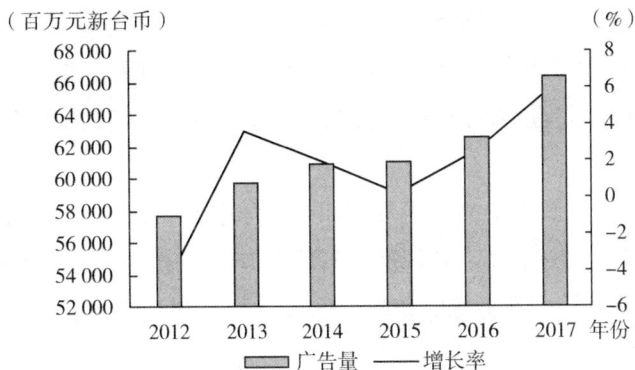

图 8 - 3　2012—2017 年台湾地区广告量及增长率变化图

　　资料来源：根据《2018 年台湾媒体"白皮书"》整理。

---

　　① 胡光夏. 依赖理论与国际广告的再审思：从依赖到汇合［C］//"中华传播学会 2000 年会暨论文研讨会"宣读论文.

　　② 根据"'中华民国'统计资讯网"总体统计资料库数据整理，http://statdb. dgbas. gov. tw/pxweb/Dialog/statfil，2020 - 02 - 18。

第二节　前紧后松：台湾地区传媒的历史演变

对于台湾地区传媒的历史演变，有的新闻传播学者将其分为八个阶段，分别是：台湾最早的传媒、日据时代的传媒、光复初期的传媒、"国民政府"来台后的传媒、稳定中求发展的传媒、快速发展的传媒、政治逐步解放下的传媒以及进入全面竞争阶段的传媒①。另一种划分方法则是广告学者从广告业发展的视角出发，认为单就广告媒介而言，可简单分为"解严"前的广告媒体发展与"解严"后的广告媒体发展两个阶段②。前一种方法过于繁复，而后一种方法又似过于简单，因此，笔者倾向于把 1949 年与 1988 年作为两个分界点，将台湾地区的媒体发展划为三个阶段。但无论怎样划分，台湾地区的媒介发展都是百年来社会、经济、文化、政治等诸多方面共生互动的结果，有过辉煌的巅峰，也经历过黯淡的低谷。

一、国民党政府退守之前的台湾传媒

台湾地区最早的传媒出现于清政府治理台湾时期，1885 年的《台湾府城教会报》可称为台湾现代报纸的雏形。1895 年中日甲午战争之后，日本开始对台进行殖民统治。在此期间，日本殖民政府重视报纸的舆论宣传作用，对台湾地区报业的发行、采编实施了极为严格的控制，不但强力推行日文报刊，还将审查权和印刷权收归几千里之外的日本东京。

1944 年，日本殖民政府把当时的 6 家报纸③合并成一个《台湾新报》，当时台湾人口约 350 万人，而《台湾新报》发行量尚不足 20 万份。此时，岛内存有极少量的电台。在这 50 年里，日本将台湾作为战略资源供给地和原材料生产地，并不愿岛内发展除农业渔业之外的产业，因而也不存在中国企业做广告的空间。另一方面，日本将其商品大量输入台湾，故报纸中所含广告绝大部分均为日货广告。

1945 年日本无条件投降后，国民党中央宣传部在台湾光复初期指示台湾的宣传委

---

① 黄擎松.台湾传媒发展综述［Z］//世界华文传媒年鉴.北京：世界华文传媒年鉴社，2003：112 - 119.
② 萧湘文.台湾广告媒介的发展［M］//郭良文.台湾的广告发展.台北：学富文化事业有限公司，2001：64 - 93.
③ 这 6 家报纸是《台湾日日新报》《兴南日报》《台湾新闻》《台湾日报》《高雄新报》和《东台湾新报》。

员会进行了大量积极的管理工作，实行"创刊不需许可、言论不受检查"的自由言论制度，报纸、杂志、广播媒体的数量开始快速增长，传媒业出现了一个短暂的繁荣期：仅 1945 年下半年就有 23 家报纸与通讯社相继创立；到 1946 年底，全省有 99 家报纸和杂志登记，实际发行的有 50 家。至 1949 年国民党政府退守台湾时，又有 5 家报纸进入市场。

1947 年 2 月 28 日，台湾地区发生"二二八事件"，当局认为报业是祸源之一，先后查封十余家报社，大量的新闻从业人员被杀、被捕、被通缉或是无故失踪。此事件和其后的大规模整肃给传媒业带来了空前的浩劫，传媒人才大批流失。与媒介发展关系密切的广告业才刚开始起步，便又不得不陷入停顿。

二、实行"报禁"时期的台湾传媒

1951 年 6 月，台湾当局为了管制言论，颁布"从严限制登记"训令，禁止民间创办报纸。此后一直到 1988 年"报禁"解除，30 余年里岛内维持 31 家报纸数量不变（在 31 家报纸中，台北《忠诚报》和金门《正气中华报》是国民党"军报"，不对外发行，因此实际只有 29 家报纸。在 20 世纪 70 年代台北《大众日报》停刊后，市面上能见到的是 28 家①）。在这个时期，台湾地区最有影响力的报纸是国民党党营的《"中央"日报》、台湾"省政府"的《台湾新生报》与《中华日报》，三家党营或公营报纸在国民党退守台湾初期几乎控制了整个报业市场。根据当时的统计资料，在 1950 年，党营及公营报纸的销售量占报纸总销售量的 90%②，其余私营报纸多处于苟延残喘的境地。当时最受反对且影响深远的政策，莫过于后来所称的"一报五禁"：

（1）"限证"：1951 年 6 月 10 日，"行政院"以节约用纸为由，对新媒体的出现实行"从严限制登记"。1952 年 11 月，台湾当局又公布《"出版法"施行细则》，与上述训令相互配合，明示岛内各地"调整"报纸与杂志数量。在"报禁"开放之前，报纸虽不能增加，但可购买或迁移，于是一张张的登记证就变成了报纸媒体的"救命符"，售价可达近亿元新台币。而登记证的不断转移也使报纸的所有权集中，形成了党、政、军、联合报系、中时报系五大集团。

（2）"限张"：台湾当局于 1950 年 12 月底，以国际风云险恶、台湾纸业公司的新闻纸产量供不应求为由，规定各报减缩篇幅，最多以一大张（对开）为限；1967 年 4 月，当局放宽报纸篇幅为两大张半，最后放宽为三大张。实际上由于经济形势好转，从

①　刘家林．新编中外广告通史（第二版）［M］．广州：暨南大学出版社，2004：221．
②　黄擎松．台湾传媒发展综述［Z］//世界华文传媒年鉴．北京：世界华文传媒年鉴社，2003：114．

1973 年起，"限张"规定已名存实亡，各报都以其广告多寡自由决定出版张数。到 1974 年 3 月，因受能源危机影响，国民党政府又对各报的发行张数进行了严格限制，一些广告较多的报纸也不得不减少篇幅。

（3）"限印"：台湾当局另于 1961 年 6 月规定，"新闻纸社必须在核准登记之发行所所在地发行，不得在印刷所所在地发行出版品"。此规定严重阻碍了报纸的发行业务。

（4）"限纸"：报社不得自由购买白报纸，必须通过主管机关统一核发。

（5）"限价"：报纸不能自主定价，必须经有关单位同意核准方可实施。

直至 20 世纪 60 年代，台湾地区的经济开始初显起飞迹象，人口增加、教育普及、人民购买力提升等客观条件也为媒体发展提供了基础。到了 70 年代，台湾地区成为"亚洲四小龙"之一，媒体也具备了形成媒介集团的经济条件。80 年代，台湾地区的年平均经济增长率约为 10%，而广告费用的年平均增长率是 22.43%，十年间总量增加 4.56 倍[1]。此外，这段时期广告费用的增加与地区人均所得的增加也呈正相关：1971—1980 年，台湾地区居民人均所得从 360 美元增至 1 720 美元，增加了 3.78 倍；广告费用的平均负担，从新台币 98 元 6 角 7 分增到 459 元 5 角 7 分，增加了 3.66 倍。广告费用的居民平均负担与居民人均所得的增加几乎相等[2]。传媒在当时经济高速发展的支撑下，广告收入自然也大幅增加。以报纸为例，在解除"报禁"之前，全台报纸的日销售量已达 350 万份以上，读者数量应在 700 万以上[3]。从广告量来看，1950 年全台所有报纸的广告收入是 1 亿 230 万元新台币，1966 年是 2 亿 3 050 万元新台币，1970 年是 5 亿 1 080 万元新台币[4]，1987 年解除戡乱令时，广告收入达到 126 亿 2 712 万元新台币。38 年间，报纸广告收入增加 100 多倍。

实行"报禁"的这段时期也是其他媒体慢慢健全机能的时期。20 世纪 40 年代末，岛内共有杂志 157 家。当"报禁"开始后，一部分新闻人士转移阵地开拓杂志出版事业，杂志的种类与数量渐续增加，1961 年时已有 686 家[5]，广告金额是 428 万元新台币。到 1970 年，台湾地区已经具备现代经济雏形，随着政治议题的关注度提高，政治类杂志的发展也日趋旺盛，并开始对时事舆论产生举足轻重的影响。到 1980 年，杂志突破 2 000 家，仅在台北地区登记的杂志就有 1 500 家。这 10 年间不但大量的国际杂志开始被引进，而且杂志的内容也开始不断分化，新闻报道、女性杂志、时装、科学、财经各类别都深受社会喜

① 王天滨.台湾新闻传播史［M］.台北：亚太图书出版社，2002：326.

② 王惕吾.联合报三十年的发展［Z］.台北：联合报报社，1981：197 – 198.

③ 郑贞铭.20 世纪中国新闻学与传播学：台湾新闻传播事业卷［M］.上海：复旦大学出版社，2005.

④ 楚崧秋.新闻与我［M］.台北：东大图书公司，1995：99.

⑤ 吴迪.台湾杂志业的历史、现状与发展趋势［J］.中国出版，1993（3）：61 – 62.

爱。杂志的广告金额在 1985 年时已达 11 亿 2 500 万元新台币，是 25 年前的 263 倍。

广播业方面，随着"国民政府"抵台的电台仅有 10 家，到 1961 年时发展到 38 家，党营"中广公司"是当时的绝对主力。1959 年，台湾当局也开始限制广播事业的发展，"行政院"以电波干扰严重问题为由，停止增设民营电台。1961 年的 38 家到 1971 年仍为原数，只不过输出功率 10 年间上升两倍。到 1981 年，台湾地区共有 134 座电台，发射总功率超过 470 千瓦，几乎是 1950 年的 100 倍。但从总体来看，1988 年之前的广播事业还是以改善节目品质为主，数量的增长比之其他媒体不太显著。如果参照其广告投资额，广播广告投放量在 1961 年是 4 494 万元新台币，1985 年则为 11 亿 9 816 万元新台币，是 1961 年的 26.66 倍。

在这个阶段，电视媒体的出现和发展可谓台湾地区传媒业及广告业的惊天大事。20 世纪 90 年代以前，台湾地区共有三大电视台：第一家电视台"台湾电视公司"（台视）诞生于 1962 年 4 月 28 日，由台湾官方和岛内民营企业及四家日本企业共同投资，以纯商业方式经营。刚开始时每天播出 5 个小时，主要在北部地区收视，到 1969 年才出现彩色电视讯号；1969 年 10 月 31 日"中国电视公司"（中视）首播，此举转变了原先台视独家垄断的局面；"中华电视台"（华视）首播于 1971 年 10 月 30 日，是由台湾当局"国防部"和"教育部"兴办的。到了 1975 年，台湾地区基本上完成了覆盖全省的电视网络，画面也由黑白转为全部彩色。进入 80 年代后，台视、中视、华视无论在节目制作还是广告方面都有长足的进展。在 1963 年，电视的广告投放额只有 706 万元新台币，1964 年就升至 2 400 万元；1967 年突破 1 亿元，1969 年突破 2 亿元，1986 年高达 66 亿 9 370 万元。24 年间，电视广告投放额上涨 900 多倍。

表 8 – 2　台湾媒体 1967—1986 年 20 年间广告投放量比较

（单位：万元新台币）

	报纸	电视	杂志	广播	户外	电影院	其他
1967 年	28 000	11 200	1 500	8 500	9 200	3 600	6 000
1986 年	758 174	669 370	128 800	119 816	18 210	16 820	71 780
总体增幅（倍）	26.08	58.77	84.87	13.10	0.98	3.67	10.96

资料来源：颜伯勤. 二十五年来广告量研究 [M]. 台北："中央"日报社出版部，1987.

三、解除"报禁"之后的台湾传媒

1988 年 1 月 1 日，台湾当局解除"报禁"，传媒开始进入空前的发展阶段。

1. 媒体数量的变化

1987 年，台湾地区只有 31 家报社、3 家无线电视台、17 家广播电台以及 100 多家在市场上销售的杂志①。当时受限于政策法规，四大媒体多年来数量上不见增加，规模上也难以扩大。及至全面开放后，平面媒体的兴办几乎成为全民运动，新的报纸和杂志不断涌现。1987 年底，登记在册的报纸有 31 家，到 2004 年共有 723 家②；杂志从 3 354 家增为 4 185 家③，2002 年达到 8 140 家。报纸的发行量也在不断上升，1990 年是 450 万份，根据大陆记者的调查，2005 年时台湾自动售报机卖掉的报纸每天就在 350 万份到 400 万份之间④。报纸的张数也从 3 大张增至 6 大张，最后干脆取消了限制，也不限新闻与广告的比例。在广播方面，1993 年台湾当局取消了曾实行多年的禁办新电台的规定，又将 28 个原先由军方控制的调频广播频道向社会开放，由申请开办新电台者投标取得广播频道。这样，到 1997 年为止，全台湾地区的广播电台达到了 51 家，其中只有 10 家是由台湾当局或台湾军方拥有的，其余的全是私营电台⑤。到 2003 年 6 月，合法存在的广播电台有 174 家，2005 年台湾当局又将 150 家"地下电台"转为合法电台。电视方面，1993 年，多年来一直被列为"非法存在"的有线电视被合法化，禁办新电视台的法规也被取消。随后，全岛范围的电视网由原来的 3 个增加到 5 个。到 1998 年，台湾地区已有 140 多个有线电视系统，每个系统播出 70～100 个频道，形成了发达的有线电视网，电视在人口中的普及率从 1991 年的 18% 增长到 1998 年的 80%，这一增速

---

① 此处数据援引自：萧湘文. 台湾广告媒介的发展［M］//郭良文. 台湾的广告发展. 台北：学富文化事业有限公司，2001：67. 但《"中华民国"经济年鉴》1981 年第 513 页数据显示，截至 1980 年 12 月 31 日，获准登记的杂志共计 1 982 种。此外，台湾地区各家统计数据往往不一，敬请读者在使用数据时多加留意。

② "中华民国"经济年鉴（1988）［Z］. 台北："经济日报"（台北）社，1989：756.

③ 此为"中华民国"经济年鉴（2005）［Z］. 台北："经济日报"（台北）社，2006：635 提供的数据。而根据黄擎松《台湾传媒发展综述》提供资料来看，此项数据在 2000 年就已经达到 6 641 家。

④ 此数据源自：张国宁. 走近台湾报业［J］. 今传媒，2005（9）：18－23. 尽管 ABC（发行量稽查局，Audit Bureau of Circulations）在台湾地区设立了办事处，但是台湾地区报纸发行量的数据仍然是各家报馆自己公布的，因此难知确切数字。2005 年 5 月 31 日，世界报业协会于首尔举行的世界报业大会上发布了世界日报发行量前 100 名排行榜，台湾地区有 5 家上榜，分别是《自由时报》（第 35 名）、《联合报》（第 47 名）、《中国时报》（第 48 名）、《苹果日报》（第 99 名）、《民生报》（第 100 名，2006 年底已停刊）。

⑤ Li, S. Newspapers Are Surrendered by the Fire of Criticism［J］. *Commonwealth Magazine*, 1995, July：26－28；Government Information Office（GIO）Achieves（1998），Taipei："The Republic of China" Government Information Office.

成为亚洲国家和地区之冠①。另外，自20世纪90年代以来，台湾地区的三大电视公司（华视、中视和台视）以分布在世界各地的3 000万华侨华人为主要观众，大幅度地增加了电视节目的出口量。仅从1990年到1995年，台湾地区电视节目的出口量就增长了191%，如此迅速的增长率在全球传媒业也是少有的。

近年来，台湾地区的媒体生态又发生了进一步的变化。据统计，2018年第一季度台湾公开发行的报纸220家，期刊出版业者1 217家。2018年第四季度台湾有线电视订户数为4 974 839户，普及率达56.32%②。截至2020年2月，台湾无线广播电台总量达174家，有线电视系统64家，无线电视电台5家（台视、中视、华视、民视、公视）22个频道，社区共同天线业者4家（良成、正喜、庆丰、腾辉），境内外卫星广播电视经营者总数达117家271个频道③。此外，数字时代的来临让网络媒体的地位迅速攀升。2011年，网络媒体成为仅次于电视媒体的台湾地区民众主要资讯来源④。2019年网络媒体接触率高达79.96%，成为过半台湾地区民众（59.54%）的主要资讯来源⑤。

2. 媒体质的变化

"报禁"解除之后，台湾地区广告主可利用的传媒大大增多。对于传统大众媒体来说，一方面要应对新媒体（如网络和移动媒体）和异质媒体的冲击，另一方面要应对大量同质媒体的冲击，因此必须顺应发展形势作出调整或变化。这主要体现在以下几点：

（1）媒体广告经营运作的思路和方法发生改变。

以往，大众媒体的采编部门和其他部门在形态上是各自为政、互不干涉。特别是采编部门，为了维护新闻的独立性和公正性，对广告主通过经济手段干预新闻报道的现象十分警惕，只要不是媒体经济出现大的问题，就不会在版面和时段上向代表广告主的广告部门让步。面对这种情况，媒体的广告人员要不就以高额的广告量作为谈判筹码，要不就以私人交往来为广告主获得更多的传播空间。随着媒体市场竞争日趋激烈，这种情形也慢慢地发生了变化。媒体开始不断扩充版面、时段，并由更高层出面协调内部各个

---

① Yu, S. DDP – Backed Company Wins License for Fourth Television Station［J］. *The Free China Journal*，1995，June 23，2；Huang, J. Cablecat's Cradle［J］. *Free China Review*，1996，46（2），4 – 15；Media in Taiwan Develops in Step with Free Society［J］. *The Free China Journal*，1999，*May* 21：7.

② 数据来源："通讯传播委员会"传播通讯事业概况总览［EB/OL］.［2020 – 03 – 28］. https：//www.ncc.gov.tw/chinese/news_ detail. aspx？ site_ content_ sn =1966&cate =0&keyword =&is_ history =0&pages =0&sn_ f =41445。

③ 数据来源："通讯传播委员会"广播电视事业许可家数统计［EB/OL］.［2020 – 03 – 28］. https：//www.ncc.gov.tw/chinese/news.aspx？ site_ content_ sn =2028&is_ history =0。

④ 数据来源：2011年第四季度润利艾克曼公司媒体大调查报告。

⑤ 数据来源：2019年第四季度润利艾克曼公司媒体大调查报告。

部门的运作，对运营形态作出弹性调整，如增加广告方式、联合促销等。

在广告部门的职能上，媒体也开始产生变化。以前的媒体广告部门只需进行简单的编排、设计即可，而如今的媒体则将自己视作广告客户整合营销传播的一个环节，加深了与广告主在营销方面的合作。无论印刷媒体还是电子媒体，广告部门都会尽可能地与广告主共同分享资源，在联合促销、举办活动、广告制作方面为广告主提供一切便利条件。同时，随着媒体可控制版面和时间的增加，广告部门也和广告公司媒体人员密切合作，开发出不少颇具创意的媒体运用方式。

以报纸媒体为例，当1997年手机等电信市场开始发动广告战时，爱立信就通过一份报纸6个版面同时传达广告信息，并在报头下以"折折看"引起读者的注意，让读者在用报纸进行的折纸游戏中体会爱立信手机的轻巧和可折叠性能。此外，以往报纸的夹页广告或宣传单经常被读者忽视遗弃。为了提高信息的触达率，许多报纸改为采用新闻纸印刷，用4个整版或8个整版刊登广告，夹页的顶端同样有报名和日期，并以"某某专刊"之名而非一般惯称的"广告"，感觉上似乎已成为报纸整体的一部分。这种"专刊"的安排以前是没有的，而且也让读者对广告的排斥心理大为降低。

一些传统媒体企业也开始寻求经营运作的数字化转型。比如联合报系1995年起就开始投入网络事业建设，2000年成立联合在线股份有限公司，主要包括联合新闻网、联合知识库两个事业体，建设新闻网站、影音网站、数字阅读网等事业[①]。以"三个荧幕（电视、电脑、手机）"为发展策略，推出适用于多种移动终端的应用，从内容到平台全面展开数字化变革，逐步转型成为数字化媒体企业，积极融入数字时代大潮。2011年，《联合报》与 Aurasma 公司合作推出了 Vmagic 服务，成为全球首家提供 AR 新闻应用的媒体[②]。

（2）广告与新闻之间重新定位关系。

从1994年台湾当局修订了《"广播电视法"施行细则》之后，以往新闻报道时段中不容许广告出现的情况被改变，现在的新闻和气象预报时段中亦可插播广告，有些甚至在新闻中由主播直接为其节目或相关媒体做宣传，这就使新闻和广告之间的界限越来越模糊，为广告主代言的倾向越来越强烈，呈现出"新闻广告化"和"广告新闻化"的情形。1998年，时任台湾日报社长的颜文闩曾指出，"部分报社为了抢占市场位置，不惜自我漠视媒体的职业道德，或以低价促销血拼，或在报道品质上未予控管，甚至剑走偏锋以满足

---

① 杨海军. 中外广告史新编［M］. 上海：复旦大学出版社，2009：239.
② 陈飞宝. 当代台湾媒体产业［M］. 北京：九州出版社，2014：14.

读者的偷窥欲沦落为八卦新闻，媒体本身的专业权威被人等闲视之，乃至轻蔑"①。

（3）财政问题严重。

在媒体竞争白热化后，为了追求收益业绩，各个媒体都开展了一系列的促销活动，其中最突出的当属以《联合报》《中国时报》等为首的报纸媒体，随报赠送的物品从苹果一直飙升到汽车②。在这种态势下，一些地方报纸、公营报纸和部分自身存在问题的报纸根本无法承担如此之高的费用，广告营收逐年下降便在所难免。而即便如此，一些以前卓有影响的报纸包括《中时晚报》（2005 年 11 月）、《大成报》（2006 年 3 月）、《"中央"日报》（2006 年 6 月）、《台湾日报》（2006 年 6 月）、《星报》（2006 年 11 月）、《民生报》（2006 年 12 月）相继停刊。

3. 媒体广告量的变化

将 1987 年和 1995 年的大众媒体广告投放量做纵向比较，我们不难发现，各媒体的广告投放在"报禁"前后发生了较大变化：报纸和电视媒体广告投放量均增长了 1 倍多；广播媒体广告投放量增长了 2 倍多；而杂志媒体广告投放量则增长了 3 倍多。

从 1995 年到 2004 年，媒体广告投放的基本趋势是，报纸、无线电视、广播呈下降态势，有线电视和杂志呈上升态势，其中有线电视的广告投放量更是增长了 8 倍多。

2004 年开始，台湾地区整体广告量呈现持续下滑趋势。2008 年因受全球金融风暴扩散影响，经济低迷，在消费者信心不足，企业主不看好内需市场的情况下，2008 年下半年广告量自 9 月起逐月大幅衰减，广告量增幅较 2007 年同期下降 12.01%。2010年随着岛内经济的逐步复苏，广告市场也开始回春，2010 年五大媒体广告量接近 502 亿元新台币，增长率高达 19.94%。

从 2012 年起台湾传统媒体广告量开始滑坡，数字媒体广告异军突起，带动台湾地区广告业总量攀升。根据 DMA 台湾数位广告量统计报告，网络广告量从 2012 年的116.1 亿元新台币，到 2013 年的 136.8 亿元新台币，增长了 17.8%；户外广告也从35.9 亿元新台币增长到 41.7 亿元新台币，增长率为 16.2%，增幅大大超越传统广告媒体。2018 年台湾地区整体数位广告量达到 389.66 亿元新台币，依旧保持着两位数的增长率，显示了强劲的上升势头③。

---

① 颜文闩. 完成一项"不可能任务"［J］. 动脑, 1998（总 262）.

② 《苹果日报》用送苹果的方式吸引消费者，买一份报送一个 30 元左右的苹果；《自由时报》从 1992 年起连续三年花重金做报纸促销，订一份报纸获得一张彩券，大奖为价值 1 亿元新台币左右的别墅，有奔驰车 100 辆，中奖概率很高。通过这样的方式，订户节节上升。摘自陈飞宝《当代台湾媒体产业》。

③ 数据来源：根据 2008—2018 年《动脑》杂志台湾各媒体广告量分析、历年 DMA 台湾数位广告量统计报告以及《2018 年台湾媒体"白皮书"》提供的数据整理。

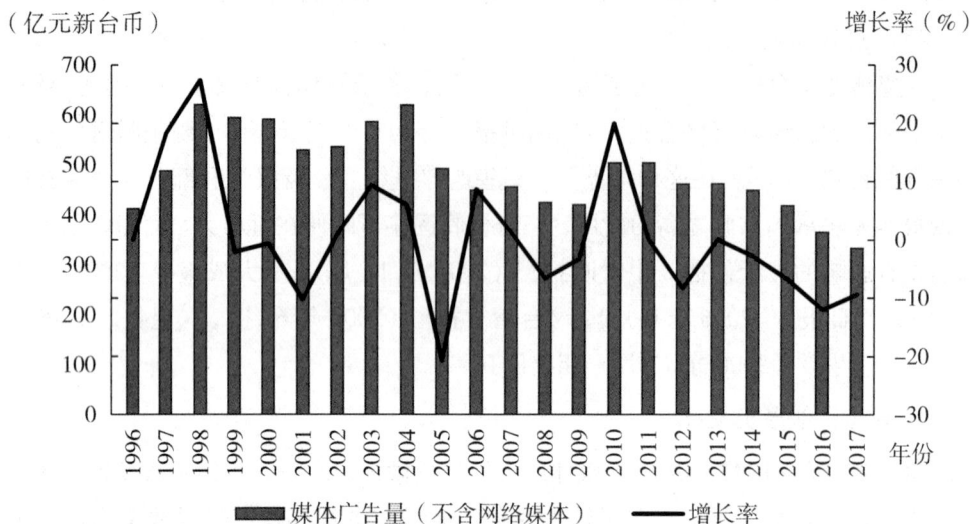

图 8 - 4　1996—2017 年台湾地区媒体广告量（不含网络媒体）

资料来源：根据《"中华民国"经济年鉴》《动脑》《广告杂志》《"中华民国"广告年鉴》《2018 年台湾媒体"白皮书"》以及润利公司提供的数据计算而得。

表 8 - 3　台湾大众媒体 1995—2017 年有效广告投放量比较

（单位：亿元新台币）

年份	报纸	无线电视	有线电视	杂志	广播	户外	网络
1995	200.72	155.20	26.00	59.41	39.68	—	—
增幅（%）	—	—	—	—	—	—	—
2004	165.24	86.26	253.81	80.64	32.67	—	—
增幅（%）	-17.68	-44.42	876.19	35.73	-17.67	—	—
2005	157.08	83.68	187.46	87.70	29.66	15.60	29.40
增幅（%）	-4.95	-2.99	-26.14	-8.75	-9.21	—	—
2017	41.88	30.60	183.00	23.18	17.40	36.40	330.97
增幅（%）	-73.34	-63.43	-2.38	-73.57	-41.34	133.33	1 025.75

资料来源：根据《"中华民国"经济年鉴》《动脑》《广告杂志》以及润利公司、历年 DMA 台湾数位广告量统计报告、《2018 年台湾媒体"白皮书"》提供的数据整理。

注：由于能搜集到的资料有限，2004 年台湾地区网络和户外媒体广告量数据空缺，因此以 2005 年的数据与 2017 年的进行对比。

（亿元新台币）

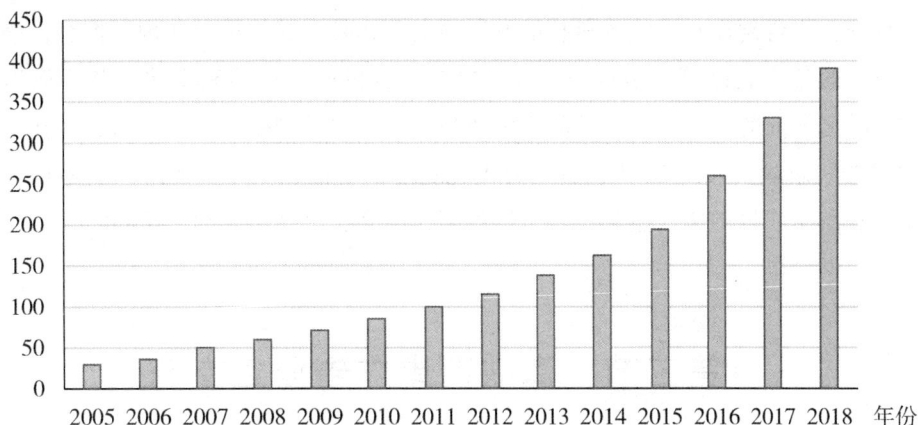

图 8 - 5　2005—2018 年台湾地区网络媒体总广告投放量

资料来源：根据 2007 年 2 月及 2008 年 2 月《动脑》、历年 DMA 台湾数位广告量统计报告、《2018 年台湾媒体"白皮书"》提供的数据整理。

4. 媒体广告质的变化

在媒体的多元化与商业化的潮流下，媒体内容偏重于娱乐和感官刺激，对广告品质的控制能力也有些连带丧失。"报禁"解除后，许多夸大不实的广告以及色情广告充斥于各类媒体。根据 1993 年的一项研究，在 36 天的取样时间段里，有 25 家大小报纸平均每天登载 580 多条色情广告，总数高达 18 000 多个。如果以各个报纸的阅读率分别计算，则有将近 80% 的读者"非常有可能接触到色情广告"①。又如夜间有线电视频道通常有付费色情电话广告，据 1999 年"立法委员"在"公听会"上公布的数据，某频道在 3 个月内播放色情电话广告达 26 万多秒，平均每天播放 50 多分钟。64% 的青少年曾经接触过这些色情广告，其中 44% 的人有过拨打经历②。在许多报纸上还常见到色情广告甚至地下钱庄的广告，网络上的非法广告更是不胜枚举。除了以上妨害社会风气的广告之外，在有线电视的发展过程中也出现了盖台广告③的乱象，引发了媒体、广告主、广告公司对广告刊播权益的争议。至 21 世纪初期，许多信号传输者都已避免这种现象

---

①　赖治怡. 强猛有力又如何？［J］. 广告杂志, 1998（总 32）.

②　萧湘文. 台湾广告媒介的发展［M］//台湾的广告发展. 台北：学富文化事业有限公司, 2001：78.

③　盖台广告：一是指某电视台在转播其他电视台节目时，只转播节目内容，当其他电视台播放广告时则掐断，改为播放自己的广告；二是指违反电视台台标在任何时间都必须露出的禁令，用小尺寸标签类广告遮挡台标，以使广告有更多的露出时间。

的出现，但在台湾中南部地区仍时有发生。

此外，广告制作水平随着科技的发展而上升亦是质变的重要体现。再有，相伴于宏观经济中的各产业比例不断重新分配，媒体广告投放也在不断变化。在"报禁"开放之前，排名靠前的广告企业和商品多为药品、食品、日用品、家用电器、摩托车等，而在"报禁"解除、人均 GNP 超过 1 万美元之后，电信、汽车、房地产、零售、物流类的企业和商品广告迅速占据了广告市场份额，药品、食品广告则悄然归隐。

第三节　海峡两岸广告业之交流

改革开放后，大陆首先开始允许台湾地区的工商企业广告和寻亲广告在大陆刊播。而由于政治原因和海峡两岸"三通"（通邮、通航、通商）尚未实现，台湾地区新闻传播主管部门"原则上"不同意媒体刊登大陆广告，也"希望"尽量避免。但部分媒体迫于生存压力，仍刊载少量大陆广告作为经济补充。据资料记载，早在 1990 年 2 月，台湾地区自立报系就刊登过一则浙江与香港合资的旅游公司的广告；3 月，福建省广告公司通过《自立晚报》在香港与大陆的总代理——香港洲际广告公司于《自立晚报》刊登福建闽东电机集团广告；7 月 8 日，《民众日报》第一版登载了河北省邀请台湾地区企业和个人赴河北投资的广告；7 月 31 日，在《自立晚报》第一版中，又出现了浙江省丝绸进出口公司的广告，广告词为"身着故乡衣，情暖故乡人"[①]。以上种种都在当时引起了海峡两岸各界很大反响。实际上，台湾当局并没有明令禁止这种行为，而刊登过大陆广告的媒体也没有受到主管部门的调查和警告。当年，原中国国家工商行政管理总局和对外经贸部批准厦门市广告公司和厦门商业广告公司代理进入台湾地区的商品广告业务。不过，当时大陆的资本并不能直接进入台湾地区进行广告公司的开设和相关广告业务活动。

海峡两岸的广告交流是植根于商品、服务以及投资往来的，但同时离不开广告界与传媒界知名人士的鼎力支持。在《自立晚报》刊登福建闽东电机集团广告之后不到两个月的时间里，先有以当时台湾联广副董事长身份的赖东明为团长的台湾广告界 15 人代表团，应中国广告协会的邀请，走访北京、上海、杭州，考察当地的广告业发展情

---

① 陈培爱. 中外广告史（第二版）[M]. 北京：中国物价出版社，2001：158.

况；后有台湾广告业 14 人考察团在大陆进行了两周的观光考察。隔年之初，台湾《商业周刊》和自立报系代表也来厦访问，受到当地政府的热情接待。在对大陆政局和经济发展作出有利判断之下，1991 年 2 月 12 日，台湾《自立晚报》又用整个彩版刊出由厦门商业广告公司代办的大陆 7 家工商企业广告，刊登广告的厦门华景花园售楼处当日就接到台湾地区咨询购房事宜的传真。2 月 24 日是农历羊年正月初一，大陆近 200 家企业又委托厦门商业广告公司在《自立晚报》上刊登两个整版广告，向台湾同胞拜年。如此众多的大陆企业及其产品通过台湾地区的媒体在当地发布广告，于海峡两岸分隔后尚属首次。1991 年 10 月厦门经济特区创办 10 周年时，台湾地区《自立晚报》以四个整版和两个半版专题介绍厦门，邓小平 1984 年视察厦门时的题词也醒目地出现在第一版。当天的《自立晚报》在台引起轰动，印刷 3 次仍供不应求。据统计，从 1991 年到 1995 年，厦门工商业在台湾地区各种媒体刊登广告约 750 次，费用达千万元人民币。大陆对台广告也从侧面宣传了中国改革开放的成就，为早日实现"一国两制"、完成祖国统一大业作出了特殊的努力和贡献①。随着海峡两岸广告交流日渐频繁，以及考虑到 1995 年 2 月 1 日中国《广告法》施行后情况会发生变化，原国家工商行政管理总局和国务院台湾事务办公室于 1994 年 7 月联合发出《关于加强海峡两岸广告交流管理的通知》，对台湾地区企业和个人在祖国大陆发布广告以及大陆企业去台湾地区发布广告作出了具体规定，以进一步推动海峡两岸广告业的合作与交流。台湾地区也相应地出台了相关规定。

从 1991 年起，海峡两岸广告界的交流和访问日益增多。在台湾地区广告界首先访问大陆之后，厦门商业广告公司总经理吴连城也应邀赴台湾地区考察，成为"大陆第一位到台湾地区的广告人"。经过海峡两岸广告界短期的非实质性接触，大陆与台湾地区的广告交流很快步入正轨，开始向纵深发展。2008 年马英九上台以后，国民党当局坚持和平发展路线，改善海峡两岸关系，为海峡两岸进一步交流合作创造了良好的环境。随着 2008 年海峡两岸"三通"正式启动，2010 年 ECFA 协议签订深化经济合作，广告界的交流进入了新纪元，广告学术研讨会、论坛、峰会等交流活动不断升温，推动了广告行业的深入合作。然而 2014 年"太阳花学运"为海峡两岸关系蒙上了一层阴影，特别是 2016 年民进党执政以来，大大增加了海峡两岸关系的不确定性因素，海峡两岸广告界的交流合作受限。尽管如此，由于中国大陆的综合实力强劲，对台湾经济社会影响力依旧在持续上升，海峡两岸民间交流交往态势趋于良性，海峡两岸融合发展已成为不可逆转的趋势②。

①　陈培爱. 中外广告史（第二版）[M]. 北京：中国物价出版社，2001：161.
②　刘佳雁. 蔡英文主政下的两岸关系现状与发展趋势 [J]. 统一战线学研究，2018（4）：12 – 25.

具体来说，海峡两岸广告界的交流合作主要体现在以下两个方面：

一、开展了以交流广告经验、共促业界进步为主要内容的各项活动

其一是举办各类研讨会，进行学术交流。1993 年，福建省广告协会、《中国广告》杂志、台湾《动脑》杂志、福建电视台在福州联合主办了"'93 海峡两岸广告媒体研讨会"。1996 年 1 月 18 日到 25 日，由台湾文化大学广告学系、福建省广告协会、台湾《动脑》杂志与《旅行家》杂志联合主办的"'96 两岸广告研讨会"在台湾新光摩天大楼举行，福建省广告协会代表团前往参加，会上就广告代理制、媒介广告经营、新技术在广告设计中的应用、闽台广告界今后如何开拓领域等问题进行了深入探讨。这是海峡两岸隔绝 40 多年来大陆广告界人士首次赴台参加活动，因而受到海峡两岸广告界的广泛关注。随着大陆与台湾民间的了解逐渐加深，此后类似活动络绎不绝，成为海峡两岸广告思想与实践经验交流的重要途径。

2011 年，在福建福州举行了以"广告与社会责任"为主题的海峡两岸广告高峰论坛，开创了海峡两岸广告发展交流合作的新局面。海峡两岸广告业界首次签署"广告的社会责任"倡议书，为推动广告的创意和传播承担起文化道义与社会责任。

2018 年，厦门举办首届海峡两岸广告创意发展论坛，包括 2018 首届海峡两岸公益广告创意大赛获奖作品展、2018 首届海峡两岸广告创意高端人才交流会和 2018 首届海峡两岸广告创意发展论坛三大部分内容。论坛吸引近 500 名海峡两岸广告人、专家学者和高校师生与会，集聚行业智慧，直面发展难题，共同探讨研究海峡两岸广告创意发展理论和实践问题。

其二是海峡两岸广告奖项的开放式评比（如时报金犊奖等），为广告业界，特别是有志于从事广告职业的在校学生提供了一个展示才华的舞台和踏入广告行业的阶梯。

其三是海峡两岸青年广告人才训练营。海峡两岸大学生创客营由旺旺中时媒体集团时报金犊奖组委会、北京大学新媒体营销传播研究中心共同主办。自 2015 年创办以来，创客营为海峡两岸广告青年提供了互相了解、沟通合作的契机，同时为台湾地区的广告人才提供了了解大陆广告行业、互联网企业发展的渠道，深化了海峡两岸在营销传播方面的交流。

二、广告人员的流动

受台湾地区在 1992 年李登辉时期制定《台湾地区与大陆地区两岸人民关系条例》的制约，大陆广告从业人员赴台从事广告行业的困难较大。相比而言，大陆地区的有关

规定则较为宽松。另一方面，岛内经济低迷而大陆经济前景光明，广告业方兴未艾。在这两个主要因素的影响下，与跨国广告公司在东亚地区工作重点倾斜的思路一致，台湾地区的许多广告人也纷纷把目光投向大陆。他们不但在大中华区各地间因广告活动而来回穿梭，甚至有人还定居在北京、上海、广州等城市，并让其后代在大陆接受教育。这些台湾广告界的重量级人物在大陆广告界的言传身教，无疑会促使大陆广告业向专业化方向加速行进。进入 21 世纪 10 年代之后，随着经济与数字科技的发展，大陆的数字营销实践与理论水平已超越台湾地区，出现了广告界知识的反向输入现象。

第九章　台湾的政治广告①

第一节　台湾政治广告发展历程回顾

从严格意义上来讲，政治广告指的是依据商业价格购买与使用广告时段，向广大受众传递政治信息的一种行为②。政治广告的影响多直接从媒体而来，是由来源（通常是一候选人或政党）通过大众传播媒体向受众传输政治信息，继而影响其政治态度、信念或行为的传播过程。政治广告的影响，可分为认知、情感和行为三个层面。认知即知道、理解的过程；政治广告的情感成分是否发挥效果，要视人们对政治信息来源者的评估而定；行为方面的具体影响是选民投票支持，或是捐款给竞选总部、说服他人等。

政治广告使用传统四大媒体始于何时已不可考。但早在 1928 年，一位美国《巴尔的摩太阳报》的记者在其一本著作当中，抨击了 1924 年美国大选时两党候选人花了太多的经费购买大都市报纸的版面用以刊登竞选广告，把竞选人当作一般商品一样地出售③。同时，广播中的政治广告也应运而生，那时最受欢迎的政治广告是戏剧化的描述配上一些音乐以及名人的支持言论。而政治广告成为普通民众的关注对象和学者的研究对象则是始于 1952 年 1 月，当年美国总统大选共和党候选人，亦即后来的美国总统艾森豪威尔在广告大师罗瑟·瑞夫斯的策划下首次在电视上播出竞选广告。

然而，政治广告的存在必以民主政治制度的存在为前提。国民党退据台湾之后，以蒋介石、蒋经国为首的政府奉行集权政治长达近四十年。在此期间，国民党完全拥有媒体资源，无须在法律上对外开放，以免其他政党利用媒体。比如，1980 年制订的所谓

---

① 有关台湾政治广告的研究，如政治广告内容分析、对选民的影响效果研究、政治广告媒介研究等内容，台湾政治大学广告学系主办的《广告学研究》有详细介绍分析，对此部分详细内容感兴趣的读者可持辩证批判态度自行查阅。

② 布赖恩·麦克奈尔. 政治传播学引论［M］. 殷祺，译. 北京：新华出版社，2005：9.

③ Kraus，S. and D. Davies，The Effects of Mass Communication on Political Behavior. University Park：The Pennsylvania State University Press，1976：67.

"选举罢免法"规定，候选人、助选员及任何人均不得利用大众传播工具刊登广告或为候选人宣传，但既然媒体（尤其是电视）偏向执政党，则这个规定对其并无不利，却可以阻止在野力量进入传媒①。20世纪80年代，台湾地区的政治紧张局面随着经济融入国际一体化而逐渐松动。在岛内岛外环境的综合变化影响下，由"美丽岛事件"而受到关注的民进党于1986年正式登上政治舞台，与国民党分庭抗礼。1988年1月，李登辉仓促接班，在其进行权力布局的同时，更是充分利用了当时台湾岛内要求改革的社会压力，逐步铲除之前遗留的政治体系。在此过程中，李登辉处心积虑运用了媒体与政治的互动关系，将代表自我意志的大量政治思想渗透进日常的宣传报道，也慢慢扶持起以"台独"为主要目标和诉求的民进党，使民进党在1989年台湾地区"三项公职人员选举"之时，借开放电视、广播之外的大众传播媒体供候选人使用的机会迅速成长壮大②。1991年，经过各种政治势力的折冲争议，"中央选举委员会"于第二届"国大代表"选举时，尝试向三大电视台各购买90分钟，以先审后播方式，播放国民党149分12秒（占55%）、民进党65分15秒（24%）、社会民主党31分15秒（12%）、非政党同盟24分18秒（9%）自制的广告宣传片。但由于是单方面的静态传播，"首次"的新鲜感仍然没有激发选民观看的意愿，三台总收视率只有20%左右。1992年，李登辉又违背民意，用立法手段将"台独"言论"合法化"，客观上使台湾地区的政治宣传内容更加复杂。

表9-1　台湾选举使用大众传播媒体时间表

年份	选举名称	"选举罢免法"规定	民间自行使用
1989	三项公职人员选举	报纸、杂志	—
1991	第二届"国大代表选举"	报纸、杂志、电视竞选宣传	—
1992	第二届"立法委员选举"	报纸、杂志、电视竞选宣传	有线电视
1993	县、市长选举	报纸、杂志	有线电视、卫星电视
1994	第一届台北市市长选举	报纸、杂志	有线电视、卫星电视、BBS
1995	第三届"立法委员选举"	报纸、杂志、电视竞选宣传	有线电视、卫星电视、BBS、WWW

　　资料来源：庄伯仲，郑自隆. 竞选文宣新媒介：台湾政治性资讯网路现况研究（1995）［J］. 广告学研究，1996（总7）.

---

　　① 冯建三. 广告与政治经济体系［Z］.（台湾）政治大学传播政治经济学授课稿。
　　② 1989年5月13日，民进党向台视提出付费播出电视广告的请求，要求在黄金时段播出三句广告台词，"这是民进党的党旗，请支持它变成执政党党旗，民进党谢谢您"，但未被接受。

1989 年之后，除国民党、民进党在台湾地区诸多媒体上借助政治选举之机互相攻击之外，社会民主党、非党派同盟，新兴的台湾民众党、时代力量以及无党派独立参选人等各种政治势力，也开始通过传媒加强各自政治主张的宣传力度。经过三十余年的演变，台湾地区的政治广告无论从操作手法还是分析研究，都已迅速向以美英为代表的西方资本主义国家靠拢。从个人来看，不管是政坛元老还是新进人物，均在历次各级选举中将政治广告视为宣扬人品、宣传政见、增强阵营信心的必备武器。1992 年"立委"选举，候选人经费低则千万元新台币，高则可达两三亿元新台币。再以 1994 年的首次"省市长民选"为例，因被认为是 1996 年台湾地区领导人选战的预演，所以主要政党共投入了总额至少 2.3 亿元的广告经费。自此之后，政治广告的投入一发不可收拾。1996年 3 月，李登辉自导自演台湾"全民公投"，"李连（战）配"候选依仗着媒体优势强化曝光率，选举宣传费用高达 20 亿元至 30 亿元新台币。"民选"在岛内推行之后，官商勾结也从选举费用开始一步步坐大。企业为政客买票、护票，政客通过贷款、投资给企业输送利益，"黑金"一词在台湾流行起来。2004 年通过的所谓"政治献金法"已用法律手段将"黑金"公开化为"献金"。

表 9 - 2　1994 年台湾地区"省市长"及"民意代表"选举广告支出统计

（单位：万元新台币）

政党	有线电视（第四台）	联意卫星电视（TVBS）	台视、中视、华视	报纸	合计
国民党	7 500	1 841	259	1 461	11 061
民进党	5 000	1 804	0	1 779	8 583
新党	2 500	761	0	303	3 564
合计	15 000	4 406	259	3 543	23 208

资料来源：润利公司，转引自《广告杂志》，1995（1）：23. 其中新党第四台广告额为推估，原资料未说明。

在三十余年的发展过程中，台湾地区各党派的政治广告宣传经历了从无序到有序、从单向传播到双向互动、从注重数量到注重效果、从自操自办到借助外力的种种变迁。台湾地区的政治人物已经习惯借助于一些广告技巧，通过媒体把他们的思想传递给选民，并使台湾地区的现代政治成为广告的重要实践领域。而这种种变化，有很大一部分要归功于广告界的鼎力相助。随着数字时代的到来，台湾地区的政治人物逐步将社交媒体纳入政治宣传的范畴，如火如荼地开展网络宣传动员活动。

第二节　台湾政治广告传播者与受传者分析

政治广告是在资本主义社会中，各政党及各利益集团为谋求自身利益而使用的一种宣传工具。它虽以"广告"的形式出现，但仍然贴有明显的政治意识形态标签，其目的就是在不触动现有政治制度的前提下，以谋求全民福利作为掩护，利用广告，尤其是竞选广告为晋身之阶，来获得个人和政党的利益最大化。为了在最大限度上获取信息的传播效果和选民的认同，各个政党和候选人都会尽可能地利用大众传播媒体来进行宣传。特别是当电视媒体出现之后，政治宣传的着力点迅速向电视媒体倾斜。以美国为例，根据《今日美国》1984 年的一篇报道，在当年美国总统竞选的初选阶段，候选人经费中只有 15% 使用在电视广告上，但到大选期间，则有 55% 的经费用在电视广告上。1988 年，这个数字更增加到 60% 以上，其后还在缓慢上升[①]。进入 21 世纪，网络媒体亦成为政治广告的重要场所，其地位和作用不断提升。同时，对原有的平面媒体控制也没有放松，并更加注重多种媒体之间的整合传播效果。为了更好地达到这个目的，各政党和利益团体会尽量地掌控媒体、操纵媒体，这是通过政治手段和经济手段双管齐下完成的。

一、台湾政治广告的传播者分析

从 1951 年到 1989 年，台湾国民党当局一方面通过党、政、军直接控制媒体，另一方面又通过"报禁""文化清洁运动""九项禁令""第五次〈出版法〉修正案"等有关规定措施控制传媒的数量和内容，以配合其专制统治。因此，政治广告的存在空间比较狭小，但目的颇有所谓的"外交"和粉饰意味。甚至到了 1992 年，单是"新闻局"编列的"海外"广告（包括当局形象广告、重大节日广告以及配合岛内厂商参加国际商展而在当地报刊登载广告）预算就有 4 127 万元新台币（1993 年与 1994 年均降为 3 066 万元新台币）。然而，国民党当局在"报禁"时期所留下的党、政、军各报系和电台、电视台，却在"报禁"解除之后对台湾政局产生了十分重大的影响。例如，为兴建核能发电四厂，国民党于 1993 年，史无前例地一次通过八年度的"核四"预算，对

---

① 彭芸 . 政治广告与选举［M］. 台北：正中书局，1992：26.

外则不但"工商界发动银弹买广告推销核四"，"台电"（政府企业）也斥巨资从电视到报纸，大举进行"核四"广告宣传，光是购买 1991 年 10 月 19 至 27 日的三台时段，就动用了上千万元新台币。事业若属独占，则市场上并无竞争对手，所以少有广告之需要；政府只有一家，却还必须借助广告，其中的道理耐人寻味①。

蒋经国在其执政后期不断提拔籍贯台湾人士进入政坛上层，并在 1984 年选择了李登辉作为副手。1990 年 3 月爆发"三月学运"，要求改变老化的政治体制，而当时民进党所推动的"政治改革运动"也成为李登辉结束蒋家统治的最佳助力。李登辉的种种"自杀"式政治举动使国民党内部的外省（指非台湾地区）势力深感焦虑。1993 年，国民党在"立法院"的次级团体新国民党连线对李登辉提出挑战并最终脱离国民党而成立新党，赵少康是新党的创始人之一②。2000 年 3 月，陈水扁借国民党内因宋楚瑜脱党参选导致力量分散之机，接替李登辉成为台湾地区新任领导人。李登辉于 3 月 24 日被迫辞去国民党主席职务，一些国民党内亲李登辉的籍贯台湾党员也在 2001 年 8 月 12 日另外组成了"台湾团结联盟"（简称"台联党"或"台盟"，但李登辉并未加入）。同期，宋楚瑜亦于落选后在 2000 年 3 月 31 日组建"亲民党"。当年 10 月，民进党籍的"行政院长"张俊雄宣布停建"核四"，引发国民党、亲民党和新党的强烈不满，"国亲新"三党从此结盟，形成"泛蓝"势力（国民党军政时代一直使用"青天白日"的标志，蓝色被国民党当作"正色"看待）；民进党则与其他具有"台独"倾向的政党结盟而成"泛绿"阵营（民进党的"党旗"是绿底白十字，十字中间为台湾地区地图）。至此，台湾地区两大政治阵营完全形成，分别对传媒实行或明或暗的操控。后来，随着岛内党派斗争加剧，"执政党"执政无能，引发民众不满，给了不属于任何阵营的"第三势力"崛起之机。以 2014 年无党派人士柯文哲竞选台北市市长成功为标志，中间部分的"白色力量"开始加入政治战团。

1. "泛蓝"阵营的基本情况

2010 年"五都选举"之后，亲民党主席宋楚瑜执意参加"台湾大选"与马英九竞争；新党也因为对马英九"消极保钓"政策日渐不满，最终与国民党分道扬镳。泛蓝政党间关系破裂。脱离了蓝营政治光环的亲民党和新党影响力急剧萎缩，在政坛上逐渐

---

① 冯建三. 广告与政治经济体系.（台湾）政治大学传播政治经济学授课稿。

② 1994 年，赵少康与陈水扁角逐台北市市长一职，发布了一则广告，似乎是岛内第一次引发中产阶级认同战。赵氏文案说，"本省的中产阶级请认清楚……弄乱了，搞垮了，你也跑不掉……陈水扁当选，明天会更乱"。在文案出现前数周，台湾正弥漫着一波"恐共"的中产阶级移民热之说，这则广告因此可以说是"新闻广告化"，然后反过来再成为"广告新闻化"。

被边缘化。2015年，"立委"徐欣莹宣布退出国民党并另组民国党，因民国党参选失败于次年辞去民国党主席职务。

（1）选票实力。

①国民党：在一党专政时期，国民党的优势十分明显。沦为在野党后，虽然国民党在基层选举中仍能获得70%以上的席次，但大型选举中的得票率却有所下降。2018年"九合一"选举，国民党首次不依靠党产获得关键性选举胜利。这场选举中，韩国瑜以其朴实形象和另类风格激起了台湾民众尤其是中间选民的投票热情。2020年选举国民党政党票逾472万票，全台得票率为33.36%，与得票率33.98%的民进党有9万票差。在"立法院"获得38席，相较上一届增加了3个席位。

②亲民党：2020年"台湾大选"，亲民党主席宋楚瑜第四度参选台湾地区领导人。最终以60万票、4.25%的得票率落选，结束了他的"终局之战"。亲民党政党选举得票率为3.67%，未获得任何席次。

（2）基本策略。

为争取选民的支持，国民党一直主打经济、民生议题和"两岸"牌。"泛蓝"阵营坚持"九二共识"，进一步获得中华人民共和国中央人民政府的认同。

（3）劣势与优势。

国民党在蒋介石时期大力推行集权统治，退守台湾后依然我行我素，"白色恐怖"笼罩全岛。在一系列的政治事件当中，"二二八事件"经常被民进党当作国民党镇压民众的"铁证"大肆鞭笞，而"美丽岛事件"①则被民进党塑造为"求民主、争自由"，反对国民党专制的"英勇事迹"。两者合并，便成为民进党前期政治宣传的核心内容。

国民党内部派系斗争是影响党内团结一大障碍。从1990年因林洋港与李登辉引发的国民党内部斗争，到2013年王金平与马英九的"九月政争"，国民党"党内互打"一直在加剧其分裂。至2017年吴敦义当选国民党主席，派系斗争仍未止息，岛内开始流传国民党"三个太阳"之说。国民党初选规则一改再改，进一步造成了党内的隔阂与分裂。

---

① 1978年12月，美国与台湾"断交"，蒋经国宣布停止选举，当时的一批非国民党籍的"党外"人士面临无法生存的危机，于是这批人全面集结，开办了《美丽岛》杂志，以刊物和集会来宣扬他们的政治理念。1979年12月10日，这些"党外"人士以庆祝"世界人权日"为由，在高雄市发起大游行。此举触怒了蒋经国，他下令逮捕游行的主脑人物，这就是影响台湾数十年的"美丽岛事件"。在这次事件当中的活跃人物基本上成为后来民进党的头面人物，如《美丽岛》杂志五人筹建组中的张俊宏成为民进党"立委"、民进党代主席吕秀莲更成为民进党代主席、台湾当局副领导人；为"美丽岛事件"辩护的律师当中，陈水扁是台北市市长、民进党主席、台湾当局领导人，谢长廷曾是高雄市市长、民进党主席、"行政院长"，苏贞昌曾任"总统府秘书长"、民进党主席、"行政院长"，张俊雄是民进党"立委"、两任"行政院长"。

国民党党产及附属其上的腐败问题也是民进党一直穷追猛打的对象。1949 年，国民党从大陆退往台湾时带走 227 万两黄金和大量外汇，打下了党产的雄厚基础①。依据国民党投资管理委员会公布的旗下七大控股公司八年度财务报告，其党产总额达 1 470 亿元新台币，负债总额 787 亿元新台币，净值为 683 亿元新台币②。国民党沦为在野党后，2000 年 8 月进行了一次全面清查，结果显示党产总共 799 亿元新台币，其中党营事业有 600 亿元左右，投资了 104 家企业。2006 年，国民党在公布的《中国国民党党产总说明》中提到，国民党党产总净值约 277 亿元新台币。

党营事业是国民党各种选举中最大的资金来源。在 1994 年台湾"省市长"选举中，国民党财务委员会向党营事业投资管理委员会要了 45 亿元新台币；1995 年"立委"选举时增至 65 亿元新台币。党营事业与大财团进行利益输送也屡被媒体披露。在以往几次"台湾大选"中，民进党也从这个角度切入，对国民党的形象发动攻击。党产沦为国民党的形象包袱，在李登辉之后担任党主席的连战、马英九、吴伯雄都清理过这些盘根错节的党产。

马英九于 2008 年宣布力行党内清廉改革，不再经营党营事业，将党产公开标售。规划将标售所得，一部分作为党工退职金，以及党务运作与发展经费，剩余捐做公益。未来竞选经费将以募款为主③。但因种种原因，党产归零计划仍未完全实施。2015 年，《不当党产处理条例》在台"立法院"通过。次年，台湾成立"不当党产处理委员会"，着手对国民党党产进行压迫式清查，冻结查处多数资产，拍卖不动产。在这一系列严厉的措施之下，国民党党产不断缩水，截至 2015 年底，国民党党产净值 166.43 亿元新台币④；到 2018 年，国民党已难以负担需支付劳工的退休金及资遣费共近 16 亿元⑤。

2. "泛绿"阵营的基本情况

大肆叫嚣"台湾独立"、拒绝接受一个中国原则的民进党、基进党、绿党、台联党以及其他"独派"政治团体被外界统称为"泛绿军"或"泛绿"阵营。

---

① 资料来源：2016 年国民党行政管理委员会主委林佑贤所作的"国民党党产报告"。

② 七大控股公司分别为"中央"投资公司、光华投资公司、启圣实业投资公司、建华投资公司、华夏投资公司、悦升昌投资公司、景德投资公司，总共主控 66 家企业，转投资企业超过 200 多家，资产总额 1 万亿元新台币。

③ 国民党党产找买家　提供"成功费"［EB/OL］.（2009 - 12 - 30）. http：//www. huaxia. com/jjtw/dnzq/2009/12/1698528. html.

④ 资料来源：2016 年国民党行管会报告。

⑤ 邱大展：民进党的目的很清楚［EB/OL］.（2018 - 05 - 24）. http：//www. huaxia. com/jjtw/dnzq/2018/05/5756509. html.

（1）选票实力。

①民进党：民进党自 1986 年成立后，在历届"立委"选举中的得票率一直保持在 30% 左右，在县市长选举中的得票率保持在 40% 左右，2000 年 3 月上台后选票有所上升。在 2001 年第五届"立委"选举中，民进党首度成为"立法院"第一大党。2020 年"台湾大选"，候选人蔡英文胜选连任台湾地区领导人。与此同时，民进党在"立法院"获得 61 席，失去了 7 个席位。

②台湾基进：2012 年，以"基进侧翼"之名成立，2019 年更名为台湾基进，现任主席陈奕齐。2020 年"台湾大选"中台湾基进的政党票得票率约 3.16%。

③绿党：成立于 1996 年，现任绿党召集人为余筱菁和刘崇显。2019 年 3 月，绿党公布支持民进党人蔡英文竞选连任。2020 年"台湾大选"绿党的政党票得票率为 2.41%。

④台联党：台联党在 2020 年"台湾大选"中仅获得 0.3% 的政党票。

（2）基本策略。

蔡英文当局在 2019 年底紧急通过所谓"反渗透法"，大肆渲染来自中国大陆的"威胁"，在岛内制造对大陆的恐惧，同时进一步抹黑国民党候选人。

（3）"优势"与劣势。

①"优势"。大权在握的民进党有其"执政"优势。2016 年蔡英文上台后，不仅掌握了政治、经济、军事、财政、社会等资源的重新分配，更掌握了警、检、法、调等"国家机器"，还使用行政资源豢养网军，在竞选期间利用网络媒体为自己造势，不遗余力地抹黑对手，为其竞选提供了极为有利的外部条件。

除以上提及的"资源"即为民进党的政宣优势之外，民进党在岛内的"优势"还有另外重要的一点，那便是从陈水扁时代开始，利用执政地位以蚕食渐进的方式在政治、经济、"外交"、文教、军事等诸多领域竭力推行"去中国化"的"渐进式台独"路线。陈水扁当选后在公开场合多次散布"台独"论，开口闭口"福尔摩沙"（Formosa，又译"福摩莎①）。台《"中央"日报》发表社论斥责："这明显是要变更我们的立场，避免台湾与中国大陆的联系与接近。"蔡英文则延续了这样的做法，大肆炒作民粹，极力渲染"亡国感"恐吓选民；2019 年借香港"反修例"风波抹黑"一国两制"，

---

① 自 16 世纪中叶以后，远东地区的海上航运逐渐频繁，有许多航海路线通过台湾海域附近，当时的葡萄牙船员在经过台湾海面时，从海上远望台湾，发现台湾岛上高山峻岭，林木葱绿，甚为美丽，于是高呼"Ilha Formosa!"这句话，即"美丽之岛"的意思（Ilha 相当于英文的 Island）。荷兰人强占台湾后，一直用"Formosa"来称呼台湾。

制造海峡两岸民众对立情绪，从中收割政治利益。

同时，民进党在文化教育等领域的行为尤显居心叵测。如2000年5月，陈水扁在就职演说中，肆意鼓吹"台湾文化"，刻意区分"台湾文化"与"中国文化"，而且还将二者并列对等起来。2001年3月底，台当局又公布了"本土化教育"政策，决定在中小学开设"乡土语言"课，规定中小学生必须在闽南语、客家话和台湾少数民族语中选修一种，以弱化和冲淡普通话在台湾的地位，力图改变其青少年的母语认同。被外界视为陈水扁嫡系子弟兵的罗文嘉还带头发起了"新文化论述"运动，企图在文化领域确认"台独"。

以上种种动作，都受到民进党铁杆选民的追捧叫好。在历次的各级选举当中，只要民进党打出"台独"的旗号，便能立即将全体选民划分为所谓的"爱台湾"与"不爱台湾"两个群体。凡拥护民进党候选人者，则为"有爱国心"的良民；凡不支持"台湾独立"者，则必为"卖国""叛国""泛蓝走狗"。"法宝"祭出，不但能使泛绿阵营选民顿觉高人一等，也足令举棋不定者改变政治倾向。

②劣势。代表民进党执政的陈水扁上台后宣称，执政重点是放在"拼经济、拼'外交'、拼安全、拼正名、拼'宪改'"这五个方面。但其所作所为与施政结果并没有如当年选民之所愿：一是经济滑坡、人民生活水平下降、失业率屡创新高；二是"邦交国"持续减少；三是军费开支连年增长，反而加剧了海峡两岸间的不信任，使不安全因素增加；四是"修宪"与"公投"违背天意，不得人心；五是政治腐败、渐失民意；六是内忧丛生，众叛亲离。2006年，一些长期推动台湾所谓"民主运动"的中坚分子，集合"美丽岛事件"、党外运动和"三月学运"时期的"亲绿"学界和社运人士，联署发表措辞强烈的声明，并召开记者会公开呼吁陈水扁辞职。8月，前民进党主席施明德呼吁陈水扁下台。因未得到陈水扁的响应，施明德又发起了"一人100元，百万人倒扁"活动，短短6天就提前达到募款1亿元新台币的目标，参与人数超过100万。举凡当年民进党赖以发家的因素，几乎都成了民进党甩不掉的包袱。2008年卸任后，陈水扁更因涉嫌贪污、洗钱被判刑20年。

2016年蔡英文当选台湾地区领导人，民进党当局推进"一例一休""年金改革"等不得民心的政策，拒不承认"九二共识"，使海峡两岸关系降至冰点，不仅失去台湾民众信任，所谓的"邦交国"也只剩蕞尔小国十余个。2018年，民进党在"九合一"选举中惨败，失去了7个县市，尤其是拼尽全党之力也没能保住高雄而元气大伤。

通过以上的分析，我们可以了解台湾地区今日政坛之态势。对于两大政治集团而言，其政治宣传以及在竞选时大量使用的政治广告，无不受到这些政治背景的左右。或许在岛内民众看来，这些形形色色的政治广告，就如同一出漫长的肥皂剧，也只是一出肥皂剧而已。

3. "白色力量"的崛起

一直以来，岛内蓝营和绿营双边对立，不论是国民党还是民进党，执政期间的表现均和民众期待有巨大落差；政治恶斗、经济停滞、薪资不涨反跌等问题让台湾民众深受其苦。从"洪仲丘事件"到"太阳花学运"，台湾民众对蓝绿两营党派斗争愈发厌恶。

2014年"九合一"选举时柯文哲喊出"白色力量"的口号，既不属于蓝营也不属于绿营的第三势力崭露头角，"进步连线""时代力量""社会民主党""民国党"以及"树党"等党派的出现，标志着岛内"绿地蓝天"的二元竞争格局出现变化。

（1）选票实力。

①台湾民众党：2018年"九合一"选举，柯文哲以3 254票微弱优势险胜，连任台北市市长，成为"第三势力"中唯一当选的"县市长"。2019年8月，柯文哲正式创立台湾民众党，并当选为首任党主席。2020年，台湾民众党在"台湾大选"中的政党票得票率为11.2%，拿下5席"立委"。

②"时代力量"：2016年夺得5席"立委"。2018年"九合一"选举中的得票率为2.49%，排在国民党和民进党之后，位列第三。最终有16人成功当选县市"议员"，其中台北市和新竹市各取得3席。2020年赢得3个不分区"立委"席次，在"大选"中也获得了7.8%的政党票。

（2）主要资源。

"白色力量"看似是中坚力量，事实上是依托于"泛蓝"阵营或"泛绿"阵营而发展起来的，在政治属性、人员组织、物质基础或选举策略上，仍是与蓝绿大党相配合的附庸型政党。民进党在2016年"台湾大选"中礼让"时代力量"，以及两党在"转型正义"等议题上合力追杀国民党，强化了"时代力量"为民进党"侧翼组织"的政治形象，柯文哲实则与绿营有着千丝万缕的联系。蔡英文2012年参加"台湾大选"时，柯文哲是"小英之友会"常任理事。他还与民进党主席蔡英文幕后签署了三项合作协议，其2014年的参选班底与主要干部也大多是民进党成员。

（3）基本策略。

"白色力量"极力争取中间选民，尤其是青年选票。"时代力量"主打"青春牌""明星牌"；柯文哲也深谙年轻世代的心理，充分利用新媒体做个人营销和网络动员，凭借"草根"的气质走独特的选举路线，以此赢得他们的青睐。

（4）优势与劣势。

①"优势"。"白色力量"看似不"蓝"也不"绿"的立场使之拥有了一定的群众基础，而争取和讨好中间选民尤其年轻选票的策略无疑是其王牌。台湾年轻世代勇于挑战权威、彰显个人主义，厌恶蓝绿恶斗；以柯文哲为代表的"第三势力"刻意模糊自己的色彩，走一条超越蓝绿的选举路线，迎合了中间派选民的期望。他以嘉年华大游行、跳巴西桑巴舞来取代造势活动，举办音乐会代替造势晚会，发言口无遮拦、泼辣凌厉，这种"无厘头"又"接地气"的草根风格深得年轻选民喜欢。此外，柯文哲及团队以新媒体为重要根据地，利用网络迅速实时的特性，掌握民意风向，展开个人营销和宣传，深入年轻世代聚集的阵地。

②"劣势"。"时代力量"接连爆发内斗和腐败丑闻，党内头目因路线利益分歧而反目成仇。加上"台湾民众党"成立后其生存空间被压缩，二者选民高度一致，"时代力量"昙花一现后迅速被民众党"收编"。

由于台湾地区 2005 年第七次"修宪"对"选举"制度进行改革，新的单一选区两票制不利于小党生存而有利于两党制发展，这在一定程度上压缩"第三势力"直接参与政治的机会。但随着中间选民的比重上升，"第三势力"有了越来越大的发展空间。2020 年选举时，民进党和国民党两大党均获得超过 33% 的政党票，民众党则以 11.22% 的得票率成为岛内第三大党。

二、台湾政治广告的受传者分析

台湾地区的现行行政区跨越 2 个省（台湾省全境和福建省部分地区）、6 个直辖市（台北市、新北市、桃园市、台中市、台南市、高雄市），省又下分为 3 市 13 县[①]。其中，6 个直辖市（"六都"）被视为重中之重的选区，成为两大政治阵营争夺票源的主要战场。

如按地理划分，台湾地区的人口绝大部分居住在西部平原，绝大部分为汉族，约占全部人口 98%，中部和东部山地有少量台湾少数民族。全省通行普通话、闽南语和客家话。如按经济发展划分，北部地区城市化进程较快，就业机会多，人们的文化程度也较高；中部地区其次，南部地区又次之。这些地理、语言和经济的因素决定了岛内大致的政治倾向：北台湾为"泛蓝"大本营，南台湾是"泛绿"票仓，中部则左右摇摆。

从选民年龄来看，日本殖民时期出生并从小接受日本殖民化教育的台湾人，有一部

---

① 3 市：基隆市、新竹市、嘉义市；13 县：新竹县、苗栗县、彰化县、南投县、云林县、嘉义县、屏东县、宜兰县、花莲县、台东县、澎湖县、金门县、连江县。

分从一开始就把自己当成日本人，而后来也回归和认同了中华文化。但他们对于国民党的排斥程度一般要超过下一代中年的台湾人，族群意识也鲜明一些，其中一部分人思想比较顽化。中年人则较为理性，他们是在经济起飞过程中成长起来的，对于国民党执政时期的一些成就有一定的认可，这些人受过中华传统文化熏陶，要对他们从骨子里真正地"去中国化"并不容易。而青年一代因为受到陈水扁和蔡英文的"去中国化"教育的影响，所谓"本土意识"更强。

2018年7月，"台湾民意基金会"民调显示，49.6%的人自认为是中性或独立选民（既不倾向于民进党也不倾向于国民党），且高达90%的人认为台湾地区需要出现强大的"第三势力"。这次民调充分反映台湾地区绝大多数人对传统政党国民党及民进党的不满、失望与厌烦，以及对可以取代两党的强大第三势力的期待。

此外，台湾地区的中间选民还有了一些新的发展趋势。理性选民增加，他们最关注经济和民生问题，看重政党和候选人的形象，在海峡两岸关系上支持维持现状。中间选民的持续成熟和扩大，无论对岛内选举政治还是对海峡两岸关系，都将产生重要影响①。

第三节　台湾政治广告传播媒介分析

一、台湾传媒的"民主性"尺度

自由民主主义的概念衍生于欧洲早期资产阶级对于封建专制制度和政权的批判。这场批判始于16世纪，并最终在1789年法国大革命的"自由、平等、博爱"的大旗下达到高潮。可以用下面的术语来定义一个资产阶级民主政体的特性：立宪、民主参与和理性选择。

①立宪：必须要有一套程序和规章来规范选举过程，约束获胜者及反对者的合法活动。这些规章制度通常以宪法和权利法案的形式确立。

②民主参与：全体公民中参与民主过程的人数必须达到"足够"的比例，投票权必须逐渐向低级阶层和多数阶层扩展。

---

① 杨乐，李洪波. 台湾地区中间选民的发展趋势和特征探析［J］. 现代台湾研究，2016（4）：29－36.

③理性选择：民主政治的第三个条件是不同的选择可能（如美国的民主党和共和党，英国的工党和保守党）。并且，公民要具有作出理性选择的能力。

在资产阶级思想家如洛克（Locke）和弥尔顿（Milton）推出代议民主政治理论和个人（或公民）权利的学说之后，投票权也被引进，且通过英国 1832 年改革法案等途径扩展到越来越广的范围。但民主主义的发展与民主国家的建立，以及民主制度的确立还是经历了一个相当漫长的时期。譬如当今世界上最大的资本主义国家美国，直到 1920 年美国妇女投票权利之宣言的签订，历时 81 年的妇女投票权的斗争才告结束；尽管南北战争已经结束了相当长的时间，但到 1965 年《选举权法案》的订立，美国的全体黑人公民才拥有选举权利。

一个具有洞察力且受过良好教育的公民整体的重要性，决定了民主政治必须在公开的领域开展（对应独裁集团的隐蔽特性）。公民赖以作出政治选择的知识和信息必须能够自由流通，并可以被所有人获得。格利普森（Gripsund，1992）指出，公共领域作为"一套制度"出现，"代表了国家（君主）和私人领域中间的一个缓冲地带，保护公众的私人活动不受独裁决定的非理性干预"。现代民主社会中，这个领域已经从最初精英阶层的王国扩张为绝大多数民众的公共空间，本质上由社会中的传播机构组成，事实和观点在这些机构当中不断流通。

综上所述，我们可以把"理想化的"民主社会中的媒体功能归为五种：

①媒体必须告知民众在他们的身边发生了什么，即"监控"或"侦察"功能。

②媒体必须教育民众，让他们知晓发生了的"事实"的意义和重要性。

③媒体必须为政治讨论提供一个公共平台，促进公共舆论的形成，并把舆论回馈给公众，而且这个平台必须为反对意见预留空间。

④媒体要给予政府和政治机构曝光率。可以说，只有在执掌最高权力的人的行为被公开监督的前提下，公共舆论才有意义。

⑤在民主社会里，媒体同时是鼓吹政治观点的一个渠道。

为了充分执行媒体的这些功能，进而生成一个真正的"公共领域"（再进一步实现"真正"的民主），以上的条件是不可或缺的。然而，对于台湾民众的政治生活来说，一方面是一些人并不能被称为"完全理性"，或是未受过良好教育而被政党宣传蒙蔽；另一方面则是以前长期缺乏多元化的执政选择。另外，台湾当局（从退守台湾至今）对媒体的操纵、对媒体当中反对派的打压也使媒体丧失了真实性、独立性，而一个真正意义上的民主社会的形成却是以具有独立、公正的媒体作为显著标记的。从 1988 年开放"报禁"以来，岛内媒体虽数量增长迅速、报道议题和范围大为扩张，但岛内政治体制的实质性内涵并未进步，政党相争使台湾地区政治耗损，媒体与政党的有意无意捆绑又使得媒体成为政治耗损和"民粹化"的直接推手。媒体也和政党一样"区分蓝绿"，这是台湾媒体生态最为特别的现象，也是民进党执政后大力整肃媒体，以图全面掌控媒体所造成的恶果。因此，对于台湾地区的媒体"民主"虚伪性的批判并非空穴来风。当"新闻自由"成为各媒体政治偏差和利益追求的挡箭牌时，媒体会沦为政党、财团捞取政治和经济资本的工具，普通民众的媒体接近则根本无法获得。①

二、深陷于政治漩涡的传媒

1. 20 世纪 80 年代末：封闭与集权控制下的台湾地区传媒

根据 Rubin（1993）的研究，世界各国对传媒的控制共有五种方式：一是通过对传媒的垄断实行直接控制；二是给传媒机构发放开业执照令其"自我审查"而达到控制的目的；三是借发布所谓"国家安全条例"或"紧急令"等手段实施管制；四是对传媒施加各方面的压力以收到控制之效果；五是对传媒或传媒界人士用暴力实行管制。在20 世纪 80 年代末之前的几十年中，在自称开放的台湾社会里，上述五种对传媒的控制方式同时存在。其原因是，台湾地区的执政党国民党的基本结构是建立在威权模式之上的，其对文化、教育、传媒的控制与影响皆以维护执政党之地位为宗旨。1949—1987年，台湾地区一直处在"紧急状态"之中，集会、结社、组党及言论、出版自由均被取消。正如 Rampal（1994）所指出的，尽管台湾当局所谓的"宪法"上有这些条文，但仅仅是一纸空文而未付诸实际②。

对传媒体系实行威权式控制的一个后果是，尽管经济发展需要传媒发挥更活跃的作用，但政治原因造成了传媒发展的严重落后与不足。比如，1949—1988 年的 40 年间，经济增长了许多倍，但报纸的种类数量却长期停滞。到 1988 年时全台总共才有 31 家报纸，且受当局规定的限制，每家报纸每天的版面不得多于 12 页。而且，文化与传媒机构多附属于执政党、当局或军方，官方报纸的发行量占全台湾报纸发行量的 80% 以上，私营的商业性传媒根本无法与官方的传媒竞争。当 80 年代初全球化浪潮开始向世界各地扩展时，台湾地区的一些传媒纷纷要求实行开放政策，但这些要求、努力和尝试都遭

① 戴海波，杨惠. 对台湾新闻自由的批判［J］. 教育研究，2016（5）：42.

② Rampal, K. R . Post – martial Law Media Boom in Taiwan ［J］. *International Communication Gazette Formerly Gazette*, 1994, 53（1 – 2）：73 – 91.

到了当局的严厉压制①。传媒要求开放的努力和当局反对开放的企图导致了双方的斗争和摩擦。

然而，全球化的强大趋势最终使得台湾地区的传媒开始朝着自由和开放的方向发展，这个发展以 1987 年开始的政治改革为标志，进而改变了传媒的总体环境。尽管这些政治改革的主要目的只是给国民党塑造一个新的政治形象，但不可避免地"勾动了传媒开放这支枪的扳机"。

2. 20 世纪 90 年代至今：深陷于政治漩涡的台湾地区传媒

应当指出的是，台湾地区传媒未真正、完全地建立成熟的自由经营体制。一方面，传媒仍受执政当局的"管理"，虽然执政党对传媒的直接控制已不多见，但它对传媒的政治影响还时隐时现，只是施加的方式和程度与过去不同而已。另一方面，过去官营、党营的传媒能否完全独立经营，在很大程度上还是要指望执政党的"恩赐"。对台湾政局产生重大影响的大众媒体主要由四大报系（党报系、联合报系、中时报系、自由时报系）和七大电视台（台视、中视、华视、民视、公视、TVBS、三立）构成。在四大报系当中，自由时报系偏向民进党，党报系、联合报系则与国亲两党关系密切；民视、三立帮绿营造势，TVBS、中天、中视为蓝营助威②。两者之间的媒体如台视、华视、东森、《中国时报》等，企图开发中间路线却得不到民众与当权者支持，收视率与销售量节节下滑，成为"蓝绿对决"下的牺牲品。同时，传媒寡头的形成也使政府对媒体的控制愈发简单。例如，20 世纪 90 年代初全台有数百个有线电视公司，而到了 90 年代末，大部分有线电视公司都落入六个财团的手中。又如，在印刷传媒业，不少新办的报纸迫于市场竞争的压力而纷纷加盟少数几个大传媒公司，成为它们旗下的报纸③。根据 Lo、Cheng 与 Lee（1994）的说法，台湾的电视体系是个"官办的商业体"而已，仍受当局的控制④。这一趋势的严重后果是，传媒的多元化受到了限制，社会监督作用大为减弱。

2013 年的《新闻媒体表现观察指标研究报告》显示，就"公信力、平衡报道、置入性营销"三项而言，最可信的电视台是公视，其次是 TVBS；最差的是中天和三立。

---

① Tien, H. Social Change and Political Democratization in Taiwan, in H. Feldman, M. Kau and I. Kim. Eds, *Taiwan in a Time of Transition*. New York：Paragon House, 1988.

② 陈水扁口中宣称的"统派媒体"，如 TVBS、中天、中视、《联合报》、《联合晚报》、《苹果日报》等，被定位为"蓝色媒体"。而他宣称的"友台、友报"，比如民视、三立、《自由时报》、《台湾日报》等媒体，因较具本土色彩，被称为"独派媒体"。

③ Chen, S. State, Media and Democracy in Taiwan [J]. *Media, Culture & Society*, 1988 (200)：11 - 29.

④ Lo, V., J. Cheng, and C. Lee. Television News Is Government News in Taiwan [J]. *Asian Journal of Communication*, 1994, 4 (1)：99 - 111.

研究报告还指出，台湾媒体"通过每天经常性的制作意识形态偏见或'蓝绿对立'，或是耸动、物化等内容，已成为台湾媒体界一大'奇观'"①。

三、社交媒体：政党新秀场

1. 政党宣传进入社交媒体时代

移动互联网改变了社会的方方面面，也渗透到了政治宣传领域。在选举宣传的过程中，网络已经成为非常重要的媒体组成部分②，它能够即时向大众传递政治人物与政党的理念和主张，将信息传递到传统大众媒体无法触达的选民。另外，社交媒体贴近年轻选民的使用习惯，台湾各政党争相使用社交媒体以期获得这部分群体的青睐。

民进党是最早展开网络竞选宣传的政党，早在 1998 年，陈水扁竞选台北市市长时就有专门负责网络宣传的工作人员。2016 年选战中，蔡英文团队凭借 Facebook 等社交媒体平台成功开展网络动员，为民进党在设置议题和增加曝光率方面提供了媒体优势，也为蔡英文最后当选打下了基础。

国民党则受到 2008 年美国大选启发，效仿"奥巴马模式"，于 2009 年专门设立了国民党"网络部"，经营青年聚集的社交网络平台，以扩大在青年选民中的支持率。国民党青年团也积极与校园 BBS 版主等网络意见领袖建立联系，从网络讨论、网络舆情中搜集青年人的意见，为国民党提供决策参考③。2012 年"台湾大选"期间，马英九充分利用社交网站展开个人营销和政党宣传，最终成功连任。

在各大网络社交媒体中，Facebook 可触达最多的年龄层，用户以 22 岁至 55 岁为主，年龄层分布比较平均，是各阵营经营社群的核心。许多政治人物都开设粉丝专页，整体来说蔡英文发帖量最大、粉丝数也最多，韩国瑜紧跟其后，柯文哲在 Facebook 上经营较少。LINE 同样可触达较多的年龄层，其用户喜欢在特定群组分享文章，更具有扩散效果，被视为提高凝聚力和动员力的重要工具。截至 2019 年 10 月，蔡英文的 LINE 好友人数高达 60 万人，领先其他政治人物。在年轻用户居多的 Instagram 上柯文哲

① 2012 年，台湾地区学者刘昌德、陈鸿嘉等人受媒体观察教育基金会委托研究新闻媒体表现，以问卷调查的方式，邀请专业人士及专业团体评估电视与报纸新闻表现。研究报告于 2013 年发表。

② 王大鹏，岳春颖，严洁. 台湾地区选举宣传中社交媒体的使用研究——一种基于深度访谈的分析［J］. 现代传播，2016（5）：55－60.

③ 朱峰，刘玉军，马立平. 世代政治学视角下国民党与台湾新世代互动模式变迁研究［J］. 青年探索，2014（6）：29－34.

的粉丝最多，超过 97 万人，而蔡英文和韩国瑜的粉丝数不足柯文哲的一半①。

2019 年，Facebook 在全球推出广告资讯透明度工具，提供广告主申请授权、在广告中加注出资者免责声明，台湾地区的社会议题、选举或政治相关广告也被纳入广告刊登政策当中。

2. 负面影响

台湾地区各党派一方面通过社交媒体塑造各自的正面形象，另一方面也把它当作互相攻讦、抹黑的利器。2018 年，台湾"农委会"花 1 450 万元新台币招标找人处理舆情，被批作是在"养网军"，"网军"也因此有了新称谓"1450"。"1450"可以养账号、可以做贴图，用来"抹黑"，甚至"抹死"对手。"网军"在岛内的兴起让台湾地区的政党斗争更显乌烟瘴气。

2019 年，"杨蕙如网军案"在岛内闹得沸沸扬扬，绿营豢养的网军被起底。"卡神"杨蕙如长期跟绿营合作，动员网络水军在台湾网络论坛 PTT 上"带节奏"，向对手展开无休止的抹黑攻击，被称作"网络东厂"。2018 年，日本关西机场事件爆发，杨蕙如为"洗白"绿营党人，携网络水军将舆论的矛头指向大阪办事处的苏启诚，间接导致苏启诚轻生，酿成悲剧。

第四节　台湾政治广告策略分析②

政治广告是一种意识形态的实体操作，其制作、传播，甚至接收，都具有表层和深层的意识内涵。一般而言，政治广告的传播者会尽量在广告中迎合选民的意识形态。然而选民也会因政治广告的影响，下意识或有意地改换价值判断，所以政治广告是以选民的意识形态为主导，来反制选民，进而达到控制选民意识形态的目的。为了体现这个目的，广告则以各种媒体为中介，以选民的意识形态为中介物包装重点，以政党的意识形态为内涵。③ 为了达到政治广告宣传的目的，传播者将会从其基本的定位策略出发，选

① 张文馨. 虚拟空间的数位战场 [EB/OL]. (2020 - 04 - 06). http://newmedia.udn.com.tw/newmedia/e-lection2020/youth/article/3.

② 本节大量编选了郑自隆《竞选文宣策略：广告、传播与政治行销》（台北：远流书局1992年版）一书当中的内容。

③ 贺淑玮. 从口香糖广告谈起兼论意识形态 [J]. 当代（台湾），1993（总82）：74 - 78.

定广告诉求内容，注重广告表现，结合媒体策略以期创造出最大化的传播效果。

如果按照常态分布曲线，在竞选活动之前，我们可以将政治广告的受众根据对政党或候选人的态度分为五个区隔，即：①亲我铁票；②态度倾向友好的选民；③中间游离选民；④态度倾向反对选民；⑤敌视的选民（对手的铁票）。

对第一和第二类选民，广告要发挥强化效果①，鼓励他们坚定立场继续支持；对第三类选民，广告要有催化效果（activation effect）②，要引起动机、催动隐藏的兴趣，促使他们投入"我方"阵营；而对第四类和第五类选民，广告则希望能发挥改变效果③，期待他们能"阵前起义"，不过希望不大。特别是第五类选民，他们的意识形态已经定型，不会轻易改变。政治广告的三种效果当中，以强化最易达成，催化次之，改变最难。

一、定位策略

政治竞选广告策略中最重要的是定位策略，也就是利用候选人的个人特质及对选民的区隔，以求在选民心中塑造候选人独特而鲜活的形象，这就要分析考虑候选人的学识、经历、品德、过去表现、服务精神、家世、特殊遭遇等。在选取个人特质作为定位基准的同时，还必须考虑诉求对象，也就是市场区隔的因素。虽然表面上手中握有一张选票的人都是选民，但每一区隔后的市场均有其特殊的人口学变量：性别、年龄、居住地区、受教育程度不同，AIO（态度、兴趣、意见）不同，品牌忠诚度不同，甚至媒体消费习惯也不同。因此，台湾地区的政治候选人在为自己定位之前，必会提前描绘出一幅预期支持者的"图像"，这张"图像"至少包含如下一些要素：

（1）政治态度：倾向何种政治立场？强度如何？

（2）性别：男性或女性。

（3）年龄：青年、中年或老年。

（4）职业：军人、公务员、工商业者、劳工、农民，等等。

（5）社会经济地位：高、中、低。

（6）籍贯：本省、外省。

---

① 强化效果是指选民在竞选活动之前对候选人已经有了预存立场，这些预存立场可能是政党认同或党性党德所造成的，也可能是以往媒介报道或亲身影响所塑造的。在竞选活动展开后，选民接触竞选广告的目的，主要在于强化自己的预存立场，并将自己的偏好投射在这个候选人身上，对不利这个候选人的信息则予以拒绝或忽视。

② 催化效果是指针对表面上游离、但内心对选举仍有隐藏性兴趣的人，通过竞选广告，可以使他们的兴趣显现，并促使他们决定投票支持。

③ 竞选广告最难的是改变效果，使得原本支持甲候选人的选民倒戈变成支持乙候选人。这个时候要使他们转向只有一种可能，就是他们经由竞选活动的种种资讯发现，其心目中所支持或所排斥的候选人或政党和其原先的预存立场并不一致，此时他们或许会转变支持态度。

（7）政见偏好：喜欢何种政见，"统独"议题抑或公共政策。

（8）地域关系：以地理区域为划分尺度，譬如强调东港人、客家人，在过去选举中最常被候选人运用。

（9）关系团体：以关系团体为区隔角度，多以"六同"为区分标准，即同乡、同事、同学、同宗、同好、同业。

（10）政党关系：以所属政党或倾向政党为区分角度。

（11）宗教：以宗教为区隔角度也是可以多加尝试的一种方式。因为信仰相同宗教的人价值观较一致、凝聚力较强。

这张支持者的图像除了上述的要素外，还要描绘出更多的细节，如媒体消费习性、人际传播通道，等等。候选人对支持者的了解越多，广告宣传越容易命中。

在思考定位点时，台湾地区的政治广告策划人员有意识地将里斯（Al Ries）和特劳特（Jack Trout）的定位理论运用于其中，大量使用了第一定位、比附定位、给对手定位等手法，如陈水扁将自己定位于本土、清廉、继承李登辉衣钵的"民主斗士"，把对手诬蔑为"卖台湾"的落后"反动"官僚。1989年，叶菊兰在参选"立法委员"时将自己称作"烈士遗孀"；同年，苏贞昌在竞选屏东县县长时，说对手是"曾永权，真有钱"，以示自己为平民阶层。1991年，张显弘在参选第二届"国大代表"时把自己定位成"拒绝国民党的上校"，取得了良好的效果。同是在1991年的第二届"国大代表"选举中，台南市民进党籍的唐碧娥也巧妙地用"给对手定位"的方法，将自己定位为"出身贫寒、卖虱目鱼粥、靠打工赴日留学的平民女性"，把竞选对手杨秀敏形容为"不愁吃穿、有家族做靠山的少奶奶，终日美酒咖啡、周旋在名流之中的交际花"，从而反败为胜赢得选战。马英九一直以来都将自己塑造为清廉、勤政、爱民的亲切"小马哥"形象，多次参选从未失败；蔡英文玩转社交媒体，以政治人物的身份做YouTuber[①]，从自称"辣台妹"到"台湾队长"；韩国瑜自称"卖菜郎"，以"一瓶矿泉水、一碗卤肉饭"，不设竞选总部的朴素形象打动民众；柯文哲自称"平民子弟""苦读出身"，拉近与普通民众的距离。

定位是政治广告策略的基础。如何经由候选人分析、选民分析，再替候选人拟定一个适当甚至杰出的定位，是对策划人员智慧和思辨力提出的巨大挑战。

---

① YouTube是当前全球最大、活跃用户最多的视频搜索和分享平台，录制视频并上传和分享至YouTube的用户被称为YouTuber。

二、政治广告诉求

诉求是广告说服的主体，对政治广告尤其重要。广告的诉求也会随着文化情境以及时间的变化而变化，消费者的动机变了，诉求也将随之改变①。在构思政治广告时，先要分析选民的心理，然后再拟定最具说服力的诉求点②。诉求有多种方式，美国广告学者 C. L. Bovee 和 W. F. Arens（1982）曾归纳出十四项政治竞选宣传的策略，以岛内政治广告为例：

（1）强调受欢迎，制造"乐队车"效果（bandwagon effect）。亦即候选人制造受欢迎、受支持的气氛，使选民跟随，以免选民觉得自己与其他人脱节。民进党候选人一向善于制造这种效果，如用演讲会带动高潮，筹款餐会一开数百桌，等等。

（2）诉诸权威，名人推荐。此招有成功的例子，也有失败的例子。1989 年台湾"县市长选举"时，"中央研究院"与台大教授百余人联名推荐尤清为候选人，而且自付广告费，这对知识分子起到了很强的说服作用。

（3）"拉裙脚"策略。亦即与更有实力的候选人联合或一搭一唱，以达到抬升自己的效果。如 1989 年台北市"市议员"候选人秦慧珠的"赵少康找菠菜，秦慧珠找厨师"，卓荣泰的"谢长廷进军'立法院'，卓荣泰接棒'市议员'"，都是"拉裙脚"策略的例子。

（4）反体制。如反对既得利益，反对现行政权政体。这招只适合反对党的候选人使用。

（5）成功的经验。最适合争取连任者炫耀政绩，对新人而言则无用。

（6）诉诸同情。适合弱势群体、政治受难者及其家属使用。如在 2000 年"台湾大选"中，三位候选人（连战、宋楚瑜、陈水扁）于 2 月 14 日"情人节"当天都拉妻子做了广告，陈水扁与吴淑珍的"铁汉柔情篇"更获台湾地区最受欢迎十大竞选广告的第一名③。

---

① 从军校的招生广告也可以看出因诉求对象动机改变而改变诉求。早期台湾的军校广告都是强调"爱国"，现在的军校招生却以亮丽的制服，多彩多姿的军校生活作诉求。这显示在早期是因信仰与意识形态而从军，而现在的军校生只是把军人生涯当作一种穿制服的职业而已。

② 在 2000 年台湾地区领导人选举当中，连战阵营强调安定，陈水扁阵营要打击"黑金"，宋楚瑜阵营则以勤政爱民来包装。

③ 1985 年，陈水扁参加台南"县长选举"落败，在"谢票"的路上，其妻吴淑珍被一台失控的铁牛车误撞，导致下半身瘫痪。翌年 6 月，陈水扁因"蓬莱岛案"入狱服刑，吴淑珍代夫出征，打着被国民党政治迫害的口号，竞选"立法委员"，竟高票当选。陈水扁出狱后，搭着妻子的轮椅这辆"便车"，开启了自己的竞选常胜之路。2000 年台湾地区领导人大选，陈水扁拉来素有台湾广告"鬼才"之称的范可钦给自己做竞选广告。在与陈水扁几十天"零距离"的接触后，范可钦为陈水扁推出了"铁汉柔情"广告，在舒缓的背景音乐下，屏幕上打出这样的字句："有个丈夫，十五年来，每天晚上都要起床两次，抱着他的妻子上厕所。白天他是铁汉，夜晚他是柔情。但愿人长久。"随后出现了陈水扁推着轮椅的背影。

（7）诉诸特殊兴趣或特殊团体，即以特定的市场区隔为对象。如1989年"立法委员"候选人叶菊兰以妇女为区隔市场，其广告口号是"母亲的愤怒，将改变台湾腐败的政府""请你陪我打一场母亲的'圣战'"；民进党人蔡英文针对首投族推出广告《20岁，去投票吧》；韩国瑜《带孩子回家》关切台北"北漂"青年群体。

（8）诉诸恐惧或情感。恐惧诉求是蓝绿阵营都很喜欢使用的策略。

（9）强调改变。民进党以"制宪"迎战国民党的"修宪"就是强调改变。

（10）强调维持现状。如以"不统不独"作诉求；不过若是运用不当，将造成过分保守的印象。

（11）强调人格。此招只适用于非常具有魅力的候选人。如马英九的"一路走来，始终如一"，强调了马英九清廉正直的人格；《重新认识马英九》系列竞选广告，突出平民视角中的"小马哥"勤俭、简朴和温和、善良的形象。

（12）诉诸利益。如强调提供工作机会、减税等。

（13）攻击策略。这是被大量使用的策略，如两党之间互以"台独""统一"骂对方"是要害台湾"。

（14）诉诸信任，或强调民意走向。宋楚瑜"老宋最懂你的心"，敏锐捕捉台湾民众最关心的问题。

以下将摘要进行介绍。

1. 感性诉求

政治广告是采用理性诉求好还是感性诉求好，这是常被讨论的问题。台湾地区学者从1989年的选举研究中发现，感性诉求会比较受选民的喜欢，而且不论是国民党还是民进党候选人，当选与否和诉求方式均呈现显著的差异，当选者的广告总是比较感性一些[①]。

所谓理性诉求是指宣传时以理性的内容来争取选民的认同，如诉诸以往政绩、宣扬从政抱负、罗列施政纲领等。在台湾政治选举初期，理性诉求在政治宣传中占很大比例。以1991年第一次电视政党广告播出时各个党派的诉求策略为例，四个政党建立理性形象与建立感性形象之比为国民党5：1，民进党2：7，社民党10：19，非政党联盟11：1[②]。但很多学者认为，选民多凭对候选人的好恶来进行投票，广告的理性诉求对

① 郑自隆. 政治讯息广告策略及效果检验之研究——1989年选举两党候选人报纸广告内容分析［D］. 台北：（台湾）政治大学，1991.

② 唐德蓉. 电视竞选政见内容与呈现形式之分析——以1991年"国大代表"选举政党电视竞选广告为例［J］.（台湾）广播与电视，1992（1）：151－171.

选民的影响并不如感性诉求那么大①。

　　为了迎合选民的情绪，有经验的候选人会将他们的政见用感性的方式来包装，如诉诸死亡、抗争、坐牢、历史事件。而比较轻微的情感素材，如友谊、乡谊、同胞之爱、"台湾心，中国情"也有人使用。许多"明星级"候选人都以"亲情"作为诉求主题，而且相当成功。如郁慕明"他无怨、我无悔，但求公道在人心"，即以夫人的公开信方式介绍郁慕明本人，对争取家庭主妇的选票就非常有用。秦慧珠"妈妈的信"，以妈妈口述的公开信来介绍秦慧珠，也是充满感性。陈水扁"何日再牵手""不管多坎坷，这条路我们永远走下去""当选过关、落选死罪"等广告，均以夫人吴淑珍的遭遇作诉求，一方面以夫妻之情做主题，另一方面明示吴淑珍是遭受"政治车祸"的受害者，颇具震撼力。叶菊兰也是另一个运用亲情作诉求的例子，在选战初期她并不以郑南榕遗孀的身份出现，而强调这是"母亲的'圣战'"，以母亲的立场批评台湾地区教育、环保、交通的失败，而图片即以她与女儿郑竹梅的照片作主体。谢长廷也是理性政见加感性包装的例子，他的"台湾命运共同体"系列广告，就是以感性的文字与图片（如智障儿照片）来包装其理性的政治主张——台湾优先、文化优先、环境优先、弱势优先。宋楚瑜在竞选广告《泥巴》中通过自己反复不断地被砸泥巴的画面，暗示自己不断碰壁的政治生涯。但是他把这些泥巴当成养分，从这些年的失败中学会有力量地成长，认为所有挫折都是下一个新生的起点。这则广告既富有哲理，又以坎坷的经历博得同情，引发人们的情感共鸣。

　　2. 恐惧诉求

　　恐惧诉求是许多公益广告、商业广告的常用方法，广告中先陈述引起恐惧或焦虑的原因与现象，令观众不安，最后再说明如何去解除焦虑，以诱导观众接受传播者的观念。

　　台湾地区的政治广告也经常使用恐惧诉求。在1991年第二届"国大"代表选举当中，国民党一直以恐惧诉求作为最高战略指导原则，得票率也证明这次运用相当成功。以此为鉴，民进党也在其后的历次选举中大量地使用了这种方法。

　　国民党在电视竞选广告中以街头暴力、"立法院"冲突来挖苦对手，呼吁安定；以黎巴嫩、菲律宾、埃塞俄比亚、缅甸等国的例子来强调分裂会带来战争；以朝鲜战争、中越之战、中印之战、珍宝岛之战，来说明中国大陆决不会对"台独"企图分裂国家主权与领土完整的活动姑息妥协。在平面广告方面，国民党用抱着小孩的妇女穿过铁丝

---

　　①　政界人士张俊宏曾谈及他的参选经验，他在参选"省议员"时，政见发表会很理性地谈抱负、谈公共政策，底下的听众稀落、反应冷淡；后来他改变策略，以批判国民党为主，则场场爆满，骂得越凶，人气越旺。这也显示出台湾选民"看庙会"一般的、感性的选举心态。

网的照片来暗示对手的街头运动会给民众带来不便与恐惧；在"让我们一起来，仔细地想一想"的广告中强调民进党的"台独"主张会将台湾地区推向战火边缘。

投票前一天的"明天是关键一天"广告以"革新或革命、安定或暴乱、繁荣或萧条"为诉求，暗示不支持国民党将带来革命、暴乱、萧条，而投票给国民党则会继续享有安定繁荣。这则广告运用恐惧诉求恰到好处，而且在选举的前一天刊出，有相当大的提醒作用。

2020 年台湾地区领导人选举竞选期间，民进党候选人蔡英文借香港"反修例"风波抹黑"一国两制"，制造海峡两岸民众对立情绪；大肆炒作民粹，极力渲染"亡国感"恐吓选民，以从中收割政治利益。

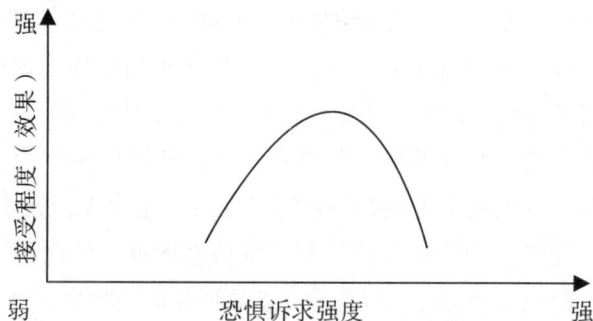

图 9 – 1　恐惧诉求强度与效果的关系

资料来源：Percy and Ressiter（1980）. *Advertising Strategy*，p. 106.

从上述的例子中可以总结出恐惧诉求的模式，即：

恐惧诉求＝传播内容→情绪反应→保证建议

在这个模式中，传播内容与保证建议都是广告信息中应该提出的，而情绪反应则是传播者所预期的受众反应。因此广告中必须考虑传播内容（即恐惧诉求的信息），同时还要强化保证或建议。在传播内容方面，亦要考虑恐惧诉求的强度。

从图 9 – 1 中可以看到，恐惧诉求超过了一定的强度，说服效果反而会下降。这是因为当受众过于焦虑时会以逃避的方式来屏蔽信息；或是以曲解的方式，认为是传播者危言耸听；甚至因为恐惧诉求触及了不愉快的经验，从而对传播者产生敌对态度。

此外，在广告中运用恐惧诉求时，要考虑传播来源的可信性。恐惧诉求对受众情绪上的影响，常常由受众对传播来源的信赖度而定，信赖度增加，则传播效果也必然增加。而在消除恐惧的保证或建议方面，必须平实、具体、办得到，而且要与解除受众内心的焦虑或危机有关。在政治广告中，最简便的解除危机的保证就是"投我一票"。既然在广告中最后均以"投我一票""支持本党"作为解除恐惧的方式，因此回过头来说，提出的恐惧诉求现象必须要和"投我一票"有逻辑上的关联。

3. 名人诉求

竞选广告中常可看到有一些名人推荐候选人，或是低层次选举候选人与一位高层次选举的候选人扯上正向关系，这种策略称为名人推荐（endorsement）与拉裙脚（coat-tailing）。名人推荐和票据背书一样，背书人负起和候选人一样的责任，共同对选民负责，从而使选民从认同名人转移到认同候选人。"拉裙脚"策略则是新进或名气较小的候选人找个政治明星做配合，一方面拉升自己的知名度，另一方面可以享受"明星"的"光环效应"（halo effect）。

1989 年的"三项公职人员选举"就有很多名人推荐或"拉裙脚"的例子。如台北"市议员"候选人秦慧珠拉"立委"赵少康的"裙脚"，谢明达拉"立委"候选人谢长廷的"裙脚"："别让萧裕珍的黑牢白坐、莫让谢长廷再有遗憾"，卓荣泰也拉谢长廷的"裙脚"："谢长廷进军'立法院'，卓荣泰接棒'市议员'"，等等。

在名人推荐方面，候选人使用更多。国民党籍杨实秋的"李主席推荐、杨实秋报到"，丁守中的"丁守中参选、铁头（指赵耀东）有信心"均属此列。而秦慧珠的"她们的第一次"，刊登一群妇女界名人和候选人合照，更是声势大震。民进党籍方面，叶菊兰的"陈定南跨县助选"，以及一群学者刊登的"我们为何支持叶菊兰"，康水木的"消基会表扬"，傅正的"学者推荐名单"等，都属名人或知名机构推荐。

在名人推荐的案例中，以尤清竞选台北县长的个案最为有趣。尤清的对手是出身于"中央研究院"和台大、国民党籍的李锡锟，而尤清却获得了数十位台大教授与"中央研究院"学者的支持，他们签名刊登整版的"我们喜欢尤清当选台北县长"广告，广告中还特别声明"本广告费用全部由签署者自由乐捐"，这一系列广告对知识分子选民颇具影响力，对李锡锟而言却是一记闷棍。

竞选广告中可选用的名人主要是学者、公众人物或宗教领袖。至于影视明星、歌星，由于其魅力来自娱乐而非公共事务，因此竞选广告中使用这些名人作为推荐者，只能增加热闹，不见得会有选票。

2017 年，柯文哲跟"网红"合作的《一日幕僚》宣传视频获得超过 1 300 万次播放，大获成功。此后台湾地区政治人物也开始大量与"网红"合作，以有限的宣传费用达到更强的宣传效果。2019 年，重启 YouTube 频道的蔡英文携手网红@蔡阿嘎录制 YouTube 影片，在发布当天登上了 YouTube 发烧影片第一名，引发了台湾地区网友的热烈讨论，得到了媒体大量曝光。甚至有 YouTuber 邱威杰直接以"网红"身份当选了台北市"市议员"。

对于在竞选时如何选择适当的名人，广告学里的传播者效果 Vis CAP 模式可供参考（见表9－3）。

表 9 - 3　名人推荐的 Vis CAP 模式

传播者特征	意义	效果
Visibility	传播者的知名度	认知效果（cognition）
Credibility	传播者的专业性与客观性	情感（affection）与理解（comprehension）效果：让选民了解信息的真实性与传播的诚意，以产生内化（internalization）效果
Attractiveness	传播者的亲和力与吸引力	情感效果与评估（evaluation）效果：将选民对名人的认同转移成对候选人的认同
Power	传播者的权威性	行为（action）效果：由于传播者具备奖励或惩罚的魅力，选民对信息产生顺从

资料来源：改写自 Percy and Pessiter（1980）. *Advertising Strategy*，p. 89. 转引自郑自隆《竞选文宣策略：广告、传播与政治行销》（台北：远流书局，1992 年版）。

Vis 指 Visibility，即可视性，简单地说就是知名度。如果单人的分量不够，则需使用团队力量。

C 指 Credibility，这种可信赖性来自两方面：专业性与客观性，亦即一方面所找的名人必须是政治议题或公共事务的专家，另一方面此人必须是客观的，没有浓厚的党派或利益色彩。

A 指 Attractiveness，亦即吸引力、亲和力。要选择选民怀有认同感的名人，否则效果将适得其反。

P 指 Power，亦即有能力使选民产生顺从性。抽象地说，传播者必须具有奖励或惩罚的魅力。

三、政治广告的表现手法

1. 广告表现要"轻、薄、短、小"

政治广告要想引人注意，就要符合"轻、薄、短、小"的策略：标题要轰动，文案宜短不宜长，图片生动且以大面积呈现，整体结构要活泼，要考虑阅读和收看时的视线走向。

（1）标题。

一则广告能否被人注意，大部分由标题来决定。1989 年的"三项公职人员选举"是台湾地区第一次开放报纸刊登竞选广告，因此民进党的候选人无不使尽全力，广告标题也颇见功底。如陈水扁的"陈水扁军法大审郝柏村""我要自己选'总统'"，谢长廷的"国民党下达封杀令"，康水木的"冤狱二十八天"，许木元的"祝基滢强行掀开郭婉容决策的黑裙"，张德铭的"谁绑架了'总统'"，柯景升的"军特大出笼"。这些极具轰动性的标题继承了早期"党外"杂志的标题风格，具备很强的吸引眼球的功能。

（2）文案与时长。

从广告理论来看，报纸广告的文案长短并无定论，通常视版面、商品、广告风格或广告创作人员的个人风格而有所差异。不过在竞选广告中，文案宜短不宜长，冗长的文案会吓退原本有兴趣的选民。毕竟，竞选广告的功能主要在于"强化立场"而非"改变态度"。所以适宜的竞选广告文案应在 200～500 字之间。

在电视竞选广告方面，也有广告时长逐渐减短的趋势（Kaid & Sanders，1978；Devlin，1995；Mc. Nair，1999）。有学者分析 1991 年到 1998 年政党电视政见发表会和电视竞选广告时发现，在时长上面，以国民党的电视政见发表会和竞选广告最长，平均长度为 236.45 秒；其次是新党，平均长度为 120.39 秒；再次为民进党，平均长度为 102.49 秒。显见国民党的广告以"长度"见长，民进党的广告则以"短小"为主[①]。而根据另一项研究，在分析 2000 年台湾地区领导人选举中三组主要候选人竞选广告长度后发现，以连战阵营竞选广告影片长度最长，平均每则长度为 48.818 秒；宋楚瑜阵营平均影片长度为 39.375 秒；陈水扁阵营为 37.742 秒。从总体来看，由 1991 年到 1998 年台湾电视竞选广告长度显得较长，而到了 2000 年则有大幅的缩短[②]。

（3）图片。

据统计，一般候选人的竞选传单最常使用人头照、选举活动的照片，以及支持者、工作场所、居家生活的照片等。事实上，竞选文宣的照片也不必公式化，可以使用感性的图片将候选人烘托得更具个性。

回顾 1989 年选举，陈水扁的"何日再牵手""不管多坎坷，这条路我们永远走下去"，以及"当选过关、落选死罪"等广告均刊登陈水扁扶持夫人吴淑珍的照片，此照

---

① 赖淑敏. 台湾政党电视竞选广告趋势分析：1991—1998［D］. 台北：中国文化大学，1999.

② 郭于中. 2000 年"总统"选举三组候选人竞选文宣策略与电视广告表现之相关性研究［D］. 高雄：（台湾）中山大学，2001.

片一方面暗示候选人是性情中人，对太太有责任心；另一方面暗示吴淑珍遭受政治迫害，需要选民的同情与支持。

一般候选人广告所用的照片都是欢乐甚至亢奋的，而谢长廷的"你忍心让他落选吗？"广告里，则是他独自伫立、低头沉思，堪称别具一格。

叶菊兰的"请你陪我打一场母亲的'圣战'"，所用的叶菊兰为女儿绑"新国家连线"头巾的照片更是佳作，照片的视线走向由左上至右下，符合阅读习惯，母亲的视角具备了"亲切"的含义，使用中景、光源集中，凸显了区域空间和主角间的关系，而产生了孤独、坚强的意涵。

在1989年的选举中，除了上述民进党"立委"候选人的佳作外，国民党籍的秦慧珠的"妈妈的信"刊出秦慧珠与母亲的合照也颇具创意。照片中的秦妈妈衣着朴素，已具老态。此照片所衍生的意义是候选人身家清白，是孝顺乖巧的女儿，值得信赖。这种以母亲来介绍子女的方式在其后也有人使用，1991年戴天文的文宣中就有一张戴妈妈卧病、戴天文为其喂食的照片。

文宣中若要使用对手的照片就要特别注意，否则容易弄巧成拙。1989年台北"市议员"候选人国民党籍的魏忆龙，在"民主是激情？进步是煽情？"的全版广告中，以醒目的篇幅刊登了两幅照片，一张是陈婉真绝食、儿子张宏久举绝食抗议牌的照片，另一张是叶菊兰与女儿的合照，而广告中又不标示国民党党名或党徽，选民在乍看之下还以为魏忆龙是民进党籍。

关于文案照片是黑白好还是彩色好并无定论，完全视使用情况而定，上述陈水扁、谢长廷、叶菊兰的平面文宣照都是黑白的，若换成彩色，效果可能会降低。因此彩色或黑白要配合文案、标题以及诉求主体而定。图片的占版面积越大，被注意的概率就越高。据研究，图片占版面一半者，被回忆率是32%，不及一半者被回忆率是21%。

2. 简化议题

竞选广告所陈述的议题必须简单明确，和社会流行的议题联结，而且必须帮选民下结论，不要在广告中留下让选民"自主思考"的空间。议题可以是一个论点、一个诉求或是政党或候选人的政见。由于研究目的不同，学者对议题也有不同的分类法。

竞选广告是短时间内决胜负，因此绝不允许有含义太深、表达晦涩的内容，否则会把选民弄得一头雾水。1991年首度开放政党电视竞选广告，民进党的"娃娃篇"就有这种毛病。传播者以迂回的手法，诉求"独立思考、自主选择"，说四十年来台湾民众就像生产线上的塑胶娃娃一样，不能有其他的想法，偶有一些异议人士，就会像生产线上不合格的产品一样被压毁焚烧。对于这支隐晦的广告，很多观众看后的反应都是"好残忍，把娃娃压坏烧掉"，与传播者所期待的反应南辕北辙。

反观国民党的电视广告，虽然了无新意，但掌握了电视传播技巧。国民党将复杂的社会议题简化成最为擅长的经济议题，但对经济议题所带来的通货膨胀、金权政治、贫富差距拉大、环境恶化等负面影响通通避而不谈。选民的认知结构是单纯的，当看到广告中的诉求时，想想现在的生活的确比以前的好，自然会张开双臂欢迎在经济建设上卓有成就的国民党。在议题的选择方面，第一要考虑议题如何产生，这主要来源于民意测验；第二要考虑议题的可说服性，也就是考虑议题与选民内在价值系统的和谐性。在议题的形成方面，必须谨守"简化"原则，换言之，必须给选民一个明确、易懂、一目了然、和他过去经验有关的议题，而不是一个冗长、要深入思考的议题。简化议题有四种方式：筛选、压缩、对比、联结。

（1）筛选。

在一大堆议题中，挑出有利的、符合需要的议题，再予以夸大强调，而其他不利的议题则予以省略或是淡化处理。如1991年国民党的电视广告宣传，便是使用筛选的手法，在"外交"、治安、"国防"、社会问题、"两岸关系"、"国家认同"等议题当中，单单挑出"经济"议题，并全部避让了经济议题所衍生的相关问题，如环境恶化、劳资纠纷、分配不均、通货膨胀等，只谈"现在比过去好"，强调物质生活的改善。

（2）压缩。

亦即以简单的符号来概括复杂或抽象的理念，如用"民主、均富、统一"来代表国民党的大陆政策，用"一中一台"来表示民进党蛊惑民众的"台独"主张，甚至以"老贼"来诉求"国会"全面改选，以"中正庙"称呼中正纪念堂，将其贬化为威权的象征与一姓的宗庙。竞选议题的压缩就是符号化、口号化，好的压缩方式会使政治议题易懂易记、朗朗上口，如"'总统'直选""革新、安定、繁荣""反军权、反特权、反金权"等，从广告语上来讲都是有效的政治议题压缩符号。压缩并不需要保证有内容，"革新、安定、繁荣"内容空洞，也与选举主题无关，不过因为契合了选民要求安定繁荣的心理，也就被选民接受。从广告的传播效果来看能被接受就可算是好广告了。

（3）对比。

所谓对比，是将所主张的议题与所反对的议题或另一议题参照比较，以凸显自己所主张的议题是正确的、优秀的。前述1991年国民党电视广告所提及的"物质生活改善"就采用"过去"与"现在"对比的手法，以显示国民党在台执政四十年经济建设的成绩。

国民党在另一个反对"台独"的电视广告中，以黎巴嫩、菲律宾、南斯拉夫、缅甸等国家因分裂而内乱不止来证明"台独"断不可行，这也是一种对比。而民进党的"饲料鸡篇"，以饲料鸡与土鸡的对比来反讽国民党的"革新、安定、繁荣"，也是运用了对比手法。该片颇具创意但是没有"卖点"，很多观众看后不知道土鸡、饲料鸡和选举有什么关系，更不明白为什么看了土鸡、饲料鸡就要把选票投给民进党。

在1992年第二届"立委"选举时，民进党于电视广告"因为有我们篇"当中，将自己比拟为美国的民主党及加拿大的自由党；另在"苦苓篇"中，以美国式的政党轮替执政制度为例，号召选民支持民进党以发挥监督与制衡国民党的作用，亦算是一种对比。

（4）联结。

议题的提出必须联结当前社会流行的议题，让选民容易记忆。如1991年的"国代选举"时，两党对选举方式有不同的主张，宋楚瑜就有这样的比喻："斯斯有两种，'总统'选举方式也有两种。"将选举方式与当时热门的广告片"斯斯"挂钩，就是一个高明的联结方式。

联结也是政治广告语言与一般流行语的联结。政治广告语言最有韵味的地方在于常常脱离语言原有的情境（context），而成为一个新的比喻式语言（figurative language），如"中国结、台湾结""台独、台毒"。"结"原有的情境是指手工艺品，这里被改换为政治中的省籍联系。"台独"被转为"台毒"后则充满了否定、批判意味，成为充满高度政治色彩的名词。

流行的议题如何与竞选议题相联结，则有赖于广告策划和创作人员的敏感和巧思。

3. 主动扑击

从营销理论或广告理论来看，弱者应采取积极的进攻策略，而强者则多采用防御策略。但是，比较历年来台湾地区政治选举当中的文宣内容，却又印证了"攻击是最好的防御"这句话。国民党"中央"文工会在1989年选举的文宣辅选资料中，对此策略有很好的诠释：所谓攻击策略也就是攻、打、守、辩。攻：展己之长，把本身优势做最大限度发挥。打：击人之短，先确立打击对象、主题，考虑打击后果，掌握证据打击对手。守：守己之短，事先对于自己的弱点提出合理化解释，不得已时要做辩解。辩：解人之打。"攻"的方法一方面在于塑造形象、美化动机，另一方面在于表达政见。如在2000年"台湾大选"中，陈水扁阵营早期的"年轻台湾，活力政府"与晚期的"政党轮替"属于此类，广告使民进党候选人个性突现，口号也是易记易懂。"打"的方法有很多，如揭露黑幕、部分事实推理误导、影子推论、故意栽赃、制造假象等。2000年，陈水扁阵营也在这方面做了大量的工作，发布负面攻击的广告来引起话题。如攻击国民党的"黑金"，连战的"无能与奢侈"等，信息传达得很清楚。而攻击宋楚瑜、张昭雄两家 11 口人却有 6 本外国护照，张昭雄回应时不慎说"应有 7 本"，更引起话题效应，扩大渲染效果，加深了选民的印象。"守"则有事后辩解及反问、主动提出可能被攻击的主题、自问自答、呼救、求援等手段，对可能遇到的情况做事先的防备。如宋楚瑜阵营在 2000 年一开始于广告上所抱策略就是"只宣扬自己，不打击对手"的"守"法，负面广告较少。最显著的便是"省政建设篇"和"勤政爱民篇"，与其说是在宣传政绩，不如说是在渲染"宋省长"与省民水乳交融的情感。其余的一系列广告打的都是软性广告，除了意图联络省籍情结外，也强化了宋阵营的平民形象。"辩"的方式全处劣势，一般不被采用。

4. 负面广告

负面广告是"打"当中最主要的一种广告方式，这也是一种反制广告、诋毁式广告，被定义为"针对竞选对手个性或政见上的失败而产生的广告"（Kern，1989）。它最常用于当一个候选人处于相当落后的地步，或是一个领先的候选人在竞选过程中急转直下时。Kern 将负面广告分为软性诉求与硬性诉求两大类。后者利用暗示或威胁的声音来创造一种残酷现实的气氛，强调候选人对选民漠不关心，所以不能信任。它几乎不利用任何轻松愉快的娱乐性诉求法，重点都在候选人可能对选民造成的威胁上。软性诉求的负面广告则大量使用轻松的娱乐价值、幽默、自我恳求、说故事，或未预料中的事件等来诉求观众，这种广告也可能与负面的情感诉求结合，诸如对个人自我决策过程的不确定、事件具威胁性的层面，或对政治人物个人或阶层的猜疑①。在台湾地区的历届各级选举中，负面广告有愈演愈烈的趋势。1992 年是第二届"立委"选举，民进党在此期间共发布了 31 则电视广告，其中有 19 则都含有负面攻击内容，比例为 61.3%。

在 2000 年"台湾大选"当中，从 2 月 16 日到 3 月 15 日的 29 天内，《"中央"日报》上攻击对手的广告有 33 条，《自由时报》上有 32 条，而《联合报》更是高达 44 条②，分别占三报刊登竞选广告总量的 39.0%、40.5% 和 54.3%。这些只是明显的攻击广告，另外还有隐含攻击性的广告没有计算在内。相关统计结果显示，2003 年 12 月 1 日到 2004 年 1 月 31 日共两个月时间里，绿营进行人身攻击的广告秒数高达 19 万秒，可连续播出 3 天 2 夜，这还不包括其他负面广告；而蓝营即使处在竞选宣传经费匮乏的情况下，发布的人身攻击电视广告总数也接近 10 万秒。

---

① 彭芸. 政治广告与选举 [M]. 台北：正中书局，1992：20.

② 岳淼，陈培爱. 政治传播中的媒介权利——论台湾政治广告的运用 [J]. 现代传播，2002（1）：98 - 100.

2018 年"九合一"选举，民进党发布的一则竞选广告模仿益智节目，通过女主持人与小朋友一问一答，讽刺国民党新北市长参选人侯友宜及高雄市长参选人韩国瑜。网友纷纷痛批民进党抹黑无极限，利用小孩当选举工具。而 2020 年"台湾大选"打到最激烈的时候，民进党掌控的网军在网上大量散布抹黑、诋毁韩国瑜的言论，使韩国瑜的人设轰然崩塌，这也成为韩国瑜大败的一个重要原因。

台湾政治选举时负面广告的大量运用，是因为候选人认为用一般的方式操作不可能成功，而把广告当成一个短期战术工具来使用。有许多来源不明的广告，以几乎没有查证的、暧昧的、无法求真的概念作为广告诉求，自然会涉嫌诽谤。负面广告不实的传播，客观上也造成了选举的低俗化。

四、社交媒体宣传策略①

社交媒体在接触选民、发送信息、推出议题以及政党形象宣传方面有着独特的优势。而作为未来社会主力军的年轻群体，正是社交媒体的主要用户群体。这意味着台湾地区各政党一旦争取到了社交媒体的阵地，就能离年轻选票更进一步。目前岛内最具代表性且影响范围最广的社交媒体是 Facebook 与 PTT。

1. 凸显个人魅力，淡化政治色彩

参选人借助开放的社交媒体平台，转身为"政治演员"，与年轻选民交流沟通、亲密互动；同时，在社交媒体平台上分享生活化的带有个人印记的内容，冲淡强硬的政治信息或竞选信息，会让民众产生较强的亲近感和归属感，从而给民众留下深刻的印象。"政治素人"柯文哲就是一个很典型的例子。他充分利用社交媒体与粉丝互动，多次向大众"真情告白"，以努力生活的平凡人自居："草根人民的心声，我默默听了 30 年"，赢得了选民的情感共鸣。韩国瑜也时常通过网络直播、拍摄小短片拉近与粉丝的距离，同时塑造个人形象，渲染个人魅力。蔡英文在 2019 年竞选期间开启 YouTube 频道，2020 年新冠肺炎疫情期间更是搭配 Instagram 上热门素材进行宣传，为公众提供防疫相关知识。政治人物"网红化"趋势越来越明显。

2. 制造话题，积极展开网络动员

岛内政党大量利用社交媒体平台展开网络动员。在 2014 年"九合一"选举之前，

---

① 本小节借鉴参考了：王大鹏，岳春颖，严洁. 台湾地区选举宣传中社交媒体的使用研究——一种基于深度访谈的分析 [J]. 现代传播，2016（5）：55－60；任冬梅. 网络新媒体对台湾青年选民的影响 [J]. 统一论坛，2015（2）：49－51.

就有不少民进党候选人以网络平台、短片、图像等方式争取年轻人投票，号召青年"为自己发声，成为推动社会改变的动力"。民进党还在 Facebook 发起"1129 公民监票行动"，邀请青年自组"民主监察队"，前往各投票所监票。这一系列的网络动员行动，大大提升了年轻世代的投票率，最终造成年轻世代"翻转政局"的结果。

2019 年选举期间，蔡英文及其团队充分运用 LINE 等年轻人聚集的社交媒体展开宣传造势，发布来信分享、工作照片等内容，吸引粉丝自主扩散，达到宣传效果。还联手 KOL"社群之夜"利用社群组织展开线下活动，通过 LINE 互动游戏，吸引铁粉与之点对点互动，开展竞选造势活动。

3. 引导舆论，攻击政敌

除候选人自己在网络新媒体上公开与网民互动以外，其幕僚以及私下雇佣的"网军"也在网络上操纵舆论，抹黑对手。2014 年"九合一"台北市市长选战中，连胜文在 PTT 上多是负面消息，其任何言行都会被负面解读，使一些不明就里的青年选民选票流向柯文哲。后来柯文哲雇佣的网络水军被起底，据媒体爆料，柯文哲在 PTT 上至少有 33 个账号。

下 编

案例赏析

第十章　香港广告创作特色解读

　　香港是一个东西文化交汇之地，既保留了中国文化的传统，又与西方文化进行了长期的融合，形成香港文化东西荟萃、多元化的重要特色。欧美先进的创意手法、经营理念，在香港可以轻易地被灌输、被接受、被创新，很少有语言和文化上的障碍；同时，又保留了中国传统文化中的精髓，从而造就了香港广告创作的鲜明地方特色。

　　总括起来，同中国内地、台湾地区等华人地区的广告创作相比，香港的广告有以下几大特点：

一、"两文三语"的语言风格

　　在被殖民统治的年代里，英语一直为香港官方的法定语言，政府一向只重视英语教育，加上香港是一个国际大都会，一切对外的交流都以英语为主。在香港，上至上流社会、官方场合，下至贩夫走卒、市井平民，用英语沟通是较常见的。和内地不同的是，香港的大学不再专设英语系，日常教学和学生提交论文均用英文。

　　大部分香港人的母语或第一语言是粤语，英语、普通话只是第二语言。香港在语言和文字上出现中西交汇的同时，汉语言文字上也呈现出一种混杂的局面。正因为如此，香港回归后，特区政府提出的语文教育政策，谓之"两文三语"，即书面语以中、英文并行；口语则英语、粤语、普通话兼顾。

　　事实上，"两文三语"也正是香港广告语言风格的真实写照。在香港的许多经典广告当中，中英文夹杂，粤语、普通话交融的现象屡见不鲜。例如，廉署的广告语"生命冇 take 2（生命没有第二次），请小心演绎"，就在短短十个字的一句话当中，用到了中文和英文、粤语和普通话，甚至还包含了阿拉伯数字，真可谓"两文三语"运用的经典案例。此外，one 2 free "收音机男篇"的"你 free 得起！"、"母亲的抉择"的"做之前，谂谂先（先想想）"、维记阿华田雪糕的"呢啲衰嘢（这些不好的），咕声吞咗佢啰（默默地承受吧）……维记阿华田雪糕就要慢慢叹（享受）啦"等，都或多或少地体现了香港广告这一鲜明的语言特色。

二、淡化政治色彩的内容特点

香港是"世界级国际金融中心""国际商贸中心""国际航运中心和空运及物流枢纽"以及"世界级专业服务中心"，一句话，香港这座国际大都会是以经济为中心的，很多香港人对参与政治的热情也不太高。这种"重经济、轻政治"的消费取向也影响到广告的创作风格，其内容也显示出一种淡化政治色彩的特点。

我们不妨将香港和内地的广告语做比较。内地的品牌形象广告语热衷于表现企业的宏伟抱负、爱国情结或世界胸怀，如"中国人的生活，中国人的美菱"（美菱）、"鄂尔多斯羊毛衫，温暖全世界"（鄂尔多斯）；而香港的广告语则非常注重生活化和口语化，如"你今日饮咗未？"（益力多）、"由头爽到落尾"（水上公园）①。

再如，在 2003 年抗击"非典"的公益广告中，内地的电视广告创意主要表现为与政府的舆论导向一致，广告作品大量利用典型人物（聚焦于某个专家、医护人员）的形象，运用"英雄""战士"等带有极强政治色彩的符号来表现抗击"非典"的各行各业的人员，从而形成主流意识。而香港全城抗击"非典"的广告，则更多的是通过宣传某一市民、无名的医护工作者在各自的生活中与工作岗位上，尽忠职守、爱香港、鼓士气等方面的信息来感染受众。香港电影工作者协会创作的系列抗击"非典"公益广告片《1：99——电影行动》里，没有政治性口号、没有英雄人物，只有市民用行动相互鼓劲，万众一心地从内心喊出"香港必胜"的主题。即使是 2019 年，香港在"反暴乱"这一政治意味十分强烈的事件中所推出的公益广告片，都鲜有政治性口号，更多的是与这个城市的"人"结合起来，以小人物的认真生活、恪尽职守为切入点，展现每个人对自己生活着的地方的热爱，以情动人，从侧面激发市民对暴力行为的反对和对和平的支持。可见，香港的广告更注重给消费者（受众）展现原汁原味的生活原貌，因而能使香港市民感到本真和亲切。

三、中西合璧的文化奇观

香港是一个中西文化荟萃的国际大都会。在这里，既有传统的中国文化，又有外来西方文化的融入，两者交织在一起，形成别具一格的文化特色。可以说，香港文化要多"洋"有多"洋"，要多"土"有多"土"。例如，每年年末，城市的每个角落都会张灯结彩，热烈庆祝西方的圣诞节：用圣诞树装点屋宇、商场和酒店，人们戴上圣诞帽，互道

---

①　杨先顺．差异与融合：两岸三地广告语创作比较［J］．新闻爱好者，2005（1）：45－46.

"Merry Christmas"，互赠圣诞礼物，有的还到教堂参加宗教仪式，即使他们不一定有宗教信仰……而过不了多久，这里又是另外一番景象：写春联、贴"福"字、蒸年糕、除夕吃团圆饭、守岁、相互拜年、互道春节愉快……中西文化在香港交相辉映，和谐共存。

这种中西合璧的文化奇观，同样体现在广告创作当中——有的广告展示西方的价值观；而有的广告则体现的是传统价值的诉求。例如，香港电信的"梦想可成真篇"展示了一幅人类梦想成真的画面，结尾的旁白是"世界变得理想，往往始于天马行空的想象，香港电信，只要有梦想，凡事可成真"，体现了香港人的世界眼光以及追求卓越、实现梦想的品质。而人头马的"人头马一开，好事自然来"则分明体现了中国人追求吉利的传统价值。再如，人头马特级干邑"大红灯笼篇"中的管家大声喊出"大少今天晚上喝CLUB"，更是让人忍俊不禁的中西文化糅合之作。东西两种文化和谐共存、交相辉映，为香港的广告创意作品平添了几分独特的韵味。

四、色彩斑斓的流行元素

香港还是一个流行文化盛行的都市。在广告创作的过程当中，自然也少不了色彩斑斓的流行元素。例如，许多电视广告都启用当红歌星做代言人、使用流行歌曲作为广告歌、采用走红的卡通片主角作形象代言人等。一方面，广告由于流行元素的渗入而更加引人注目，提高了品牌的知名度；另一方面，流行元素因为广告的热播而变得更加流行，同时，广告更可能带动新的元素的流行。这么看来，广告与流行元素真可谓是共生共长、相辅相成。

20世纪90年代初期，香港兴起了当红歌星担当广告主角的热潮，当中最为经典和让消费者印象深刻的是和记传讯的广告，它连续多年采用当时"四大天王"之一的黎明作男主角，并邀请杨采妮、童爱玲等漂亮的女演员当女主角，演出浪漫的爱情故事，广告呈现的内容与产品功能关联不大，剧情讲述了在紧急时刻，主角用了该电信公司的服务与爱人联系。广告配上黎明主唱的广告歌，掀起了一阵明星广告热，更让几句广告对白大为流行，例如"我係咪（是不是）好任性呀""Just to say hi"等。广告歌《情深说话未曾讲》《夏日倾情》《哪有一天不想你》等也掀起热潮，在各大颁奖礼取得骄人成绩，而和记传讯的广告也夺得了多个广告奖项，其品牌知名度和美誉度因此大幅提升。

广告是试图说服消费者的信息传播，因此，必须贴近消费者的生活和社会潮流的发展，有亲和力和时代气息。鉴于此，一些香港广告的原创音乐也向流行音乐靠拢，例如近年流行唱rap（音乐风格），很多广告歌都加入rap的成分，间接反映了广告音乐受流行文化的影响。

此外，启用卡通形象代言人，也是香港广告创作的特色之一。其中的经典案例莫过于地产街的三只白白猪和 one 2 free 的麦兜了。三只白白猪的可爱形象及其趣味盎然的广告歌《三只白白猪》让人印象深刻、耳熟能详；one 2 free 则借助《麦兜故事》的流行热度，让 one 2 free 也跟着"火"了一把，其广告歌曲《仲有最靓嘅猪腩肉》朗朗上口，很快唱到街知巷闻。麦兜同时也出现在香港的众多公益广告中：作为香港湿地公园"代言人"，麦兜与一帮好友造访湿地公园，同时学习中文"家"字与湿地之间久远的关系，从而了解到水对于人类生活的重要性。麦兜还成为香港撒玛利亚防止自杀会的慈善跑活动代言人，香港康乐及文化事务处"保持游泳池清洁"的科普广告代言人，香港卫生防护中心"猪流感，不上学、戴口罩、勤洗手"的广告代言人，以及香港机电工程处被困电梯科普广告代言人等，作为一个有影响力的香港卡通形象，麦兜深入民心，给公益广告本身也带来了巨大的正面影响。

五、直言不讳的社会讨论

香港的公益广告一直表现出色。与内地相比，此类广告涉及的主题更加广泛，基本涵盖所有较为尖锐的社会问题。对于"老"问题，能够保持多年的连续创作；对于"新"问题，则能够迅速反应，主动出击，将目前面对的主要社会矛盾暴露出来，积极引导社会讨论，从而达到解决问题的目的。

相比于内地主题较为宏大、表达较为隐晦的公益广告，香港更愿意关注与平凡人紧密相关的内容，直面各种尖锐的社会问题。例如，内地公益广告较少公开展示家庭暴力、艾滋病等有违中国传统价值观的社会问题①，而香港则持续多年为这些问题的公益宣传拍摄公开的视频内容，有时还邀请明星代言人，扩大公益广告的传播力和影响力，不回避、不隐瞒，引导社会大众直面矛盾和问题。

综上所述，香港广告创作具有"两文三语"的语言风格、淡化政治色彩的内容特点、中西合璧的文化奇观、色彩斑斓的流行元素以及直言不讳的社会讨论等明显不同于其他华人地区广告创作的重要特征。认识和把握这些特征，对于我们更好地欣赏、分析和理解香港广告案例大有裨益。

---

① 叶傲雪. 香港电视公益广告的主题与表现形式探究［J］. 科技传播，2016，8（5）：44−45.

表 10 - 1　香港经典广告语

品牌	广告语	品牌	广告语
华润堂	爱生活　爱健康	屈臣氏	更加关心您
吉之岛	缤纷生活常伴您	三商百货	样样惊喜　再三为你
康泰旅行社	为您做得到	港龙航空	美——好——旅途
亚洲万里通	生活之旅　尽是奖励	机场快线	愉快　就在这旅
史云生鸡汤	天天史云生——煮出新灵感	白兰氏鸡精	活力　魄力　生命力
护舒宝	女人更新　保护更新	bossini	有自己的一套
Lawman 猛龙	从不与人相比　只求突破自己	恒生卡	人生更美　只因有你
台商银行	智慧好伙伴	万事达卡	万事皆可达　唯有情无价
惠而浦家电	为你做得更加好	润迅通信	一呼天下应
人头马 XO	人头马一开　好事自然来	长颈 fov	高人一等
路易十三	品尝醉人尊贵　鉴赏目眩气势	嘉绿仙	口气清新　充满信心
嘉士伯	可能是世界上最好的啤酒	雀巢	选品质　选雀巢
美心快餐	多一点点新煮意	Toyota	丰田贡献　跨越明天
八达通	令生活更轻松	数码通	让你更贴近
飞利浦电器	精　简	三星电视	灵感始于内在
理光相机	拉阔空间　创新无限	香港电信	只要有梦想　凡事可成真
友联电信	突破界限　资讯无间	盛科电话	不作他选
Just Gold 首饰	真女人　真首饰	情牵今生	今天　明天　永远
点睛品	一点生活感	Channel 香水	分享这份梦幻
Playboy 手表	简单就是最好的	万宝龙	非君莫属
柯达	分享此刻　分享生活	福特汽车	活得精彩
标志 607	百年沉淀　一朝迸发	益力多	你今日饮咗未？

资料来源：根据相关资料整理。

第十一章　香港经典广告赏析

第一节　金帆奖获奖作品赏析

金帆奖（前称"香港 HK4As 广告创作大奖"），是香港广告商会每年对优秀广告的认可及推崇的活动，同时被认为是亚洲地区最大型的广告奖项之一。这项广告创作大奖创始于 1984 年，参选作品分为不同种类，包括电视、影院、电台、报章、杂志和户外广告。该奖由一个评选小组负责评选，他们都是来自海外的资深广告人。每个项目分设金、银、铜奖及优异奖。在电视、影院、电台、报章、杂志及户外广告各个类别金奖中分别选出最突出及最优秀的作品颁发金帆奖。金帆奖从中选出当年的最突出及最优秀的作品颁授"金帆大奖"，此为香港广告界的最高荣誉，创作界的"格兰披治"大奖。

一、盲拳打死老师傅——亚洲电视台世界杯"打小人篇"（获 1995 年金帆奖）

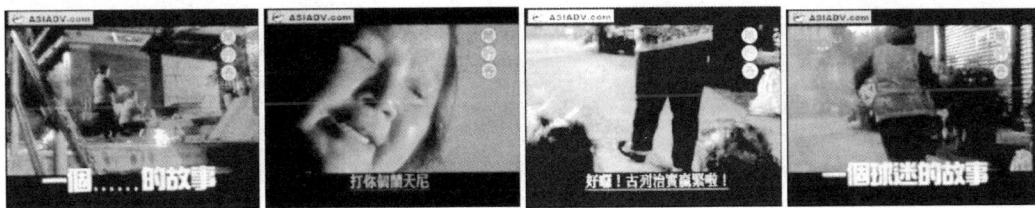

图 11 - 1　亚洲电视台世界杯"打小人篇"

字幕："一个……的故事"

一群老太太在街角打小人。突然，其中一位老太太举起一双球鞋，一边拍打一边用台山话诅咒："打你个兰天尼（伦蒂尼），等你踢球踢着地；打你个白必图（贝贝拖），等你射门专射高；打你个马图斯（马特乌斯），等你越位几十次。打！打！打！打你个头！打你双手！打你双脚！打你无灵利（白痴）！"当地上的纸人被打得不成样子之后，老太太才满意地离去："好啦！古列治（古力特）实赢梗（定）啦！"

字幕："一个球迷的故事"

赏析："打小人篇"是亚洲电视台为推广世界杯足球赛而制作的广告片。没有4A广告公司，没有巨额投入，没有超级明星，"打小人篇"却一举夺得许多专业广告人梦寐以求的金帆奖，真可谓"盲拳打死老师傅"。

广告巧妙地借用了粤港间的一种风俗——打小人，作为摄影题材。描述一位老太太球迷为了让自己心目中的球星获胜，用鞋底拍打代表其他球星的小纸人，表演出奇滑稽，令人捧腹，极好地达到了宣传世界杯足球赛的效果。

片中的这个老太太是荷兰球星古力特的球迷。为了古力特赢球，把意大利队的伦蒂尼、巴西队的贝贝拖、德国队的马特乌斯等世界名将打得"头破血流"，成了"白痴"（无灵利）。荒诞与现实、愚昧与时髦、传统与现代在这则广告中天衣无缝地结合，向我们讲述了一个极具黑色幽默的球迷故事。

"打小人篇"是超低成本的制作。据主创者金科说，不计用来拍摄和剪接等间接成本，全部制作费不到1 000港元。与动辄成百上千万的广告"巨作"相比，"打小人篇"的成功昭示着一个真理：创意才是广告的生命！

二、如此性急——So-net 宽频系列广告（获 2003 年金帆奖）

1．"洗衣机篇"

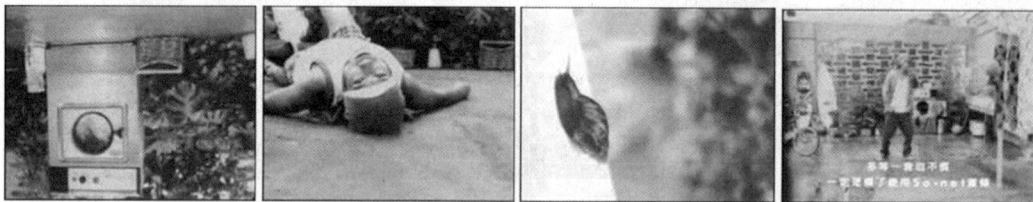

图 11 - 2　So-net 宽频 "洗衣机篇"

男子在洗衣机旁等候，越等越不耐烦，竟然将还未洗好的湿衣服取出穿在身上。

旁白："等多阵都唔惯（等多一会儿也不习惯），梗係（一定是）用惯 So-net 宽频。"

字幕："So-net Sony 优质宽频"

2. "升降机篇"

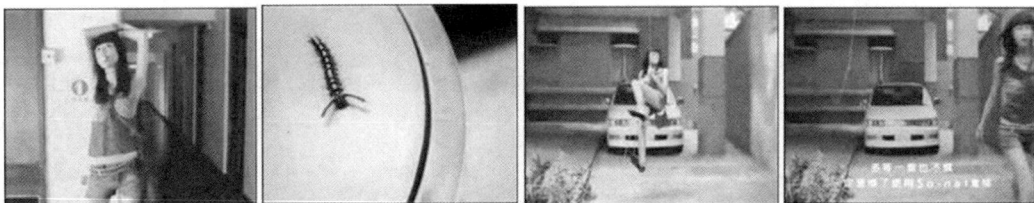

图 11 - 3　So-net 宽频 "升降机篇"

女子在电梯旁等候，越等越不耐烦，竟然取出绳索从窗口一跃而下。

旁白："等多阵都唔惯（等多一会儿也不习惯），梗係（一定是）用惯 So-net 宽频。"

字幕："So-net Sony 优质宽频"

3. "试衣间篇"

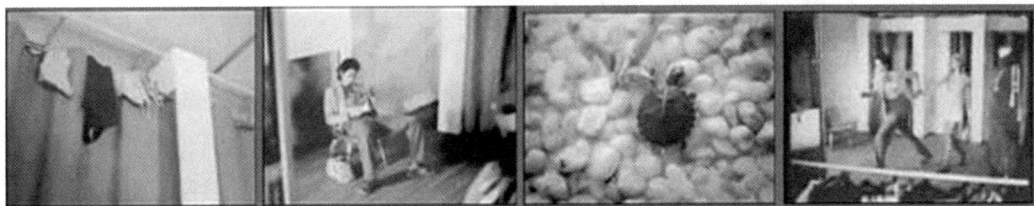

图 11 - 4　So-net 宽频 "试衣间篇"

女子在试衣间换衣服，半天不出来，男友越等越不耐烦，竟然牵着从隔壁换衣间出来的女子走出店外。

旁白："等多阵都唔惯（等多一会儿也不习惯），梗係（一定是）用惯 So-net 宽频。"

字幕："So-net Sony 优质宽频"

赏析：这一系列的广告用夸张而不失幽默的手法，表现了现代人讲求快捷、讨厌等待的心理，并将这些人的不耐烦归结于用惯了 So-net 宽频，突出该项服务"快速"的独特销售主张，带出不习惯等候的人应选用快速的 So-net 宽频的主题。

值得一提的是，三节广告当中，分别出现了三种小动物：蜗牛、毛毛虫和乌龟，很明显，三种动物均为"慢"的符号，代表了一切跟不上用惯 So-net 宽频的人节奏的事物，这样的反讽，更凸现了 So-net 宽频快速的可贵特质。

三、梦想的乐园——麦当劳"I'm Amazing，小童大作"广告（获2012年金帆奖全场大奖）

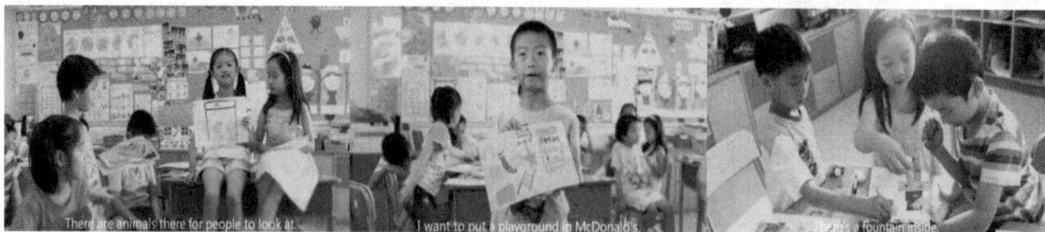

图 11-5 麦当劳"I'm Amazing，小童大作"广告

场景：小朋友在画室画画，并展示其作品

小男孩："我想系（在）麦当劳摆个游乐场，我知道个个人都中意（喜欢）。"

小女孩："有滴动物系度俾人睇（有些动物在那给人看）。"

小男孩："我系（是）暴龙，哇！"

小女孩："哩度就系（这里就是）个游泳池，有滴（有些）机械人可以帮你按摩只脚。"

小男孩："This tree is a singing tree（这是一棵会唱歌的树）."

小女孩："哩只系凳（这个是凳子），哩个系台（这个是桌子），有个喷水池。"

小女孩："个（这）麦当劳系（在）个森林里边，佢地系树上面食嘢（他们在树上吃东西）。"

小女孩："我想麦当劳有音乐室。"

小女孩："Happy birthday to you（祝你生日快乐）！"

旁白："你心目中嘅麦当劳又系点嘅咧（你心目中的麦当劳又是怎样的呢）？"

赏析： 麦当劳一直都是孩子们游玩的天堂，该广告以孩子绘画的形式，展现出他们心中的麦当劳，虽然天马行空，但是充满童趣童真，激发孩子们的想象力，同时，也传递出"麦当劳是孩子们梦想的乐园"的广告理念。除了投放电视广告影片（TVC），恒美广告公司（DDB）同时还印送海报和直销宣传资料到本地学校，来吸引孩子们访问活动主页，参与到"如果你可以建造一个梦想中的麦当劳餐厅，你会放些什么进去？"的活动中。在活动启动的十天内，网页访问量就达45 000次，收到超过760个作品，营销效果非常显著。该广告除了富有创意，还采用网络、电视等平台，线上线下联动，多渠道、全方位地推广该活动，是一个整合营销传播的优秀案例。

四、汗流浃背——Life Yoga "Sweat Campaign" 平面广告（获2009年金帆奖全场大奖）

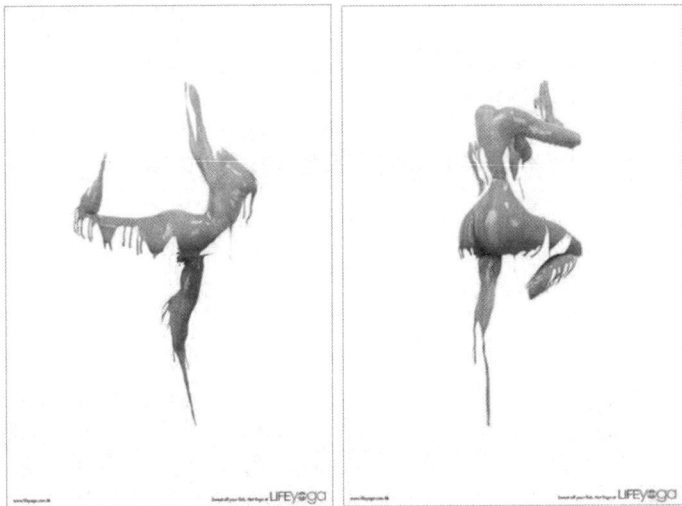

图 11 - 6 Life Yoga "Sweat Campaign" 平面广告

赏析：瑜伽作为一门传统的生理和心理的交叉学科，最初来自印度，但过去几十年，瑜伽已经成为一种为全球各地的人所喜爱的健康的生活方式。Life Yoga 香港瑜伽是专门从事"高温瑜伽"的项目，一系列的姿势在一个房间里进行，且室温保持在40℃左右。通过高温瑜伽，人的身体变得更加灵活，且能加速新陈代谢。该平面广告呈现出了中国"食色性也"的传统文化内涵，以红色的线条呈现肢体在做瑜伽和流汗的画面，在广告中突出高温瑜伽与流汗的健康效果。李奥贝纳创作该作品的灵感来自出汗和美丽的胴体，最终呈现的视觉效果良好，且具有说服力，同时立体地传达了"汗流浃背，高温瑜伽在 Life Yoga"的理念。

第二节 龙玺奖获奖作品赏析

1999年2月，四位来自中国香港地区、台湾地区和新加坡的著名广告创意人林俊明、孙大伟、莫康孙和苏秋平，在香港做了一件对于华文广告界可能有深远影响的事

——创办了"龙玺全球华文广告奖"——一个完全由华侨华人当家的国际性广告类奖项，一个跨越中国内地、香港地区、台湾地区、新加坡、马来西亚和北美各地华文广告市场的创意奖项。龙玺奖共分两个序列七种奖项：一是按具体产品划分的专案类序列，该序列每个类别分设"金奖""银奖""铜奖""佳作"，并最终从所有获"金奖"作品中选出唯一的全场大奖即"龙玺大奖"；二是创意工艺类序列，每个类别分设"创意工艺大奖"和"创意工艺大奖提名"。

一、一口"吞"掉烦恼——维记阿华田系列广告（获 2005 年龙玺影视广告金奖）

1. "晚饭篇"

图 11 - 7　维记阿华田 "晚饭篇"

一位典型的香港青年在家里吃晚饭，不料全家人上演抢食大战，刹那间已杯盘狼藉。手快有得吃，青年因为手慢而独对空盘嗟叹，不仅如此，他还要被命令去洗碗筷。面对不快，青年用自己的一张嘴，把让人心烦的桌凳碗筷统统吞到肚子里。这时候，维记阿华田的雪糕车推来，青年将一切烦恼抛到脑后，开始独自享受起香甜可口的雪糕来。

旁白："呢啲衰嘢（这些不好的），咕声吞咗佢啰（默默地承受吧）……维记阿华田雪糕就要慢慢叹（享受）啦!"

2. "恋上篇"

图 11 - 8　维记阿华田 "恋上篇"

青年暗中眺望对窗邻家女孩，日久生情，终于鼓起勇气准备向她表白。他悉心打扮一番，再回到窗口，不料心中的女神变成了正在工地施工的糟老头，满腔的热情顿时熄灭。愤怒的青年用自己的一张嘴将挡在眼前的障碍统统吞到肚子里。幸好还有维记阿华田雪糕，才让青年心情平复、苦尽甘来。

旁白："呢啲衰嘢（这些不好的），咕声吞咗佢啰（默默地承受吧）……维记阿华田雪糕就要慢慢叹（享受）啦！"

3. "海滩篇"

图 11-9　维记阿华田"海滩篇"

青年兴致勃勃地乘车到海边游泳，不料恶鲨横行沙滩，游泳计划无奈夭折，心情极度郁闷的他，一怒之下，将鲨鱼吞入肚中。还好有维记阿华田雪糕，当作失意人生中的美事作为补偿。好好享受。

旁白："呢啲衰嘢（这些不好的），咕声吞咗佢啰（默默地承受吧）……维记阿华田雪糕就要慢慢叹（享受）啦！"

赏析：对香港年轻人来说，维记阿华田一直伴随着他们成长。要突出维记阿华田雪糕"好味"的特点和生活化的形象，系列广告沿用了"阿田"这个维记阿华田雪糕的卡通代言人——一位在小康之家长大的典型的香港青年。

系列广告选取了极易引起消费者共鸣的、反映香港年轻人生活方式的三个典型生活场景——饭桌上、恋爱中和旅游时——无论何时何地，无论有多不愉快的经历，只要来一杯维记阿华田雪糕，一切都会变得美好，突出了维记阿华田雪糕"生活上的甜美事"的定位。

值得一提的是，系列广告巧妙运用了夸张的表现手法。当卡通代言人"阿田"不顺心的时候，便一口把不快统统吃掉。这在生活当中当然不可能发生，但这样夸张而不失幽默的情节，却恰到好处地反映了年轻人的普遍心态——有不开心的事情，把它们统统抛诸脑后，尽情享受眼前的甜美事。广告暗示，这个甜美事不是别的，正是维记阿华田雪糕。

系列广告成功地将维记阿华田的品牌与"美好"联系在一起，让消费者在购买和消费的时候，都能产生美好的品牌联想——维记阿华田：生活中值得"慢慢叹（享受）"的美食。

二、街头出击——可口可乐 DIY 圣诞装置街道广告（获 2007 年龙玺拢合广告金奖）

图 11 - 10　可口可乐 DIY 圣诞装置现场

2006 年圣诞节，可口可乐以街头"游击"的手法与受众"正面交锋"，让年轻人近距离参与到可口可乐的营销活动中来，让他们在团体活动中相互感染、传播快乐。为此，可口可乐向现场的年轻人派发 LED 灯泡 + 磁石 + 胶贴，请大家一起动手制作圣诞 LED 装置。本次营销活动分三个阶段：①酝酿——在网上散播玩家自拍短片，把神秘试用装送给城中名人及潮流推动者，酝酿声势；②出击——通过潮流杂志及沿街分发的方式在铜锣湾闹市区派发逾 170 000 套圣诞 LED 装置，在铜锣湾时代广场摆放一棵巨型铁制圣诞树，让群众集体装饰，同感快乐；③散播——以可口可乐香港地区官网和 YouTube 等网站作为"病毒式"营销的平台，让年轻人自创及自由发布相关主题的视频，把信息传播的主动权交给他们。

赏析：可口可乐已经是家喻户晓的品牌，但它希望进一步扩大自己的年轻消费者群体，成为年轻人最爱的饮料品牌。圣诞节是深受香港年轻人喜爱的节日之一，本次可口可乐营销摒弃了传统的影视广告和平面广告形式，将圣诞树搬到闹市区铜锣湾时代广场进行现场营销活动。圣诞节前，充分利用互联网和关键意见领袖（KOL）进行活动预告，吸引年轻网友关注；圣诞节当晚，在闹市区派发圣诞 LED 装置吸引路人眼球，参与现场装饰圣诞树活动或旁观活动的年轻人在社交平台上传播这次有新意的可口可乐营销活动，让更多人了解到可口可乐年轻和自由的品牌内涵，将可口可乐与年轻人相联系，成为年轻人的标志性饮品，从而吸引更多年轻人购买可口可乐产品。

三、最美不过父女情——惠康超市"父女篇"（获2008年龙玺创意工艺大奖）

图 11 - 11 惠康超市"父女篇"

这则广告讲述的是一个发人深省的故事：讲述了小女孩压抑小孩天性，把用于玩乐的每一块钱省下来，买下爸爸一点时间用来陪伴她的父女情故事。

镜头一开始是一个小女孩站在爸爸的办公室，背后是爸爸在认真工作；下一秒小女孩站在电玩城里，没有玩电玩，而是选择离开；看着朋友手中的冰激凌，小女孩露出渴望的眼神，但是依然选择走开；看着玩具店里好看的玩具、鱼店内金鱼缸中游动的金鱼，小女孩一次次选择离开。不论场景如何变化，小女孩一直将手中的硬币握紧并举至肩高，口中说着："能省一块就是一块。"

小女孩："我爸爸每个月赚一万两千块，也就是说我爸爸每个小时赚十来块。能省一块就是一块，省下钱，等我把钱存够了，爸爸就不用经常加班了。能省一块就是一块，把钱存够了，不就可以买下爸爸的一个小时了吗？"

最后，小女孩终于把钱存够了，爸爸从办公室消失，来到了小女孩面前。小女孩笑着说："爸爸，我买了你一会儿！"在爸爸身边，小女孩开心地笑着玩着。

旁白："钱赚得不容易，懂得怎么用就更加不容易。"

屏幕最后出现惠康超市的标志，并写着标语"珍惜一块一毛"。

赏析： 这其实是一个耳熟能详的故事，但是能将熟悉的故事拍得打动人心也是一件难事。小女孩每每看到想要的东西，没有将手中的零花钱花掉，而是握紧硬币把钱省出来让爸爸陪伴她，父女情在这一刻体现得淋漓尽致。加班的爸爸是为了能给家里带来更多收入，而选择不花钱的小女孩是体贴爸爸的辛苦但又渴望爸爸的陪伴，于是选择用零花钱买下爸爸的时间。

这则广告还有一个独特的动画特效，每当小朋友放弃一样玩乐的东西，爸爸的身体就会一点一点地变得完整，从省出一双皮鞋，到爸爸的下半身，再到手臂，再到整个上半身，最后爸爸整个从办公室抽离来到小女孩身边。让观众在心疼小女孩的同时，也期待着她可以赶快存够钱，从而将观众带入情境中，备受触动。

广告传递着"珍惜一块一毛"的美德，通过小女孩节省自己的零花钱买到爸爸一个小时的工作时间的故事，告诉我们一块一毛也可以攒出大用途，从而展现了惠康超市关怀社会、促进和谐的理念和形象，同时暗示惠康超市有很多的折扣优惠，商品物美价廉，能帮顾客省钱。

四、想象与现实——香港益力多系列广告（获2011年龙玺影视广告金奖）

1. "外卖员篇"

图 11 - 12　香港益力多系列广告"外卖员篇"

一个外卖员回忆着有一天他送外卖到一栋豪宅时发生的故事。

外卖员："你多给我五毛钱啊！"

富豪："你那么诚实，好，我想将所有财产送给你！"

外卖员："切！我一定相信啊！"

富豪："我把我的女儿也嫁给你！"

外卖员挑了一下眉，陷入想象中。幻想中外卖员和富豪女儿在一起饮酒、弹钢琴，外卖员手拿金条和钻石，开豪车、坐游轮，拥有各地的房产……每一天都过着奢华的生活。突然，外卖员回到现实。

外卖员："别跟我开玩笑吧老家伙！"

最后，外卖员走出豪宅大门。

旁白："有些东西有时会好得你不相信，就好像益力多是有益肠脏，相信吧！"

最后画面中出现益力多的图标，下面写着标语"你今日饮咗未！"

2. "足球小生篇"

图 11-13　香港益力多系列广告"足球小生篇"

一个小男孩站在自家大院里回忆着有一天有两个陌生人（一个翻译和一个巴西教练）来自己家的故事。

翻译："这位是巴西最出名的教练！"

小男孩："（这个人）说要将我打造成朗拿度（罗纳尔多）接班人，我的龅牙倒像他的呢！"

翻译对小男孩妈妈说："他（教练）觉得你的儿子，很有潜质！那你觉得如何？"

妈妈陷入想象中。幻想中，儿子坐着飞机去参加足球比赛，凭着一记关键射门获得了冠军，全世界都在为他欢呼，儿子成了世界名人。突然，妈妈回到现实。

妈妈："给我滚！你在骗我呀！"

翻译和巴西教练开着轿车落荒而逃。

小男孩："他们俩真是神经病！"

旁白："有些东西有时真会好得你不相信，就好像益力多是有益肠脏，相信吧！"

最后画面中出现益力多的图标，下面写着标语"你今日饮咗未！"

赏析：这是两个非常"无厘头"的广告。外卖员和富豪对话时想象富豪将全部财产送给他后的场景，母亲在与教练对话后想象自己儿子成为世界冠军的场景，而最后他们都会回到现实，发现世上没有这么好的事情。整个广告的色调对比明显。从图 11-12 和图 11-13 中可以看出，幻想中的场景的色调鲜亮，让人神往，再回到现实的暗淡，让人觉得突然失落。而这时，在现实和幻想对比后，出现旁白"有些东西有时真会好得你不相信"，让观众好奇还有什么会比这两个幻想场景更美好，然后说出"益力多"的品牌名，让大家对益力多的功效"有益肠脏"印象深刻。

五、价格由你定——Burger King 靓价你有 SAY！（获 2011 年龙玺拢合广告金奖）

图 11 - 14　Burger King 靓价你有 SAY 直销广告

在香港这个速食文化盛行的社会，Burger King 被消费者认为价格过高，而且由于较迟进入香港市场，忠实粉丝也相对较少。如何才能改变 Burger King 价格过高的印象，吸引更多消费者呢？

有人在 Burger King 的 Facebook 粉丝专页上提出，"每个人都有享用美味汉堡的权利！"对此，Burger King 作出大胆回应：由消费者决定价格！若有 500 人成为 Burger King 的 Facebook 粉丝，我们会将 3 款套餐的价格永久性地调低 1 元。消息火速传开，人们在 Facebook 上广邀朋友加入。仅用了几个小时，Burger King 就实现了先前的目标。于是他们再定下另一个目标：若有 800 人加入，套餐将降价 2 元。参与这个活动的人数规模就如雪球般越滚越大，产生了令人意想不到的效果。3 天时间内，Burger King 的 Facebook 粉丝增加了三倍，而套餐价格则从 33 元降至 25.5 元。销量上升超过 20%，顾客流量增长逾 30%。更重要的是，它证明了一个道理：要成功赢得消费者的心，并不一定需要花费大量金钱。

赏析： 这是一个卓有成效的线上直销广告。麦当劳和肯德基以低价在香港市场上占领先机，Burger King 在缺乏价格优势和市场先机的情况下，使用线上广告吸引消费者。Burger King 首先在 Facebook 上大胆回应消费者关于自己汉堡价格过高的评论，将定价权交到消费者手中，前提是 Burger King 的 Facebook 粉丝数量要达到一定规模。这时，想体验 Burger King 和觉得这个降价方式有趣的网民自发邀请好友关注 Burger King。在这样的"病毒式"传播下，Burger King 的粉丝数大增。这次营销活动不仅使消费者用更低廉的价格购买到汉堡，也让更多人记住了 Burger King 的品牌。

六、全球最宜居城市——贫困住房问题公益广告（获 2013 年龙玺户外广告金奖、公益广告金奖）

图 11 - 15 贫困住房问题公益广告

根据《经济学人》的评选，香港被评为全球最宜居的城市之一。但是真的如此吗？事实上，如今仍有超过 10 万香港人居住在笼屋、劏房①或天台屋。他们的起居饮食都要在平均不到 4 平方米的空间内进行。

阳狮广告公司和香港社区组织协会通过以下四种方式让香港人更关注这个问题：①设计出笼屋住户的迷你模型，并安放在人流量最多的街道，旨在把他们不为人知的苦况呈现在大众眼前；②给香港市民发送一封"关不掉"的电邮，带出"忽视劏房问题并不能让问题消失！"的信息；③制作一系列以俯瞰的角度呈现劏房全貌的海报，在 Facebook 上不断散播，并展示在整座城市的大街小巷；④制作二维码请愿信并直接发送给时任行政长官梁振英，要求香港特区政府为贫困阶层兴建更多的公共房屋。

本次活动中电邮和海报获得了"病毒式"传播效果，网上及国际媒体的关注不断增加。香港社区组织协会的展览也同样获得成功，一星期内超过一万名市民参观了展览。此外，也有超过一万名市民扫描并转发了二维码请愿信。通过这些活动，阳狮广告公司与香港社区组织协会一同说服了行政长官及其政府为贫困阶层改善住房条件。

赏析：这是一则旨在改善香港贫困阶层住房条件的公益广告。闹市区的迷你模型吸引市民驻足拍照，"关不掉"的电邮和海报获得"病毒式"传播，这些传播都是为了让市民参与到二维码请愿信活动中来，更成功地说服行政长官及香港特区政府出钱改善贫

---

① 劏房即"分间楼宇单位"，又名房中房，是香港出租房的一种。业主将一个普通住宅单间分成不少于两个较小的独立单间，然后作出售或出租之用。每个小房间的面积由几平方米到十平方米不等，月租金亦要三至五千港元。租客通常为草根阶层、新来港人士或单身人士。

困阶层住房问题。这是一次非常有意义的公益广告，从"最宜居城市"到住房问题的严重性，其实只是从不同角度看到的不同的香港。然而，正是因为这两者之间的对比太过鲜明，才使得这次活动更加成功。通过这些方式让更多市民了解香港的真实情况，共同请愿帮助香港成为完全意义上的"最宜居城市"。

七、好看又好吃——四方创意电子书店二维码曲奇广告（获 2013 年龙玺户外广告金奖）

图 11-16 四方创意电子书店二维码曲奇广告

四方创意电子书店是以保护环境为宗旨的非纸质书店，每一本电子书，都为地球节省了用纸。因此，在广告宣传方面，它亦致力于寻求对环境保护有利的途径。

二维码能将移动设备连接至网络数据，它们大多以传统方式印在不同介质上，一旦过量印制，便会对环境造成破坏。因此，葛瑞广告决定将二维码脱离传统宣传单，改为印在一个全新的、可生物降解和保护生态环境的广告媒介——曲奇上：美味可口的曲奇上印有二维码的食用糖衣，并于广受欢迎的咖啡店内与咖啡一并供应。客人只需扫描曲奇上的二维码，即可免费获赠电子书籍。现在你可以轻松地"咀嚼"好书，同时为环境保护出一分力。

这一广告以港币四万元的成本，于一星期内派发超过八千块二维码曲奇。电子书店的网页浏览量提升了 45%，销售额增长了 12%。

赏析：这次广告活动中最新颖的一点是将二维码与食物联系在一起，用食用糖衣印制二维码，既可食用又环保，妙不可言。而与香港广受欢迎的咖啡店合作保证了宣传的质量和数量。咖啡店内人来人往，且多为爱好阅读的年轻"小资"人群，这样的广告更容易吸引眼球，并让他们成为传播中端，自发扩散传播，从而在提升销量的同时，强化品牌的环保形象。

八、电影竞猜——美亚集团一秒电影广告（获 2013 年龙玺拢合广告金奖）

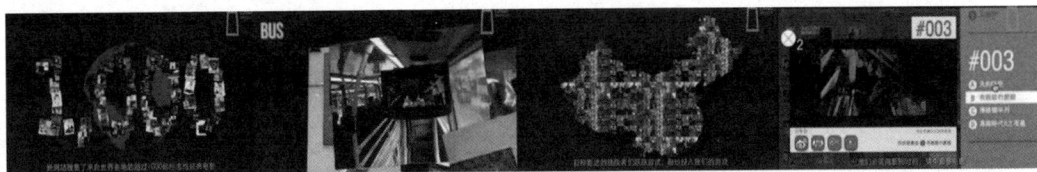

图 11 - 17 美亚集团一秒电影直效广告

美亚集团是二十世纪八九十年代中国顶尖的电影公司。2012 年，美亚推出了新的电影平台，收藏了千余部经典老电影。麦肯（香港）的目标是推广这个新网站，但老电影缺乏新鲜感，经典成了缺点。

为了让它们重焕吸引力，需要抓住影迷心理：他们为影迷身份自豪，更乐于证明自己对电影的了解和热爱。"猜电影"的竞赛形式由此而生：从多部电影中截取一秒钟片段，让影迷们只靠这个镜头，猜是哪一部电影。高难度的挑战重新唤醒了影迷们对老电影的兴趣和激情。为了让竞赛被更多影迷看见，麦肯让电影片段布满整座城市。当影迷饶有兴致地点开这个竞赛，他就再一次找到了老电影曾带给他的感动，也和美亚的新网站建立了一秒的互动关系。麦肯还设计了在微博和 Facebook 上的分享求助功能，让竞赛在影迷的社交媒体圈产生更大影响力。

本次活动成功吸引了大批影迷的参与，超过 50 000 名电影爱好者完成了竞赛，网站收获了 2 596 831 次点击，总浏览量更达到 952 441 037 次。

赏析：这则广告主要靠电影平台上的"猜电影"线上竞赛游戏与影迷进行互动。每个影迷都会觉得自己看过的电影最多，那么用什么方式可以让影迷之间比一比呢？这个游戏设置得非常有趣，一秒识电影，不仅考验影迷对电影情节的记忆力，也会激发影迷的好奇心。而游戏的分享求助功能，则让影迷们自发为电影平台宣传，从而吸引更多网民的注意力，为电影平台实现引流。

九、KEEP or GIFT——Gift Box 礼品盒广告（获 2014 年龙玺公益广告金奖）

图 11 - 18　Gift Box 礼品盒广告

一直以来，香港人要捐赠物资，必须亲自把物品带到救世军①的回收站。然而香港人日常生活繁忙，要他们平日收拾东西，还要自行带到回收站，会令善心变成一种负担，难以取得好的效果。数年来，主动捐赠的物资数量有下降趋势。

为改善香港物资捐赠情况，香港李奥贝纳联合 CROWN，创造了"Gift Box"的设计，鼓励全港搬运公司及市民响应。这一设计非常简单，就是在传统搬运纸箱的顶部，印上 Keep 及 Gift 两种设计。人们将东西收进纸箱后，把顶部折成"Keep"的一面，示意这是要保留的东西，它们将会被送到新的地址；如果折成"Gift"的一面，代表这是人们愿意捐赠的物品，搬运公司便会自动将这些物资送给救世军。广告公司邀请更多搬运公司在网站下载设计方案，然后自行印在原有的纸盒上即可。

这个新颖的设计成功传遍全香港，香港市民参与捐赠率比同期增加 40%。救世军获得更多有用资源，香港有额外 30% 的贫苦家庭得到捐赠。更重要的是，这只是第一步，50 家搬运公司已表示有兴趣参与这个回收计划。

赏析：这是一个公益广告活动，帮助生活繁忙的香港市民更方便有效地捐赠物资。Gift Box 的设计是一个小巧思，关键还需要搬运公司和市民的配合。对于市民来说，通过一个简单的折纸盒动作，就可以完成捐赠，既方便了自己又帮助了他人，无疑是一件

---

① 救世军是一间国际基督教教会和慈善组织，致力于关怀社群。1930 年起，救世军开始为香港社会服务。

善事。对搬运公司而言，则需要自行前往网站下载设计方案并打印至自己公司生产的纸盒上，这笔额外花销需要搬运公司自行承担。一个小设计，就能改变人们的心态，进而为有需要的人提供帮助。

十、重温金句——士力架"肚饿语录"广告（获 2015 年龙玺户外广告金奖、2015 年 One Show 中华创意奖金铅笔奖、2016 年大中华区艾菲奖金奖）

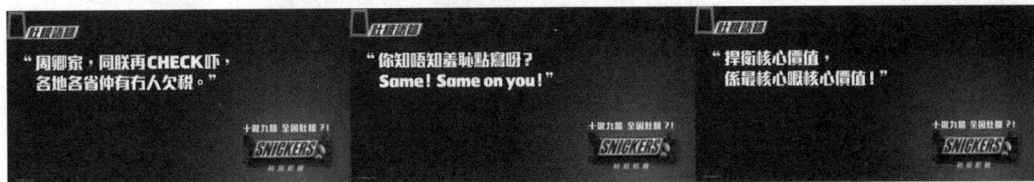

图 11 - 19 士力架"肚饿语录"广告

士力架的创作理念是"肚子饿得你变得不像样"。碍于预算问题，士力架希望通过低成本在香港市场进行宣传，提高产品销量。士力架利用香港人所共知的口误语录，如陈豪在 2003 年的无线剧集《帝女花》中饰演崇祯皇帝，其中一集将"同朕再查吓"（帮朕再查一下）脱口而出说成"同朕再 check 吓"；2014 年 5 月"立法会""议员"钟树根在"立法会"铁路小组委员会上，炮轰当时的港铁行政总裁韦达诚未及时汇报高铁工程延误，发言时说了一句："Shame！Shame on you！"后来被网民取笑其英文发音不准。

这些口误语录在香港家喻户晓，因此可以引发受众强烈共鸣。士力架将名人们说错话的原因归咎为肚子饿了，并将"十做九错，全因肚饿"作为广告口号，明示大家士力架可以"秒杀饥饿"，吃士力架就不会再说错话。

这一系列的创意平面广告引发讨论话题，突破有限度媒体投放所带来的覆盖率。在前 4 天，士力架广告取得 723 692 次线上查看、点赞以及分享，其销售量较上年度增长了 17%。

赏析：香港人常以他人口误为幽默素材，尤其是名人、政治家或新闻主播的口误。这些"金句"都被广泛讨论、分享及进行二次创作，继而成为香港人的集体话题。这一系列广告内容或来自电视剧中的演员口误，或来自"立法会""议员"的英文发音不准，或来自特首候选人的不断重复。士力架通过这一广告，告诉观众很多人肚子饿时，都会做错事或发生口误，希望通过该广告让大家重温这些名人金句，勾起香港观众的共鸣，从而提高品牌知名度和产品销量。

十一、消除偏见——零标签咖啡车广告（获2015年龙玺互动广告金奖）

图11-20　零标签咖啡车广告

大多数香港市民担心会因和艾滋病患者日常接触而受到感染。为了消除香港市民对艾滋病的误解和偏见，提高香港人对艾滋病的关注和认识，让艾滋病患者能生活在一个不被标签化的社会环境中，腾迈派出一辆"免费咖啡"专车。

专车上标示着免费咖啡是由艾滋病患者冲调的，3天内，这辆专车走访了香港5个繁忙的街区，接触到230万人，记录下路人的不同反应，并将拍摄的视频在网络上进行发布，从而引起广泛的讨论和媒体报道，让大家明白艾滋病不会因日常接触而传染，也加深了市民对艾滋病患者的了解。最后根据独立问卷调查，97%的受访者表示会以更加正面的态度面对艾滋病患者。

赏析：这是一则社会公益类广告，旨在消除香港市民对艾滋病患者的偏见，并提高对艾滋病的认识。艾滋病患者通常在承受着自我心理压力的同时，还会受到来自社会舆论的压力。这一线下互动广告用冲泡咖啡的形式告诉大家，日常接触不会感染艾滋病，让更多的人用更宽容的心态给艾滋病患者一个包容的生活氛围。

第三节　香港十大电视广告获奖作品赏析

在香港广告客户协会和香港广告商会的支持下，从1994年开始，亚洲电视（ATV）有限公司举行一年一度的"香港十大电视广告"评选活动。其评选过程分为两部分：

第一部分是，由亚视市场研究组从过去一年里在香港亚洲电视或无线电视播出的众多广告中选出 300 多个，再由初步评选委员会对 300 多个广告进行审阅，每个评审委员会可依他们的专业眼光提名名单以外一定数量的广告片加入初选，然后评选员以一人一票的方式从中选出 60 个广告为候选广告；第二部分是，亚洲电视进行展播，由市民直接投票，得票最多的便成为"全年十大最受欢迎电视广告"。因此，评选活动的直接评判者是电视观众，故明星广告和人情味浓厚的广告往往是评选中的热门赢家。

TVB 最受欢迎电视广告大奖（TVB Most Popular TV Commercial Awards）由电视广播有限公司主办，首届于 2007 年举行，当时名称为"TVB 最受欢迎广告颁奖典礼"，2008年起改为现在的名称。颁奖礼在翡翠台及高清翡翠台播出，这是香港地区第三个专为广告而设的颁奖礼，举办目的是对抗亚洲电视已办多年的"十大电视广告颁奖典礼"。该奖于 2017 年停办。

本部分的经典案例均选自以上两个奖项，一定程度反映了近 30 年来香港观众对电视广告的偏好。

一、铁达时获奖广告

1. 不在乎天长地久，只在乎曾经拥有——"天长地久篇"（获 1994 年香港十大电视广告奖）

图 11 -21　铁达时"天长地久篇"

怀旧的音乐和画面把我们带回到了战争年代。一对新婚夫妇恩爱缠绵，然而战争突如其来，飞行员丈夫毅然出征沙场。临别时，他将镌刻着"天长地久"的手表交给爱妻，此时，难分难舍的恋人紧紧地拥抱在一起。

战机缓缓起飞，妻子望断长空，透过眼中闪烁的泪花，往日那甜蜜欢乐的情景又一幕一幕地浮现在眼前……这时，广告语出现："不在乎天长地久，只在乎曾经拥有。浪漫灵感，铁达时。"

赏析：该广告是已故广告奇才朱家鼎的代表作之一。

广告以怀旧的方式展示了一幅美丽的爱情画卷。故事情节凄美动人、可歌可泣，周润发和吴倩莲的倾情演绎让人回味无穷，也让每一位观众打内心深处产生强烈的共鸣——缠绵、欢笑、离别、泪水……这浪漫感人的一幕幕，不正是我们梦寐以求的爱情吗？

广告中，铁达时手表作为一种符号，象征着至死不渝的爱情。当品牌的内涵价值能为消费者所认同，在其心目中占有一席之地，它的位置便难以动摇。情侣间通过铁达时手表来传递对对方的爱慕与忠贞的信息，就像一个定情信物，让对方永远怀念。广告语"不在乎天长地久，只在乎曾经拥有"画龙点睛，道出千千万万观众的心声，遂成为人们广为传颂的永恒的经典语录。

2. 时间，让爱更了解爱——"企鹅篇"（获 2015 年 TVB 最受欢迎电视广告奖）

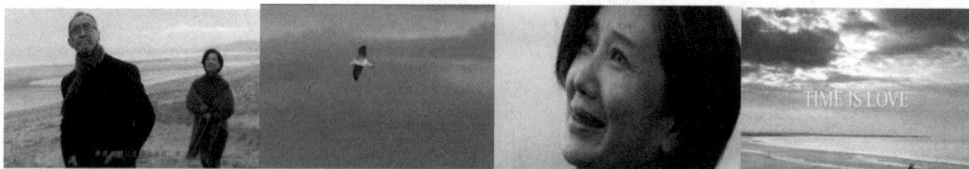

图 11-22　铁达时"企鹅篇"

熟悉的铁达时背景音乐再次响起，黑白色调的画面出现在眼前。一对中老年夫妻一前一后走在安静的海滩上。

男："老了，走起来像两只企鹅。"

女："传说企鹅以前是会飞的，有一只母企鹅因为翅膀太短飞不起来，后来气候突变，大部分的企鹅都飞走了，只有一只公企鹅决定留下来陪她。为了生存，他们努力学游泳，终于学会在海中觅食，从此他们就一起留在了海边。"

此时，妻子突然停下脚步，神情忧郁地说："对不起，为了我，让你放弃了天空。"

丈夫沉思片刻，深情地说："没关系，有了你，我才获得了海洋。"

妻子感动落泪，两人挽着手，继续前行。

临近结尾，画面出现一行大字："TIME IS LOVE"，最终出现铁达时情侣表的图片，右边写着品牌名，左边写着："时间，让爱更了解爱。"

赏析：广告选取一对中老年夫妻作为拍摄对象，意在将目标消费者锁定在中老年群体，因此色调运用了较为厚重的黑白，也呼应了两人对话中的"回忆往事"。简单但意蕴深长的对白令人动容，尤其是最后男人说出的那句"没关系，有了你，我才得到海洋"，真实流露出两人之间的爱和相守相依的情谊，呼应"时间，让爱更了解爱"的品牌主题语，让消费者从情感上更加认可这一品牌。

二、和记传讯获奖广告

1. 有缘嘅我哋会再见——"天地情缘篇"（获 1994 年香港十大电视广告奖）

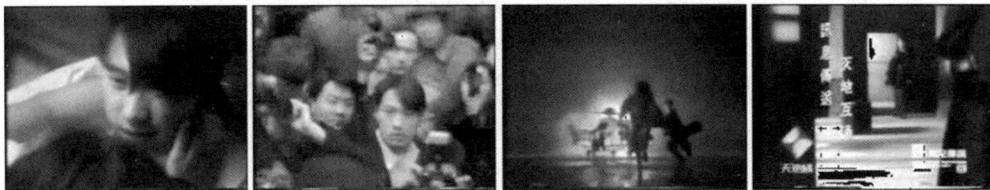

图 11 - 23　和记传讯"天地情缘篇"

广告歌《哪有一天不想你》唱起。

故事讲述男主角（黎明饰）与女朋友（阿 May）在同一机构工作，当发现了管理层一些秘密勾当后，男主角义无反顾地向管理层发起挑战，从此，两人为逃避追杀，不但过着逃亡的生活，更因此被迫分离。故事发展到两人要被迫分开时，黎明跟女主角说："有缘嘅我哋会再见（有缘的，我们会再见）。"最后，两人历经磨难，终于重聚。而无论在逃难前、逃难时和重逢后，和记传讯都是故事主人公互通信息的工具。

旁白："无论几远距离，始终维系的是，和记传讯，信息传送，天地互通。"

赏析：当年"天地情缘篇"在香港的电视台首播，轰动全城。广告的成功，首先，是因为请来了当红的香港"四大天王"之一——黎明担当主角，超强的人气带旺了广告的收视率；其次，广告讲述了一个曲折动人的爱情故事，虽然故事略显新意不足；再次，是史无前例地在电视中播出全长三分半钟版本的广告片，不消片刻这个广告便街知巷闻，更成为全城的热门话题；最后，主题曲《哪有一天不想你》锦上添花，与广告交相辉映，借着这个广告的成功，该曲也成为当年香港乐坛颁奖礼的常客。和记传讯每每在关键时刻发挥作用，体现了"无论几远距离，始终维系的是和记传讯"的广告口号。

2. 要赢人，先要赢自己——"超越自我篇"（获 1997 年香港十大电视广告奖）

图 11－24　和记传讯"超越自我篇"

黎明旁白："每天都是一场新的竞赛，赢输不是一场半场决定的。"

广告歌《只要为我爱一天》唱起。

黎明与冯德伦（饰叛逆少年）情同手足。冯德伦年轻气盛，争强好胜，甚至与人打架斗殴，黎明屡劝不止，还说："我係咁嘅啦，点嘛（我是这样的啦，怎么啦）？"

无奈，黎明只好用蹦极来测试他的勇气，企图以此劝阻他再与别人发生摩擦。黎明一跃而下，站在一旁的冯德伦被吓呆了。

黎明旁白："要赢人，先要赢自己。"

旁白："和记新干线，城市联系新动力。"

赏析：跟老一代人相比，新一代的香港少年，有着更为反叛的性格，广告片中冯德伦所饰演的便是这样的角色。年轻人看了广告中讲述的故事，很容易产生共鸣，好像这些就是发生在身边的事情。然而和记传讯并非推崇反叛，而是在推广服务的同时，向年轻人倡导新的竞争观，通过黎明的口说出"每天都是一场新的竞赛，赢输不是一场半场决定的""要赢人，先要赢自己"，借以引导年轻人的行为，从而带出和记传讯的健康形象。

3. 英雄救美——"雪山篇"（获 1998 年香港十大电视广告奖）

图 11－25　和记传讯"雪山篇"

旅途中，黎明与女友斗气吵架，更因她穿着清凉而吃醋，与人打起来，脸上的疤痕清晰可见。在驱车去雪山滑雪的路上，两人仍处于"冷战"状态。女友拿出苹果给黎明，试图和解，岂料黎明不予理睬，女友也毫不示弱，一气之下将苹果扔出车外，"冷战"俨然升级。

广告歌《我这样爱你》唱起。

雪山之巅，两人蓄势待发。黎明示意女友从左边出发，女友却坚持从右边下行："男左女右嘛！"滑到半程，两人来到一个落差较大的悬崖处，女友毫不犹豫地一跃而下，即刻不见踪影。黎明也随后跳下，发现女友的胳膊已经摔脱臼，便脱下自己的衣服"英雄救美"，为她保暖，还掏出手机给急救中心打电话求助。等待中，黎明被冻得直打哆嗦，女友问："我係唔係好任性啊（我是不是很任性啊）？"黎明思索片刻，答道："係，不过係我拣嘅（是的，不过是我选的）。"此刻，两人已冰释前嫌，重归于好。

急救中心的直升机终于来了，两人被放下的绳索拉上直升机，不料黎明在登上飞机的一瞬间，失足掉下飞机，女友急忙打急救中心的电话求助。

广告片的最后一个镜头：火车站台上，黎明的腿缠着厚厚的纱布，被医护人员推着前行，左手缠着纱布的女友在不远的地方向黎明招手，似乎因内疚而没有走上前，选择了给黎明打电话，医护人员问："你哋一齐嘅（你们一起的吗）？"对女友又爱又恨的黎明无奈地把电话交给他，说："你问佢啊（你问她吧）。"

赏析： 男女朋友之间的摩擦争吵是生活中再平常不过的事情了。广告通过雪山遇险事件，将男女朋友之间的曲折情感演绎到了极致，成功地塑造了一位让人又爱又恨的任性女生形象，和一位对女友爱恨交织的男生形象。和记传讯的服务在男女主角受伤的关键时刻发挥了重要作用。"男左女右""我係唔係好任性啊"和"係，不过係我拣嘅"都成了年轻人所喜爱的经典对白。

4. Just to say hi——"天山篇"（获 1998 年香港十大电视广告奖）

图 11-26 和记传讯"天山篇"

黎明（旅行家）牵着一匹马在天山行走。

黎明旁白："行开吓（走开一下），去到另外一个空间，可能会有新发现。"

广告歌《如果可以再见你》唱起。

黎明朝着大山喊："啊……"

另一个女孩子的声音从远方传来："啊……"

蓝天、白云，柔和的阳光静静地洒在湖面，微风拂来，泛起波光粼粼。黎明和全智贤（饰摄影师）邂逅在美丽的湖畔，相互点头致意以后，一双手紧紧握在了一起。从此，两人结伴同行，高山上、小溪边、茅屋旁、山谷间、羊群中……两人形影不离，日久生情，俨然一对快乐的鸳鸯。直到有一天，黎明在帐篷中睡醒，发现全智贤不告而别，只在帐篷上留下了一张纸条："Bye，take care（再见，保重）！"

黎明又重新开始了孤单之旅，他还会不时拿出那张纸条，思念那远去的美好时光，偶尔听到远处传来悠扬的喊声，更增添了他的思念。遗憾的是，再也见不到那美丽的情影了。

过了许多天，黎明终于拿起手机，给全智贤打去电话，那边传来熟悉的声音："你点嘛（你怎么样啊）？"黎明回答道："冇啊，Just to say hi（没什么，只是向你问好）。"

旁白：和记新干线，新人类，新发现。

赏析： 天山，对于大多数都市人来说，是一个神秘的地方，广告中的故事便发生在这样一个"新"的空间，创意本身就很有新意。而美丽的风景、梦幻的邂逅、淡淡的离愁、深深的思念，则构成了这次旅行的"新发现"。整则广告突出的就是这个"新"字，契合"和记新干线，新人类，新发现"的鲜明主题。

5. 热带雨林的浪漫邂逅——"心连心篇"（获1999年香港十大电视广告奖）

图 11-27　和记传讯"心连心篇"上集

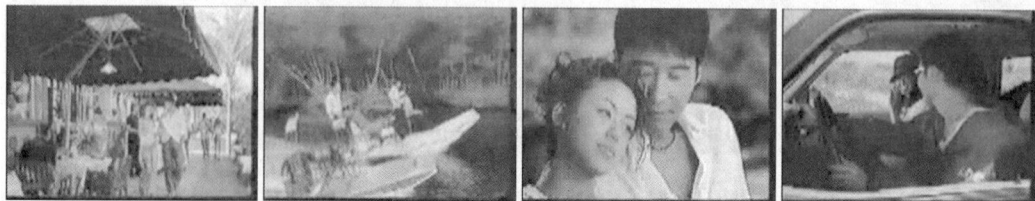

图 11-28　和记传讯"心连心篇"下集

上集：迈阿密的海滩上，各种肤色、各种身材的人穿着泳装正悠闲地享受着阳光。广告歌 *Sugar in the marmalade* 唱起。

人群中，黎明发现了一位迷人的东方女孩，两人的眼光交织在一起，擦出火花。黎明鼓起勇气，朝女孩走去，到了女孩面前，却不知说什么好，犹豫片刻，才问："Can I have your number（能给我你的电话号码吗）？"女孩大方地说："拿你嘅电话来啊。"说着输入了自己的手机号。分别后，黎明拿起手机给女孩打电话："你知我嘅电话号码了，但係我未知你嘅名哦（但我还不知道你的名字呢）。"

下集：（续上）此后，两人频繁交往。一天，黎明通过电话向女孩道别，女孩说："走之前，我带你去一个地方啊。"

广告歌《从今开始》唱起。

两人分别驾驶着摩托艇穿梭在热带雨林的河流上，由于速度太快两人在河流分叉口处分散了，只好通过手机联系，最后又重逢在河流的交汇处。天色渐渐暗了下来，两人手牵手，打着手电筒，漫步在热带雨林中。

海滩边，两人依偎在一起，享受落日余晖下的悠闲和浪漫。就要分别了，女孩从黎明怀中起身走开，用手机给黎明打来电话："你可不可以唔（不）走啊？"黎明沉默片刻，回问道："咁（那么），不如一起走啊？"

最后一幕：两人结伴同行，一起"回家"去了。

旁白："新人类，新干线，新发现。"

赏析： 该广告跟"天山篇"有着异曲同工之妙。同样是在一个新奇的地方，同样有"新发现"——美丽的女孩、浪漫的邂逅和甜蜜的恋爱，只不过结局有所不同：此篇中两人最终"大团圆"，没有给观众留下遗憾。结尾自然带出广告口号"新人类，新干线，新发现"。

6. 看得到的说话，看得到的诺言——"下雨篇"（获 2004 年香港十大电视广告奖）

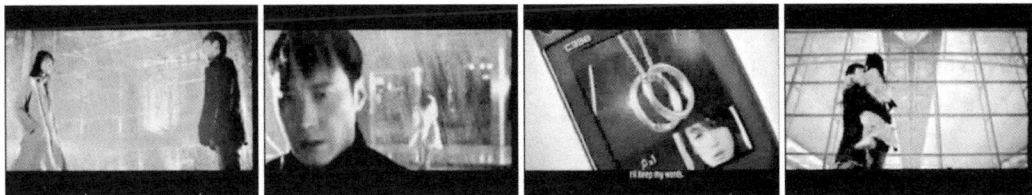

图 11-29　和记传讯"下雨篇"

雨中，情人"冷战"，相对无语。恼怒的女友在黎明脸上狠狠地扇了一个耳光，便转身离去，无论怎么劝都不回头。黎明呆呆地站在雨中，脑海里闪过两人曾经有过的一幕幕美好回忆，始终不忍就此分手，他鼓起勇气打通了女友的电话，用3G手机的摄像头拍摄原本准备送给女友的项链的视频画面，深情地说："说话唔係随便讲嘅（话不是随便讲的），讲过嘅，我一定做到。"女友被黎明的真情深深打动，飞奔回到他的身边，两人重归于好，紧紧地拥抱在一起。

旁白："看得到的说话，看得到的诺言。"

字幕："3，live 3。"

赏析： 为了配合3G业务的推广，和记传讯推出以数字"3"命名的新品牌。这则广告便是紧紧围绕3G服务这个独特卖点来设置情节的。情人之间的误会在面对面时无法解决，手机的视频对话服务则派上了用场。黎明手持项链的画面出现在女友手机屏幕的一瞬间，相信打动的不只是他的"女友"，也打动了无数的观众。天性喜欢尝试新鲜事物的年轻人对这项服务一定很"神往"了。广告语"看得到的说话，看得到的诺言"进一步点题，形象道出3G服务的特点。

综合点评：观众的兴趣和需求随时间而改变，因此虽然这么多年来和记传讯都用黎明作为男主角来拍广告，但每次广告故事都不同，都反映了当时年轻人不同的生活面貌。总体看来，和记传讯的广告有如下特点：

①每则广告时长都很长，多在3分钟左右；

②多年来一直用黎明作为品牌形象代言人，以不变应万变。但每年的女主角都不一样；

③紧跟年轻人生活方式转变的步伐，每则广告均讲述一个动人的故事，反映当时最为年轻人所熟知的生活方式；

④每则广告都有一句观众喜爱的广告语，如1994年的"有缘的，我们会再见"，1997年的"打波定打人呀""要赢人，先要赢自己"，1998年的"男左女右""Just to say hi"等，都被观众广为传颂；

⑤每个广告均有一首动听的流行歌曲，为广告增色不少，其中大多数歌曲也因为广告的热播而成为当年流行乐坛颁奖礼的常客。

三、Imagine——香港电信"梦想可成真篇"（获 1994 年香港十大电视广告奖）

图 11 - 30 香港电信"梦想可成真篇"

John Lennon 的 *Imagine* 唱起。

人类历史上激动人心的时刻一幕幕地展现在眼前——

阿姆斯特朗登上月球，发表著名的"我的一小步，人类一大步……"的宣言；

1963 年，马丁·路德·金发表他的著名演讲 *I have a dream*；

1994 年，曼德拉宣誓就任南非总统。

他们对人权、平等和自由的梦想和追求已成现实。

最后一幕：香港，两名儿童正快乐地玩着他们"梦想中"的游戏。

旁白："世界变得理想，往往始于天马行空的想象。香港电信，只要有梦想，凡事可成真。"

字幕："只要有梦想，凡事可成真。香港电信。"

赏析： 从月球到地球，从美洲到非洲，从国际到中国香港，从 20 世纪 60 年代到 20 世纪 90 年代，广告画面穿越时空，20 世纪人类历史上经典瞬间的"拼凑"看似凌乱，实则"形散神不散"，因为所有的画面剪辑都紧紧围绕一个主题——梦想（Dream）。人类梦想成真的伟大事实，加上杰出的理想主义摇滚歌手 John Lennon 的一曲激动人心的 *Imagine*，让看过广告的观众对香港电信的"只要有梦想，凡事可成真"的企业理念深信不疑，令人震撼、回味，堪称绝妙。

四、"点灯"——人头马特级干邑"大红灯笼篇"（获 1995 年香港十大电视广告奖）

图 11 - 31　人头马特级干邑"大红灯笼篇"

电影《大红灯笼高高挂》中的老爷有四个老婆，每到黄昏时分，老爷就会叫管家将红灯笼挂在其中一位老婆住的偏房门口，表示老爷晚上会到该老婆的房中留宿。

该广告将故事情节搬到了一位"大少"身上，镜头开始时，老管家喊着："点灯！"老仆人随即拿着红灯笼，在后院的大道上跑，四位夫人都在期待着，红灯笼会否挂在我的屋前？怎料老仆人一口气跑过了第一位老婆的门口、第二位老婆的门口、第三位老婆的门口，第四位老婆本以为自己胜券在握，怎料老仆人还是一口气地继续往前跑，管家这时喊着："大少今天晚上喝 CLUB。"观众看到一盏绣上"CLUB"字的红灯笼迎风飘摇，镜头一转，一帮男士的影子在房中把酒言欢，只剩下四位老婆寂寞地在闺房打麻将。

旁白："CLUB 人头马特级香槟干邑，系男人至醒嘅心得（是男人最醒目的选择）。"

赏析：该广告借用了电影《大红灯笼高高挂》里的情节，但出乎观众意料的是，大少的灯笼不是挂在哪位老婆的房门口，而是为"CLUB 人头马特级香槟干邑"而高高挂起。四位老婆无奈，只能寂寞地在闺房打麻将。言下之意，没有比喝人头马特级香槟干邑更让人"销魂"的事情了。由此自然引出广告语"男人至醒嘅心得"。广告人总是不按常理出牌，这又是一例。

五、如诗如画，如泣如诉——Burberry "情牵上海篇"（获 1996 年香港十大电视广告奖）

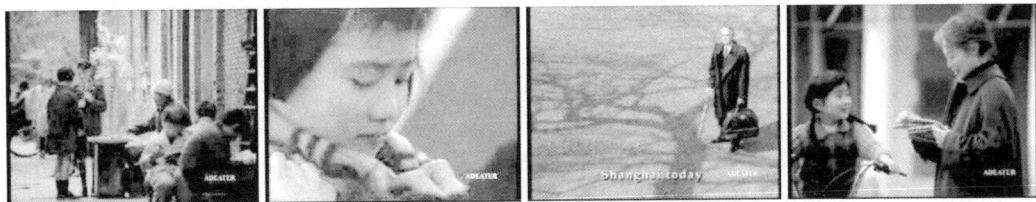

图 11 - 32　Burberry "情牵上海篇"

字幕：一九四八年，上海。

悠扬的钢琴曲响起。

1948 年的上海，一切似乎还是那么的平静和安详：一位中国小女孩和一位白人小男孩偶然相识，之后便形影不离。一同品尝棒棒糖，一同乘着小木船欣赏两岸怡人的风光，一同学着大人们跳起优雅的交谊舞，一同在无际的旷野放风筝，一同走在悠长的铁道线上……小女孩感冒了，正捂着嘴咳嗽，小男孩连忙把自己脖子上那漂亮的围巾解下来，围在了女孩的脖颈上，这一画面，勾起了多少人无限美好的回忆。

战火就要烧到上海，小男孩即将离去。他四处寻找小女孩，要和她当面道别，可时间紧迫，他没能达成愿望，只默默留下一句"I promise I'll be back（我发誓我要回来的）"，带着遗憾，黯然离开了这座让他依恋的城市。

字幕：今天，上海。

时光飞逝，岁月无情，历经沧桑的小男孩，此刻已成为一位白发苍苍的老先生。他实现了自己的诺言，又回到了上海。在他的眼前，一位中国老太太，正招呼自己的孙女来到自己面前，从口袋里拿出一条崭新的围巾，为她系上，小女孩的脸上露出了灿烂的笑容。此情此景，仿佛把白发苍苍的老先生带回了 1948 年的上海，他情不自禁地对渐渐远去的小女孩说了一句，"Goodbye"，似乎圆了几十年前没有完成的一个梦。此刻，他的眼中早已饱含泪花。

字幕：The beautiful things in life never change（生活中的美好事物永不改变）。

赏析： 作家王蒙曾这样评价这则英国著名服饰品牌 Burberry（巴宝莉）的广告：如诗如画，如一个短篇故事，更如一部长篇小说；如泣如诉，默默无言，浑然天成，却又胜过千言万语。演员的外形与气质，无言与有情的表现都是一流的，钢琴曲十分优雅，情节与细节的设计完美而且成熟，童年与老年的形象前后吻合无瑕。广告通过诗一般的画面和优美的音乐讲述了一个感人的故事。通篇只有两句"台词"——hello 和 good-bye，却充满着真、善、美；充满着超乎人种与国界、历经岁月的无情消磨而不改变的真挚情谊；充满着对于人生的咏叹、抚摸、回味与珍重①。

1948 年，小男孩为咳嗽的小女孩围上围巾；今天，老太太为孙女系上同样的围巾。历经岁月的变迁，多少人与事都已随风远去，唯一不变的，是那份人间的关爱与真情，和那永恒不变的爱的符号——Burberry 的围巾。短短一两分钟，并未煽情，却令你感动得怆然涕下。不言而喻，广告已成功地为 Burberry 围巾赋予了情感价值。在消费者眼里，它绝不仅仅是一条围巾，而是美好情感的最佳表达。

六、生命冇 TAKE 2——公益广告"这出戏篇"（获 1996 年香港十大电视广告奖）

图 11-33　公益广告"这出戏篇"

旁白："你嘅生命就好似呢出戏（你的生命就好像这出戏）……编剧是你，导演是你，主角亦是你，剧情点（怎么）发展，完全视乎你点想，你每去一个情节，都会左右下一个事件，你每行一步，都会有牵连。不过记住，你呢出戏……冇 TAKE 2，行错咗唔可以 NG 嚟过（走错了不能重新来过，NG = No Good）。生命冇 TAKE 2（生命没有第二次），请小心演绎。"

赏析：香港在 20 世纪 90 年代盛行英雄片，青少年群体正是英雄片的捧场客。这则公益广告巧妙地运用了很多部曾在香港非常流行的黑社会电影片段，剪辑成反罪恶宣传片。片中，周润发、李修贤、梁家辉、万梓良、梁朝伟成了代言人。他们最后锒铛入狱，甚至丢掉宝贵生命，但这一切都是虚构的剧情，旁白道出真理——每个人的一生，就是自己主演的一出真实的戏。

广告在 30 秒内有 27 个镜头，令许多灭罪委员和官员头晕目眩，但市场调查公司的

---

①　王蒙．美丽围巾的启示［J］．读书，1996（8）：97.

数据显示，青少年群体却对它偏爱有加，他们不但明白广告信息，还对其中的片段如数家珍，对广告语的记忆度更达100%。

"生命冇TAKE 2"，一句包含普通话、粤语、英文和阿拉伯数字的"奇异"的公益广告语，曾被人嘲讽"语文水平低劣"，但正是这一广告语，后来却成了香港人人皆知的警世名言，常常被人引用。这一发人深省、极具震撼力的公益广告宣传的概念和口号，也是人称"香港公益广告之母""血液里流淌着广告DNA的女人"——伦洁莹的代表作。

生命只能上演一次、不能重来的大道理，一般人都不会去思考，更何况那些已入或将入歧途的青少年。如果在打架前、吸毒前、做坏事前，能想到言简意赅的"生命冇TAKE 2"，然后开始懊恼自己在浪费生命，下决心痛改前非，便是这则公益广告的最大成功了。

七、你今日饮咗未啊？——益力多获奖广告

1. "猜拳篇"（获1996年香港十大电视广告奖）

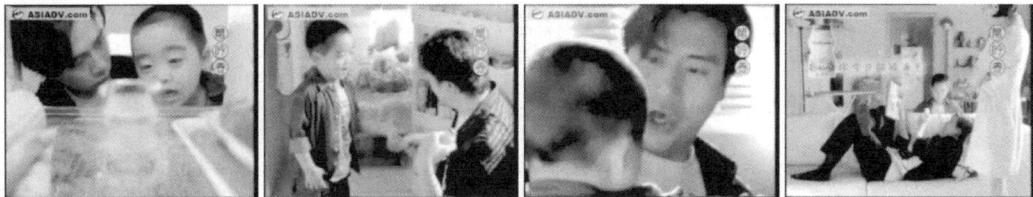

图11-34　益力多"猜拳篇"

父子两人同时打开冰箱，但冰箱里只剩一瓶益力多了，爸爸一把抢过益力多。

爸爸："哎呀……"（一副得意又兴奋的样子，正想打开喝，却看到一旁很生气的儿子）

爸爸："猜过咯（猜拳咯）！"

儿子赢了第一盘，急欲拿走益力多，谁知爸爸耍起花招来。

爸爸："三盘两胜嘛！"

儿子只好再跟爸爸猜，结果又赢了，正想抢过渴望已久的益力多，不料爸爸再次耍赖。

爸爸："哈哈，输咗嗰个饮啊嘛（输的那个喝嘛）！"

说着，爸爸得意扬扬地走开了。儿子只好向妈妈"大人"提出上诉，爸爸不得已，只能乖乖地完璧归赵。

字幕："你今日饮咗未啊（你今天喝了没有）？"

2. "算术篇"（获 1996 年香港十大电视广告奖）

图 11-35　益力多"算术篇"

爸爸见姐姐在做算术功课，便走过来坐在一旁。

爸爸："阿姐，做功课啊？分数来嘅（的）哦，呢科嘢老豆至叻嘅啦（这科爸爸最厉害的啦）。"

说着，拿起放在一旁的益力多喝了起来，并煞有介事地比画着："一支益力多，饮到一半，等于二分（之）一咯！再饮一半添，等于四分（之）一咯，明唔明？（明白吗）再饮一半……"

见状不妙，姐姐大声向妈妈申诉："妈咪……"

爸爸走了，弟弟又拿着一支益力多走来，问姐姐："你今日饮咗未啊？"真是火上浇油，让她欲哭无泪！

3. "教导弟弟篇"（获 1997 年香港十大电视广告奖）

图 11-36　益力多"教导弟弟篇"

放学钟声响过，弟弟在走廊上和女同学聊天，要女同学请他喝益力多："请我饮啦！"女同学欣然答应："好啦！"

同校的姐姐突然在背后出现，当场逮个正着："哦！咁细个学人追女仔，番屋企话俾妈咪知（这么小就学着追女孩，我回去告诉妈妈）！"

拖着弟弟的手回家途中，姐姐仍滔滔不绝，以长辈口吻教训弟弟做人的道理："妈咪话呀，细路仔唔可以随便要人啲嘢架（妈妈说，小孩子不能随便要别人的东西的）。"

谁知话音未了，碰到充满阳光笑容的男生，亲切地给姐姐递上一支益力多，还笑着问道："你今日饮咗未呀？"

手持益力多，姐姐含羞带笑，手足无措。弟弟见状，发出怪声揶揄她："你刚刚说过什么？"姐姐用手肘推了他一下："别多管闲事！"

字幕："你今日饮咗未？"

4. "有菌篇"（获 1998 年香港十大电视广告奖）

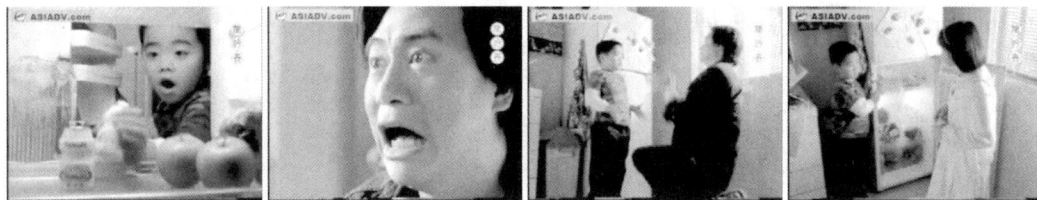

图 11－37　益力多"有菌篇"

儿子打开冰箱取出益力多。

爸爸："唔好饮啊（不要喝呀），有菌 O 架（有细菌的）！"

儿子立即抛开，父亲乘机据为己有……姐姐打开冰箱取出益力多。

弟弟（学爸爸的口气，对姐姐说）："唔好饮呀，有菌 O 架！"

姐姐（不屑的样子）："梗係有啦，活性乳酸菌吖嘛！有益 O 架（当然有啦，活性乳酸菌嘛，有益的）！你今日饮咗未呀？"

弟弟这才恍然大悟，知道又上爸爸的当了。

字幕：100 亿特殊活性乳酸杆菌。

5. "罚抄篇"（获 2003 年香港十大电视广告奖）

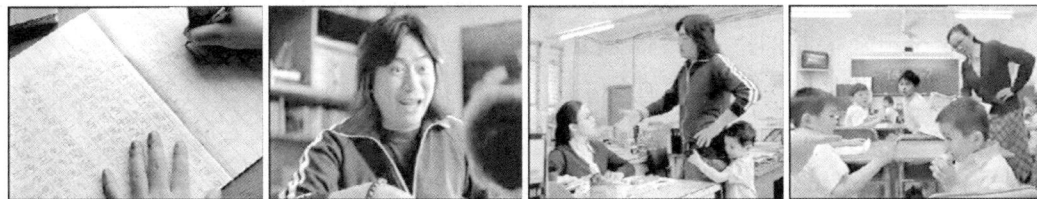

图 11－38　益力多"罚抄篇"

爸爸在练习双节棍，发现儿子在抄写"一百亿个益生菌"，便走过来嘲笑儿子："咦，搞乜嘢你（搞什么你），罚抄啊？"

儿子回答道："Miss（老师）问益力多有几多益生菌，我答一百亿啰。"

胖爸爸大惑不解："答啱（答对）都要罚，乜嘢学校来嘅（答对都要罚，什么学校）？"

于是把儿子带到老师面前，质问老师："Miss，做乜嘢（为什么）答啱都要罚？"

老师："佢有冇话你听点解啊（他有没有告诉你为什么啊）？"

镜头一转，原来儿子偷偷在课堂上喝益力多，所以被罚！

最后镜头：孩子继续罚抄，胖爸爸拿益力多，生气地说："你今日饮咗未啊？……讲啲唔讲啲（讲一些不讲一些）！"

字幕："你今日饮咗未？"

6. "发达篇"（获 2003 年香港十大电视广告奖）

图 11 - 39　益力多"发达篇"

姐姐一家正在超市购物，听闻胖爸爸准备从外地回港，寄居姐姐家中，姐姐对此颇为冷漠："听日返香港？你训沙发嘅砸（明天回香港，你只能睡沙发啦）！"

小外甥跟胖爸爸通电话后，姐姐问："舅父同你讲乜嘢啊（舅父跟你说什么）？"

小外甥答道："佢话搵到几百亿（他说赚了几百亿元）。"

家人惊呼："发达啦……"随即疯狂购物，以迎接胖爸爸回家。

终于，胖爸爸回来了，大家都围着他问："喂，听话（听说）你搵到几百亿哦。"

胖爸爸不慌不忙地答："搵到几百亿！……搵到几百亿益生菌啊！"

说着从包里掏出"稀有的"乌拉圭版和巴西版的益力多瓶子，还振振有词："呐，呢个（这个）乌拉圭版，香港冇得卖嘅（香港没有卖的）。仔仔，你嘅！仲有巴西版，你今日饮咗未啊？"不等他说完，大家早已集体晕倒在地。

由于益力多每瓶有数百亿益生菌，所以他带来的确有几百亿，不过不是钱罢了！

字幕:"你今日饮咗未?"

7. "早泳篇"（获2006年香港十大电视广告奖）

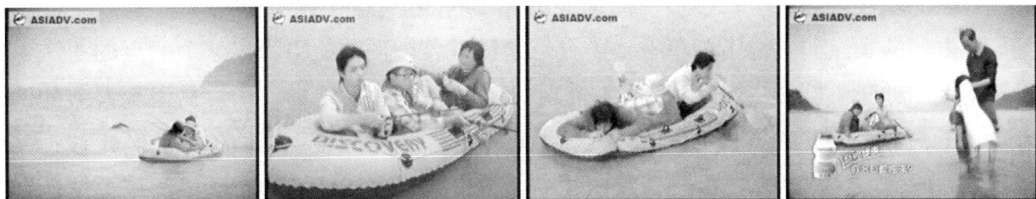

图 11-40 益力多"早泳篇"

胖爸爸和姐夫、外甥三人早晨划艇出海钓鱼,看见有人游泳。

姐夫(惊叹的样子):"咦,游早水哦(游早泳哦)!"

胖爸爸(不屑的样子):"车(哎)! 我强项啦!"

外甥:"啲水好冻嘅哦(水很冷的哦)!"

胖爸爸:"日日益力多,抵抗力好,身体好,游早水,洒洒碎啦(很简单的啦),姐夫!"

姐夫(不服气的样子):"咁嘛来了哦(那来比比吧)!"

胖爸爸:"来呀!"

双方在艇上互相推搡,但都只说不做,不敢下水。不料这时汽艇因被虫咬破而漏气,胖爸爸和姐夫都被吓得原形毕露,大喊:"我唔识游水嘅(我不会游泳的)!"边说边使劲往岸边划(其实他们就在岸边),慌忙中胖爸爸还狼狈地用嘴对着汽艇气嘴使劲吹气呢!

这时候,小女儿站在岸边嘲笑他们:"你哋系度做咩啊(你们在这里做什么呀)!"

胖爸爸(尴尬地):"游……游水咯。"

舅父从一旁走来,笑道:"着咁多衫(穿这么多衣服),唔(不)够抵抗力哦!"边说还边用毛巾给刚游完泳的小女儿擦头。

这时,小女儿拿起益力多问道:"你今日饮咗未啊?"

字幕:"为咗健康,你今日饮咗未(为了健康,你今天喝了没有)?"

赏析:益力多是日本的乳制品品牌,创始于20世纪30年代初。现在益力多的销售网络已覆盖美国、墨西哥、阿根廷、荷兰、英国、中国内地和香港地区等20多个国家和地区。

从 20 世纪 90 年代至今，益力多的广告大受香港市民欢迎，是香港十大电视广告颁奖礼的常客，不断给人惊喜，其成功之道何在？总括起来，有三个要点：

其一，始终突出一个独特销售主张（USP，unique selling proposition）。

益力多的卖点非常清晰和单一：一百亿个活性乳酸菌。故事带出这个卖点的手法也不乏幽默和趣味。例如，"发达篇"中借用"赚了一百亿"这样一个容易引起误会的话语卖关子，最后胖爸爸点破真相，是"一百亿个活性乳酸菌"，不是一百亿元钱；又如，"有菌篇"中爸爸用"有菌"欺骗儿子，姐姐则用"活性乳酸菌"消除了弟弟的疑虑；再如，"罚抄篇"中儿子为什么被老师罚抄"一百亿个活性乳酸菌"，因为儿子的隐瞒，导致胖爸爸和老师之间的误会等，都显示了创意人在突出益力多卖点上的独具匠心，使人印象深刻。

其二，始终讲述一个有趣的家庭小故事。

益力多的广告并没有大明星和大场面，而是在讲述着一个个幽默的家庭小故事，但这足以打动消费者。每个小孩子都有被大人欺骗的经历。"猜拳篇""算术篇""有菌篇"等几则广告正是抓住了这类典型的场景，以家庭生活为背景，讲述"老百姓"自己的故事，并将益力多的品牌元素天衣无缝地融入其中，让人看过之后忍俊不禁，产生强烈的共鸣，日积月累，对益力多的好感也与日俱增。好的创意，其实就在你我的身边，只要善于发掘，对生活中的每一个细节加以提炼和加工，都是打动消费者的最佳素材。

其三，始终坚持使用一句经典的广告口号。

以不变应万变。益力多不仅有极具创意的小故事，还有一句深入人心的广告口号："你今日饮咗未啊？"多年来，这句广告口号均自然地融入每一则益力多的小故事当中，长期坚持，久而久之，便成了消费者生活中的"口头禅"。从这个角度看来，每则广告都达到了"对品牌形象长线投资"的目的。广告口号与广告本身的创意是息息相关的。如果少了经典的广告口号，很难对一段几十秒的广告起到点睛的作用。一段广告只有短短几十秒甚至十几秒，因而广告口号一定要短小精悍，读起来朗朗上口。

总之，益力多的广告销售主张简明清晰、创意手法独特幽默、广告口号朗朗上口，难怪深受香港市民欢迎。

八、三只白白猪——地产街"白白猪揾屋篇"（获 2000 年香港十大电视广告奖）

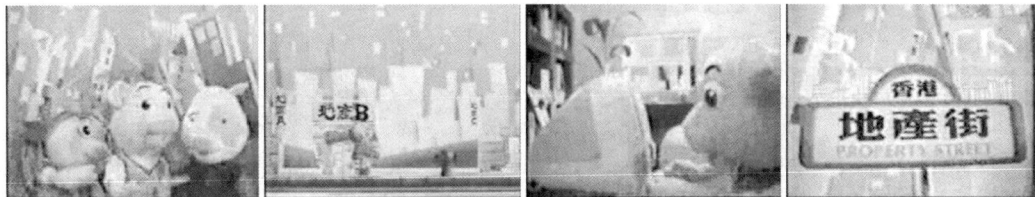

图 11 - 41 地产街"白白猪揾屋篇"

地产街的这则广告中的三只小猪其实是用手布偶做成的。广告借用了三只小猪最初的故事背景：三只小猪去找房子，猪哥哥无厘头地去问警察，二姐姐去找中介公司，而小猪弟弟则最聪明，懂得利用地产街网站找房子。

广告歌："三只白白猪，各自去揾屋（找房子），猪哥哥无厘头问 police（警察），猪姐姐周街逛（到处溜达）。好彩有只白白猪，醒醒目目咁（按）电脑，港九到处各样盘，地产街睇到晒。Property property property street（地产街），上街揾楼快。"

旁白："哦！www. propertystreet . net，有成万个楼盘资料，揾楼咁系要上地产街啦。"

赏析： 地产街网站（www. propertystreet . net）是香港最受欢迎的地产网站。

没有万人迷的超级巨星，没有豪华的布景，仅仅是一首充满童趣的儿歌外加三只造型可爱的卡通小猪——猪姐姐、猪哥哥和醒目猪——便构成了这样一部成功的广告。更让人称道的是，地产街在广告之外的推广活动也做得有声有色。配合广告攻势，地产街推出了白白猪的公仔系列，外形生动可爱，为了提高其收藏价值，三只猪公仔的制作还特别选用了最优质布料缝制，做工精细，并且限量在网上发售，在港掀起抢购热潮。此外，地产街还预留部分公仔送给保良局的小朋友，并由保良局义卖，帮助有需要的人士，为公益事业尽一份力。

九、麦当劳获奖广告

1. "3" 和 "M" ——麦当劳 "123 篇"（获 2002 年香港十大电视广告奖）

图 11-42　麦当劳 "123 篇"

郊外的红顶小屋子里，年轻女老师正教一群小孩子学写阿拉伯数字。"1" 和 "2" 他们都能顺利学会，不料到了 "3" 却出现难题，老师颇有疑惑。但当他们把头一侧，认得 "3" 像他们熟悉的麦当劳拱形 "M" 字，于是人人都马上学会了 "3" 的写法。老师此时才恍然大悟，自己也侧过头去，会心地笑了。

最后，童声齐唱："每个都秒秒钟欢聚欢笑。"

字幕："秒秒钟欢聚欢笑。"

赏析： 儿童是麦当劳重要的目标消费群，儿童广告也历来是麦当劳的强项。广告片一开始便出现麦当劳式的红顶小屋，就已预示着剧情的发展。天真的小孩和清纯可爱的老师，简单的几个镜头，无须一句对白便把天真烂漫的童趣演绎出来。经典场面出现在孩子们侧头的一刹那，以孩童的角度把难题解决，也为麦当劳拱形商标作出天真可爱的诠释。

2. 相逢何必曾 Big Mac——麦当劳 "Big Mac" 篇（获 2016 年 TVB 最受欢迎电视广告奖）

图 11-43　麦当劳 "Big Mac" 篇

通过对蒋志光的《相逢何必曾相识》一曲进行重新填词，麦当劳获得一首粤语版专属广告宣传曲《相逢何必曾 Big Mac》，这条广告就是以 MTV 的形式对歌曲进行了展示，歌词如下：

怕吃错，但我岂可轻放过

问此刻世上，经典汉堡有几个

街坊亲友加 FANS，随随便便嗌个做民调（随随便便叫个人做民意调查）

Big Mac（巨无霸）也一定 Win（赢）

双层牛 Classic Big Mac（经典巨无霸）

酱汁加青瓜相遇 Onion（洋葱），配番芝士生菜 Sesame（芝士）

人人食过食过食过又笑又叫好味（好吃）

要去医肚（治疗肚子）McDonald's（麦当劳）

相逢何必曾 Big Mac（巨无霸）

你请高举双臂咬落嚟（咬下来）

人人大笑大赞劲（超）笑劲（超）赞力撑（挺）力赞好味（好吃）

劲钟意（超喜欢），因 Big Mac 确係（是）经典

也许天天可以嘅（的）话，准许我多吃一次

Big Mac 梗（当然）要孖住嚟（连在一起），来让我食呢（吃这）一个先

刚开始，镜头对准歌唱演员，通过其唱歌的神态和肢体动作营造一种 MTV 的气氛。慢慢地，诱人的麦当劳汉堡成了画面的主角，同时通过主人公面对汉堡陶醉的神情侧面表现麦当劳汉堡的经典和诱人。

赏析： 广告歌是与观众沟通的绝佳方式，光说台词可能是无力的，但配上音乐的旋律，就很容易与观众拉近距离并吸引他们的注意力。这则广告巧妙地运用了香港本土经典歌曲《相逢何必曾相识》作为旋律，再加上幽默的填词和演员的经典演绎，让观众们在回忆经典的同时加深了对麦当劳品牌的印象。

十、这个包裹很重要——联邦快递"方言篇"（获 2008 年 TVB 最受欢迎电视广告奖）

图 11-44　联邦快递之"方言篇"

一个抱着包裹的快递小哥走到一位老太太面前，用普通话说了一句："这是个重要的包裹"，对方一脸茫然没有听懂。快递小哥立刻切换成粤语重复一遍，老太太还是没有听懂，（旁白：中国有 235 种方言）于是快递小哥为了传达清楚"这个包裹很重要"的意思，一连用东北话、上海话、四川话、常熟话、闽南话、山东话等多种中国内地方言重复刚才那句话，但老太太仍然眉头紧皱，没有听懂。

旁白："速递货件係中国，唔易噶，用靠得住噶团队至得（在中国速递货件是不容易的，用靠得住的团队才行）联邦，使命必达。"

广告结尾，一个说着崇明话的联邦快递员给老太太送包裹，老太太眼前一亮，明白了对方的意思，还亲切地给了快递员一个大大的拥抱。

赏析：将中国内地方言融入联邦快递的广告片，十分有利于打开中国内地市场。通过前一个快递员不停切换方言只为表达一句"这个包裹很重要"的意思凸显快递配送在中国内地的不易，同时与联邦快递员的崇明话准确表达形成鲜明对比，表现联邦快递对包裹配送地区和收货人的深入了解，体现联邦快递有一个"靠得住的团队"，也印证了其"使命必达"的宣传语。

十一、外软内韧——Tempo 卷纸"完美男人篇"（获 2013 年 TVB 最受欢迎电视广告奖）

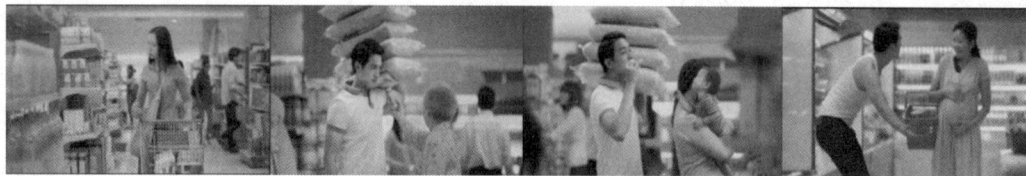

图 11-45　Tempo 卷纸"完美男人篇"

一个女人在逛超市时遇见一个"完美男人"：他能轻松扛起很多袋沉重的商品，帮助老奶奶拿到压在最下面的东西；他也能通过吹泡泡逗小孩子开心；他脱下自己的衣服铺在有水的地方让孕妇能够顺利通过。最终，收银员在这个男人的额头上用扫货器一扫，男人瞬间变成了一卷 Tempo 卷纸，女人愣了一下，然后十分喜爱地抱着它，简直到了爱不释手的地步。

旁白："完美噶男人你可能未遇到，但最啱 feel 噶（适合的）卷纸就终于揾（找）到。全新 Tempo 卷纸，上下两层软滑，中间坚硬，仲係（还是）欧洲原纸，咁係（当然）最啱 feel 啦。"

赏析：这则广告通过拟人的手法将 Tempo 卷纸比作一个让人心动的"完美男人"，他温柔热心、乐于助人，还能得到孩子、中年人、老年人等不同年龄阶段人的喜爱。当最后这个男人变成一卷纸的时候，反转的剧情让观众瞬间明白广告片所要传达的意思，也在这个优秀的创意中对产品本身的优秀程度产生兴趣，从而刺激日后的购买行为。

十二、爱在当下——AIA 友邦保险 "父亲篇"（获 2016 年 TVB 最受欢迎电视广告奖）

图 11－46　AIA 友邦保险之 "父亲篇"

爸爸（郭富城饰）独白："看着自己的女儿越来越大，我想在她上学之前，有一次属于我俩的经历。"

爸爸带女儿骑车远行，调皮可爱又古灵精怪的女儿戴着头盔不断朝爸爸做鬼脸，爸爸也常用充满爱意的眼神看着女儿。一次，爸爸骑车走在正在下雨的湿滑马路上，不小心车子侧翻，爸爸摔倒在路上，手臂的皮肤擦破出血，女儿害怕又心疼地哭泣，爸爸在旁边安慰。此时，镜头开始播放几个父女之间的幸福片段：爸爸温柔地告诉女儿，"你要听话"；在食铺前爸爸抱起女儿看美食；女儿从背后高兴地搂住爸爸的脖子……

结尾，女儿为爸爸擦破的手臂贴上创可贴，此时，爸爸的眼里已噙满泪花。

爸爸独白："今天，为挚爱储起一辈子的关怀和保障，爱在当下——AIA。"

赏析：这则广告根据真实故事改编。一场 11 天的自行车之旅，堆叠了生活中最美好的记忆，充满了温情和感动，让观众能够感同身受想到自己的父亲或孩子，激发共鸣。通过对父亲与女儿之间的平凡情感描述，再配上恰到好处的独白和背景音乐，将 AIA 友邦保险的产品理念融入其中，引发消费者的情感共鸣。

第十二章 台湾经典广告赏析

本章精选了台湾地区一些知名企业的产品/品牌广告，并通过对这些广告案例的梳理、分析和点评，展示台湾商业社会的精彩生活、地域特色和亚文化民俗风情。案例主要采选于台湾广告公司在全球性或区域性广告奖项角逐中的获奖作品。

一、ICI 得利涂料"得利确有两把刷子篇"

1978 年，国华广告创意制作的 ICI 得利涂料"得利确有两把刷子篇"广告荣登第一届广告设计奖①榜首，同时成为台湾地区广告圈内外的热门话题，见图 12 – 1。

图 12 – 1 ICI 得利涂料"得利确有两把刷子篇"

---

① 台湾广告金像奖，最初叫"广告设计奖"，于 1978 年设立。3 年后，更名为"广告金像奖"，后由平面媒介向立体媒介延伸，不仅有报纸项、杂志项，也开始设立了电视项。除了广告金像奖系列奖外，还先后增设了亚太广告奖世界华文广告奖、金犊奖、金格奖等。

画面中，两把刷子正饱蘸涂料，左右挥动。这两把刷子虽然一模一样，可又功能各异，相得益彰。"一把刷新品质……"表达的是它卓越的品质以及与同类产品的差异，"抗碱，耐水洗"显出产品特点；"另一把刷新色彩……"，它有"64种现成色彩，免调色，经久如新"，以两把刷子的"用途"巧妙点出得利涂料的优秀质量、丰富品种、使用方便等特性。广告的标题与品牌名称融为一体，简洁明了，在有限的空间内表达了多重的传播内容。广告创意的切入点是将消费者的利益点放在"得利确有两把刷子"上，并用"有两把刷子"的内涵表示得利涂料的卓然不凡，不愧为台湾广告金像奖的开山夺魁经典之作。

二、黑松汽水广告

1950年，黑松汽水在台湾上市。随后，黑松品牌下的另一种产品——碳酸型饮料黑松沙士也接踵而来。这种黑松沙士的成分与可口可乐几乎一样，但在口味上又似乎更加清爽。提起黑松或是看到黑松瓶鲜亮的绿色，台湾人就会感到很亲切，而广告在其中就发挥了至关重要的引导功能。它自1978年借平面广告荣获第一届时报广告设计奖第一名后即成为各届时报广告奖的常胜将军，尤其是1992年的"化去心中那条线"系列广告更是囊括当时各类大奖。当1969年可口可乐由专供驻台美军转向台湾地区大众市场时，并未像在其他地区一样所向披靡，就是因为受到了黑松的顽强阻击。

黑松的广告大致有以下四个方面的特点：

1. 以快乐为主题

黑松的广告一度零散杂乱，不但表现主题不一致，而且即使是同期刊播的广告，报纸和电视上的宣传口号居然也是不一致的。但在20世纪70年代中期，黑松做出了调整，以"Happy Time"（快乐时光）和"有黑松就有快乐，有快乐就有黑松"作为广告主题，使黑松"快乐"的品牌形象逐渐突出。这个时候，无论是何种媒体发布的广告，每一个广告元素都洋溢着欢快的气氛。如在1972年，有三则整版和数则1/4版的报纸广告，都是描绘青年人在海滩上奔跑雀跃的情景。文案写道："快乐的日子来到了！大海与我们，我们与黑松，在这无垠世界的海边相聚着，你一瓶，我一瓶，舒畅了我们的四肢，在快乐的日子享受新时代的欢乐。"1973年，又推出七则整版或半版的系列彩色报纸广告，描绘由黑松各种产品构成的快乐生活，如"活跃在大太阳下的黑松沙士""滴滴甜蜜，点点柔情的黑松果汁""溶入了爱的世界的黑松可乐""清凉透顶，有快乐爽意的黑松汽水"等。电视广告也强调了对快乐的表达，不断地告诉消费者："生命就应该浪费在美好的事物上。"

在 2007 年的广告金句奖当中，黑松沙士"夏日之旅（AB）篇"（代理商：台湾电通）的广告语"Play，不累"入选。其中一则电视广告描写了这样的情景：两个都市年轻人到海边去游玩，临行前准备了两网兜的罐装黑松沙士。早上 7 点 22 分，两人潜入海底，将饮料放在海底冰镇。然后，两人兴高采烈地共乘一辆摩托车到机场边与飞机拼速度。等回到海边才发现，存在海底的黑松沙士居然正被一群小孩打捞起来！两人对视半晌，最后决定用"一堆沙士换一群朋友"，把所有的黑松沙士与那些小孩一起分享。大家高兴地在海中嬉戏，有清凉解暑的黑松沙士，玩起来当然不累。

2. 以音乐为载体

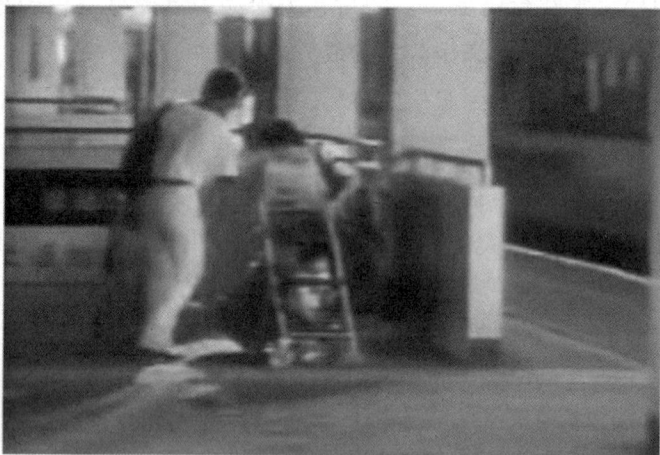

图 12 - 2　黑松系列广告："化去心中那条线·车站篇"（1995 年广告金句奖、第十四届时报奖）

黑松汽水虽是一个多年的老品牌，但至今仍魅力不减，其原因之一就是随潮流而动，不断吸引新一代的年轻人，而以音乐为广告载体能有效地达到这个传播目的。用一首流行歌曲表述主题，也一直是黑松汽水电视广告的传统。如张雨生的《我的未来不是梦》、赵传的 *Oh，Sally*、辛晓琪的《当我身旁有你在》、小虫的 *I Feel Good* 等都曾入选成为黑松的广告曲，吴勇锋、胡彦斌则成为其广告代言人。黑松多使用新推出的原创歌曲，内容和风格强调黑松公司的品牌精神——有梦就有快乐。在选择歌手的时候，也倾向于那些刚刚出道的新人，这样的歌手一方面比较有朝气，另一方面也比较容易与歌曲结合到一起。而且，广告曲必须与黑松广告所一贯秉持的"让年轻的心积极行动，为土地上所有的人带来希望、带来梦想"的主题一致。另外，黑松公司将唱片公司、电视节目、广告、零售终端结合在一起，扩大了营销传播的范围，同时这些渠道的交叉作用也强于单一媒体的作用。该公司将这一方法也应用到了大陆华东市场。在2004年9月，黑松公司邀请胡彦斌演唱了《我的未来不是梦》，同时举行了一次校园巡回歌唱比赛，将这股旋风刮及整个华东地区。电视娱乐节目、广告、唱片行里不断播放的歌曲，公众对于歌手的追捧，以及零售超市的大幅海报都成为黑松有力的传播工具。而紧随其后的市场调查显示，黑松的知名度在上海从0上升到67%。

有歌声相伴的广告不仅能让黑松随着歌曲口口相传，还能借歌词阐释镜头意义。如前面提到的"化去心中那条线"系列广告就以一首爵士风格的广告曲贯穿始终："不要用线绑住你自己，留一点温柔的空隙，不要把手握得太紧，感觉就能互相传递，让所有的念头静一静，用你的心，去听别人的心。"在歌声中，黑松构造出一个快乐、温馨、和谐的世界。

3. 感念乡土情怀

如果黑松仅用音乐元素来作为广告主体，它是难以与强敌竞争的。黑松之所以对台湾人具有特殊意义，是因为其广告内容一直饱含着乡土情怀，表现的都是地地道道的台湾情怀，并用纪实的手法描绘台湾人平凡而真实的生活。如1990年拍的广告片"搭错车篇"，一对老姐妹搭错了旅游车，正在惊慌之时，车上的小伙子热情地过来问候，还一边唱着歌，一边拿出大家都喜爱的黑松汽水款待客人，黑松汽水的"待客之道"让两位无助的阿婆感到温暖，甚至最后找到自己的旅游车了也高唱着"今天不回家"留下来。广告里的人物是常见的台湾阿婆，说的话、唱的歌是地道的闽南语，连偶尔出现的一句普通话也是正宗的闽南腔，讲述的小故事也是台湾人普通生活的一个片段。熟悉的人物、熟悉的语言、熟悉的生活场景，甚至是熟悉的境遇，再加上和睦友爱的气氛，怎能不让台湾民众喜欢呢？

获得第22届时报奖的黑松沙士"偷渡客篇"更是让黑松沙士成为台湾人的象征。小渔村里，警察怀疑一个没带身份证的人是偷渡者却没有证据，那人还得意地唱起一首地道的台湾歌《当我们在一起，在一起》以证明自己是地道的台湾人。拎着黑松沙士的胖警察却用一句"正港的沙士哪个牌"把那人问住了。这就是个最好的证据！"黑松沙士，正港的沙士"，哪有台湾人不知道黑松的？

乡土情拉近了品牌与台湾民众的距离，它不仅将黑松与可口可乐鲜明地区别开来，还为黑松赢得了民心，让台湾人不仅以喝黑松为乐，还以喝黑松为荣。

4. 常做有公益意义的广告

黑松一直以其广告的公益性为人称道。每年3月12日植树节前，黑松总要制作宣传爱护自然、保护生存环境的公益广告，如"森林是了不起的作家（最出色的画家、天生的教育家、伟大的音乐家），我们大家要尊重'她'"。1984年第七届广告金像奖，联广广告公司就以"黑松响应绿化运动系列篇"获得公益广告特别奖。其中一幅以"一棵大树相当于40吨冷气机，你知道吗？"的广告标题，先声夺人；继而以绿叶葱茏的大树，冷气机的线条轮廓隐于浓密的树叶中，几股绿色箭头意指冷气。绿化、环保的公益主题在下方的广告文案中得以体现（见图12-3）。

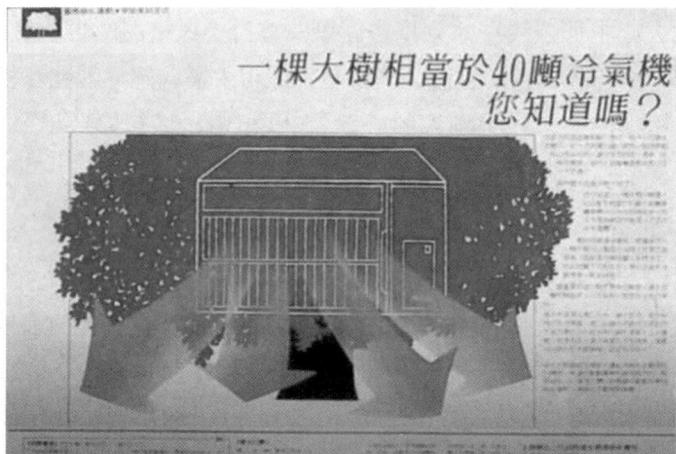

图12-3　黑松响应绿化运动系列篇之一（1984年第七届广告金像奖·公益广告特别奖）

黑松还特别关心参加"黑色七月"高考的学生们，为孩子和父母提供精神支持。如在考试前，黑松说"奋斗可贵在过程，不在结果"；对没考上的学生劝慰"今朝滑铁卢，明天诺曼底""选择放弃，不如换个方式重新开始"，鼓励他们不要自暴自弃，另辟蹊径一样可以发挥才干。

随着时间的推移，黑松在商品广告中已不再简单地推销商品，而是经常反映一些社会现象，启迪人们去思考社会问题。如获第十四届台湾时报奖的"化去心中那条线"系列电视广告：小男生和小女生愤愤地在课桌中间划下一条分界线，警告对方不许越界；高大威猛的男士在酒吧找寻落下的帽子，却被一对小恋人误认作好色之徒；好心人主动帮助艰难推车的女士，却被女士当成居心不良；一直惊慌逃跑的开跑车的美丽女郎终于被后面的吉普追上，却没想到车里的人只是想告诉她，她的长裙夹在车门外了……片尾打出广告语："化去心中那条线——黑松汽水。"在这次广告运动之后，黑松又推出同种风格的电视广告"多帮别人想一想"系列，继续引导民众关注人与人之间的和谐沟通。

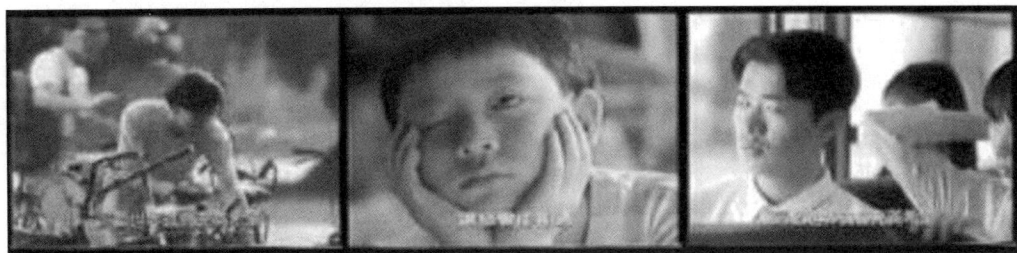

"多帮别人想一想·车棚篇"　　"耐心让你更顺心·教学篇"　　"多帮别人想一想·公车篇"

图 12 - 4　黑松系列广告

"灵药"系列广告则帮助个人调整心态，号召"用心让明天更新"。如在"爱情灵药篇"中，给出的爱情药方是"温柔心一颗、倾听二钱、敬重三分、谅解四味、不生气五两，以汽水送服之，不分次数，多多益善"；在"工作灵药篇"中是"热心一片、谦虚二钱、努力三分、学习四味、沟通五两，以汽水送服，遇困境加倍用之"；在"生活灵药篇"中又开出生活药方是"水一杯、糖二三分、气泡随便，以欢喜喝之，不拘时候，老少皆宜"。通过一系列的广告，黑松又摇身变为人们精神上的"灵药"。

三、左岸咖啡馆广告

法国巴黎是兼具艺术与时尚的浪漫都市，塞纳河蜿蜒穿过巴黎市中心，在其左岸孕育出了浪漫且勇敢的人文思潮与生活姿态，法国因此成为"浪漫"的代名词。左岸咖啡馆表达了对塞纳河左岸的向往，将法式浪漫精神融入生活。香醇的咖啡、浓郁的乳香与法式浪漫相结合，让人仿佛置身于风情万种的巴黎左岸，享受法式生活的自在悠闲与浪漫。左岸咖啡最早是统一企业在台湾推出的一款塑胶杯包装的咖啡饮品。

左岸咖啡的平面广告中，都在讲述发生在左岸咖啡馆的一系列短篇故事。以咖啡馆为故事背景，加上黑白色照片的怀旧基调和细腻的文字叙述，为消费者营造身临法国左岸咖啡馆的氛围。《左岸咖啡馆》系列文案运用年代、人物、情节为读者创造了一个个身临其境、颇具韵味的咖啡馆场景。文案围绕品牌故事展开，在传统广告时代中，利用文案表现了文字和图片纯粹的力量与内涵。

1992 年，台湾广告的"教父"级人物、奥美董事长宋秩铭将奥美分为营业一部和营业二部两个单位，后因资源不足而合并；2001 年，台湾奥美又重新分为被人们称作"左岸"与"右岸"的两个事业部，而台湾奥美的客户之一便是左岸咖啡馆。

1. 爱情系列

桥上恋人站着，桥下恋情流着，我呢！只是
等着，你呢！好久不见你，我在咖啡馆。

读到 L 的工人在谈恋爱，照常阅读，照喝咖
啡，在等她来！我在咖啡馆，和你谈恋爱。

咖啡馆开了，气氛热了，西风来了，他走了，
带着她离开！我在咖啡馆，和你谈恋爱。

离角落近一点，离热闹远一点，想你，比较
容易，想我！好久不见你，我在咖啡馆。

图 12－5　左岸咖啡馆爱情系列

　　爱情是人类永恒的主题，台湾奥美就把左岸咖啡馆改造成了谈情说爱的地方。广告
语中带着一丝淡淡的、患得患失的忧愁，如同恋爱的人们若即若离似的。是 20 世纪初
新月派的诗吗？是 20 世纪末席慕蓉、汪国真的诗吗？

2. 文化系列

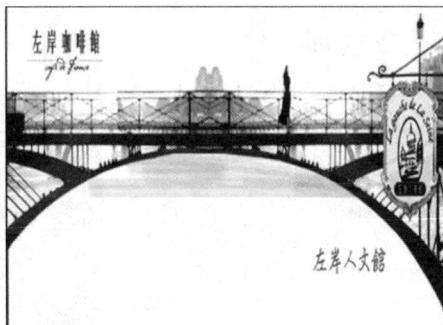

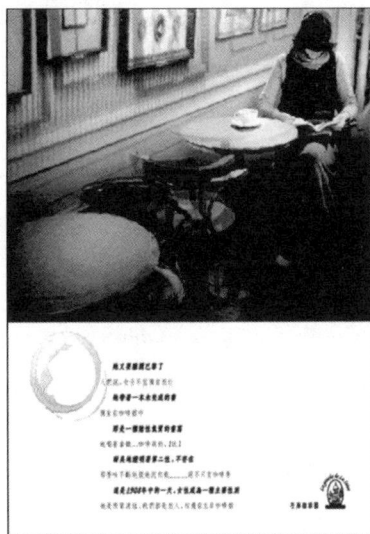

她又要离开巴黎了

人们说，女子不宜独身旅行

她带着一本未完成的书

独坐在咖啡馆中

那是一种阴性气质的书写

她喝着拿铁……咖啡与奶，1 比 1

甜美地证明着第二性，不存在

那香味不断地从她流向我……绝不只有

咖啡香

这是 1908 年中的一天，女性成为一个主

要性别

她是西蒙波娃。

我们都是旅人，相遇在左岸咖啡馆

巴黎塞纳河左岸的人文咖啡馆幽缘起于二十世纪初，毕卡索、沙特、西蒙波娃等人喝咖啡、谈梦想的固定聚所。左岸咖啡馆，填满了引入思潮奔流的欧洲人文气息①。

图 12 - 6 左岸咖啡馆文化系列

---

① 毕卡索（1881—1973），大陆译为毕加索。法国现代画派的主要代表，20 世纪西方最具影响力的艺术家之一，其作品达 6 万件。

沙特（1905—1980），大陆译为萨特。法国 20 世纪最重要的哲学家之一，同时是一位作家、戏剧家和社会活动家。著有哲学巨著《存在与虚无》，曾获诺贝尔文学奖。

西蒙波娃（1908—1986），大陆译为西蒙·波伏娃。法国著名存在主义作家，女权运动的创始人之一，曾获得龚古尔文学奖。其作品《第二性》被认为是女权运动的"圣经"。

3. 生活系列

图 12-7　左岸咖啡馆生活系列

下雨喝一下午咖啡。

聊赖的午后，我独自走在蒙巴那斯道上。

突然下起雨来，随手招了一辆计程车，

满头白发的司机问了三次"要去哪?"我才回过神。

"到……"没有预期要去哪儿的我，一时也说不出目的地。

司机从后照镜中看着我说"躲雨?"我笑着没回答。

雨越下越大，司机将车停在咖啡馆前要我下车，笑着说"去喝杯咖啡吧"！

他挥手示意我不必掏钱了！来不及说谢谢，计程车已回到车队中，

走进冷清的咖啡馆，四名侍者围坐一桌闲聊着，

看到我后立刻起身，异口同声地说"躲雨"？

我笑着不知该如何回答，午后一场意外的雨，

让我一下午，见识了五个会"读心术"的人，喝了一下午的咖啡。

我在左岸咖啡馆。也在去左岸咖啡馆的路上。

飞往巴黎的左岸长荣专机，

空服员优雅地为每个人端上热咖啡，四周的景致与空气中的咖啡香，

让人宛如登身左岸咖啡馆。

以上这些广告里所运用的各种元素并不是随意选取的，而是经过奥美的精心设计。统一企业为左岸咖啡馆选择的目标对象是 17 到 22 岁的年轻女士，她们多愁善感、喜爱文学艺术，但生活经验不多，不太成熟，喜欢跟着感觉走。相对于产品质量而言，她们更寻求产品本身以外的东西，比如能带给她们情感触动，让她们感动的东西。因此奥美认为，左岸咖啡馆这个来自法兰西塞纳河边神秘幽远的艺术圣地，是代表着对美和艺术的追求的，可以给消费群体从精神上带来一种全新的体验。它的广告视觉应该非常法国化，但其文本却应是很有日本文学风格的。

从实际销售来看，这些广告的作用是非常突出的。在左岸咖啡馆诞生的第一年，其销售收入就达到了 400 万美元，之后又以约每年 15% 的增长速度持续了一段时间。左岸咖啡馆经过台湾奥美的精心雕琢，已被打造成了名副其实的高级品牌。

4. 独立书店的色彩哲学系列

2020 年 2 月，左岸咖啡馆推出周期长达一年的"独立书店的色彩哲学"系列海报，结合自家产品本身的色彩，搭配介绍不同风格的独立书店，希望让更多人认识更多个性十足却艰难经营的独立书店。左岸咖啡馆通过社交媒体平台发布了浅蓝、黄、红、绿、蓝五种颜色的海报，对应 5 款咖啡饮品，同时介绍 5 处独立书店。通过细腻而富有深度的长文案，与读者进行一场哲学思辨。

在这组海报中（见图 12 - 8），左岸咖啡馆将各种不同色彩的独立书店与自己产品色彩对应，不用过多的语言说明，通过视觉效果就能感受到每个独立书店的个性。

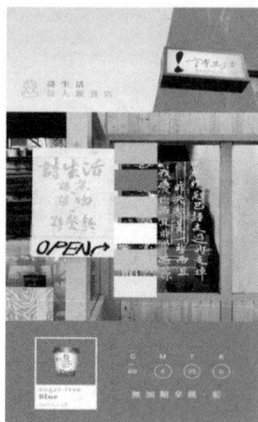

浅蓝

是最温暖的颜色

是诗句如海潮般簇拥诗人的岛

是墙面如湛蓝海水围绕

无加糖拿铁减去不必要的

让蓝色更加温暖轻盈

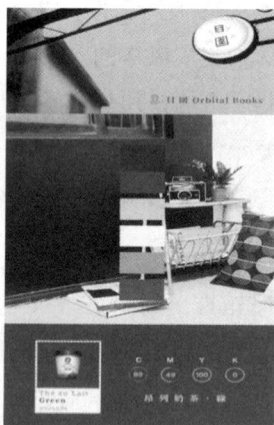

绿色

不过就是 RGB 其中一个数值

墨绿色老墙前

整排的摄影书

怎能让人如此流连忘返

如果摄影是一瞬

绿色榻榻米上

大概搜集了永恒

供人尽情翻阅

想与你分享

底片的颗粒

数位的精细

还有一杯昂列奶茶

黄色

转角撒下的一抹暖阳

推开门，木制书架微微泛黄

放得上去的刚好一百本

"老手会挑书看，但对于新手来说，

每一本都新奇珍贵。"

不挑书，所以保持初衷

才选在夜幕低垂时分，点起一盏盏灯黄

尽情忘我的同时

也来杯咖啡吧！

图 12 - 8　左岸咖啡馆独立书店的色彩哲学系列

四、麦斯威尔（Maxwell）咖啡广告

麦斯威尔的历史可以追溯到 1870 年。当时，出身美国肯塔基州的杂货店推销员乔尔感到当时市面上的咖啡无法满足他的要求，于是开始尝试混合其他不同种类的咖啡豆。当他调配出一种令他满意的口味后，便把它带到田纳西州首府颇负盛名的麦斯威尔旅馆。没多久，乔尔所调配的咖啡，以其独特的香醇口感成为麦斯威尔旅馆最受欢迎的产品，而此地的咖啡烘焙厂也因此成为全美国最大的一家。1907 年，乔尔把亲手调配的咖啡给时任美国总统的西奥多·罗斯福品尝时，得到了其由衷的赞赏："这杯咖啡，真是滴滴香醇，意犹未尽（The coffee is good to the last drop）。""滴滴香醇，意犹未尽"这句话从此便成为麦斯威尔咖啡的金字招牌并为其带来滚滚财源，也成为百年广告的经典之作。

作为全球第二大咖啡品牌，美国卡夫公司的拳头产品麦斯威尔咖啡 1982 年 11 月在台湾地区上市，而"雀巢"却是当时"咖啡"的代名词。在上市伊始，麦斯威尔选用名人孙越做代言人建立品牌知名度，鼓励大家从喝茶转到喝咖啡，并试图区分美国式与欧洲式咖啡。在广告表现上，麦斯威尔传达"好东西要与朋友分享"的概念；与之相对应的，则是在销售上推出咖啡礼盒包装并随罐赠送咖啡杯（只送不卖），并且开发出随身包与随身杯，还借之举办"爱·分享·行动"的慈善活动。在六七年间，麦斯威尔在台湾地区创造了极高的知名度，抢占了当地 15% 的市场份额。1994 年，麦斯威尔的广告语"好东西要和好朋友分享"当选为台湾消费者最受欢迎的广告语。

随着麦斯威尔进入台湾地区，卡夫公司也选择了奥美作为其广告协作伙伴。在下面的广告中，奥美将麦斯威尔的广告口号与中国人的访友故事情节相结合，既维系了其品牌形象，又适应了当地文化习俗，的确是"Think global，act local"（全球化思维，本土化行动）的典型案例，见图 12 - 9。

图 12 - 9 麦斯威尔"访友不遇篇"

这则电视广告的内容是：年轻的父亲带着妻子和儿子去山区访友，一路上风光绮丽，鸟鸣山幽，山顶云雾缭绕，暗隐贾岛《寻隐者不遇》的诗意。果不其然，到小屋前才发现，门扉掩蔽，友人外出，本来期待的一番热情会面，却变成一次遗憾。朋友回来时，看到来访者在案头留下的便笺："庚午年除夕，携妻儿至友人家，共话年味儿，不遇"，也颇有雅士风范。广告最后旁白道："今年春节，别忘了好朋友，麦斯威尔咖啡礼盒。"

五、中兴百货广告

台湾中兴百货一向以引领时尚的姿态和品味独特的形象为业界所称道。从 1974 年起，中兴百货以"精致生活文化"为经营理念，将商品与人文思想相关联，意图创造源于潮流而又先于潮流的消费文化。台湾意识形态广告公司一直代理中兴百货的广告，并以棱角分明的创意观念和表现手法在台湾广告界引起轰动。甚至有人认为，中兴百货的意识形态广告代表着华文广告设计的顶峰，其水准远远超过绝大部分获得国际广告奖的华文作品[1]。据不完全统计，中兴百货广告获奖无数，除 1988 年、2008 年，中兴百货的广告赢得了 43 次奖项，其中广告金像奖 17 次，华文广告奖 15 次，4A 创意奖 6 次，亚太广告奖 5 次。在意识形态广告盛行的近十年间，许舜英、张恒荣等人的文案和杜秀纹、林建宏的设计成为海峡两岸和香港、澳门不少广告人研究和模仿的范本。

1. "家庭生活万岁篇"（1991 年）

请你特别留意星座出生图的财务状况，今年千万别乱杀扑满

这是中药般温和的一年，重新体认物质的意义将是消费的重点

而研读中兴百货 91 年新消费观生活手册将使你摆脱主张过剩的焦虑

以更自在的感性体验 91 年的质感

——中兴百货"家庭生活万岁篇"

所获奖项：

CF——戛纳广告零售项佳作奖、时报广告百货项佳作奖

平面——4A 创意奖零售百货项佳作奖

图 12 - 10　中兴百货广告——"家庭生活万岁篇"（1991 年）

① 卢小雁，沈美标，周玉倩. 亚太广告精选赏析［M］. 成都：四川大学出版社，2004：163.

意识形态广告使中兴百货的商品有了一层浑厚的文化外壳。他们的广告从 20 世纪 90 年代之后便不再使用常见的叙事手法，也大大超越了广告本身的信息告知功能，而是将普通的购物行为美化为一种"高尚"的生活方式和心态；再加上后现代主义、解构主义的美学装束，对现代都市居民，特别是对知识青年群体的消费观产生了相当大的影响。这也是中小型规模的中兴百货在竞争激烈的百货行业中得以脱颖而出的重要原因。

2. "梅兰芳篇"（1994）和"书店篇"（1997 年）

意识形态广告公司的主要成员基本上都有十分敏锐的流行文化感知能力，擅长将流行时尚转换为广告语言，这使中兴百货的广告作品集看上去更像一本流行杂志。但是，这种对流行的转化却是植根于对中国文化的充分了解和对西方文化的不断吸收之上的。因此，意识形态广告公司经常能够显示出将中国古典文化随手拈来，又将西方文化完美融入的大师级手法，这在其文案当中屡见不鲜。比如，1994 年的秋冬时尚是两性混穿的中性装扮，于是该年度的中兴百货秋季上市广告是"没有服装就没有性"，并以京剧大师梅兰芳的扮相和卸妆后作对比说明，见图 12 – 11。

图 12 – 11 中兴百货广告——"梅兰芳篇"（1994 年）

虽然文身仍然可以暗示肉感，
珠宝还在批注性欲位置。
但自从牛仔裤颠覆了纯粹两性理论、皮革吊带开始搭配莱卡内衣手铐蜡烛，
那种把两性对立当作终极命题的传统世界秩序，已经看起来摇摇欲坠。
也许连蕾丝边，也将逐渐逐渐地，装饰在三角肌上吧。
我们所能抓住有关性/别的真理，已经不多。

——中兴百货"梅兰芳篇"

在对于跨越国界的流行文化和本土、本民族文化传承的辩证问题上，意识形态广告公司的广告作品也会随时代的变迁而作出调整，它们有时显得较为激进，有时又较为保守。不过，在大多数时期里，以中国人（特别是台湾人）和以中华文化为本位的思想仍然占据主流地位。因此，意识形态也并非一味地宣扬消费、宣扬紧跟流行，而是相当高明地指出，流行不只是时髦或是穿着华丽；流行是一种自有见地的生活主张。其意还是注重个人的"内秀"，核心价值观更偏向于中国儒道两家主张的修身养性之说。在1995年的"性感是本能，魅力是需要学习的"、1996年的"你可以买到流行，不一定买得到态度"以及1997年的"书店篇"中都可以发现类似的支撑点。

"到服装店培养气质，到书店展示服装。但不论如何你都该想想，有了胸部之后，你还需要什么？脑袋。"——中兴百货"书店篇"

（CF——时报广告家庭用品项金像奖、平面——时报广告家庭用品项佳作奖、第七届广告流行金句奖）

图 12 - 12　中兴百货广告——"书店篇"（1997 年）

3. 1996 年店庆"小红帽"系列

在荣获第 20 届时报广告"最佳平面广告金奖"的中兴百货 1996 年店庆——"小红帽"系列里（见图 12 - 13），意识形态广告公司借用格林童话《小红帽》的故事重新演绎出另外一个戏剧化的版本。

广告的标题是"正因为有大野狼，小红帽必须要有更·妖·娇的小红帽"，辅之以颇具新意的诗化广告语言：

欲望森林/盛装的女人/令狼群失去威胁性，/（当她擦香水/当她掀开衣柜/当她主动放电/她才不需要讨好谁/而男人自投罗网。）/对魅力的自觉/让她感到愉快/两性不再注定/弱肉强食/它根本是/女·人·的·地·盘。/她微笑：/"对我而言/花五个钟头/穿着打扮/或/是爱一个人/都不过分。"

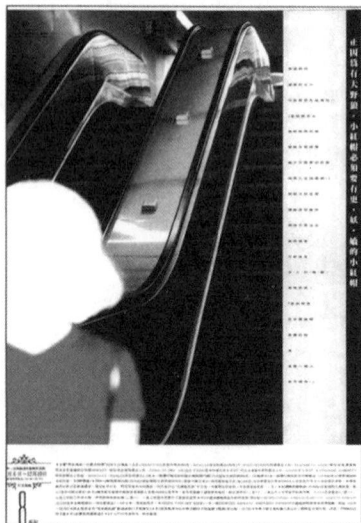

图 12 - 13　中兴百货广告——1996 年店庆"小红帽"系列

广告由中兴百货电梯场景等三幅作品构成了一个系列，版面的下方罗列各种促销优惠措施。这则创意之所以成功，就在于创作者能够将深厚的文化底蕴与现代的两性观点跨越时空连线，使"小红帽"的形象得到了全新的诠释，大大满足了一些现代女性主动寻求情感经历的诉求。

4. "森林篇/樱花篇"（"折衣篇"系列，1998 年）

当然，中兴百货的服装也不单单是为知识女性准备的，在广告中，它也同样会对男性进行诉求引导。在男性系列广告中，忧伤和无助的基调始终贯穿全篇，要想解除烦恼和压抑，请从疯狂地刷卡购物开始。其中的"森林篇/樱花篇"就很典型，见图12 – 14 和图12 – 15。

图 12 – 14 中兴百货 "森林篇"

图 12 – 15 中兴百货 "樱花篇"

衣服

衣服是这个时代最后的美好环境

他觉得这个城市比想象中还要粗暴

她觉得摔飞机的几率远大于买到一双令人后悔的高跟鞋

他觉得人生脆弱得不及于一枚 A 型流行感冒病毒

她甚至觉得爱人比不上一张床来的忠实……

不安的人们居住在各自的衣服里寻求仅存的保护与慰藉

毕竟在世纪末恶劣的废墟里

衣服会是这个时代最后的美好环境

——中兴百货"森林篇/樱花篇"

（"折衣篇"系列获龙玺环球华文广告奖个别零售影视广告铜奖、龙玺环球华文广告奖最佳影视广告美术指导优异奖、时报广告奖家庭用品项银像奖）

在这两个平面广告中，基本上以冷色调为主，"森林篇"里乳白色的光芒对一袭长裙进行了渲染，隐含"救赎"的意味。而在"樱花篇"里，用一株盛开的樱花树作为背景，暗示着生命和美好事物的短暂。再加上文案中明明白白道出："不安的人们居住在各自的衣服里寻求仅存的保护与慰藉"，用购物来缓解心情的劝慰口吻便有了足够的说服力。通过这样一步步的诱导，美术指导的艺术追求和广告客户的销售要求达成了一致。

5. "衣柜篇/货架篇"（"物流篇"系列，2000 年）

如上所述，意识形态广告的创作思路有时会因自身原因出现微小的波动，而在更多的时候，广告作品所体现的主题思想是由客户的生存状态所决定的。20 世纪 90 年代初期，当时的台湾开始提倡环保再生，意识形态广告公司也适时提出"重新体认物质的意义将是消费的重点"，"要让祖母的衣柜复活（意为穿着衣物要新旧搭配）"，并在 1993 年告诉大家"一年买两件好衣服是道德的"。但是到了 2000 年，大约是由于岛内的经济不景气，中兴百货的经营压力陡然增大，于是广告的含义也发生了 180° 的转弯，变成了"三日不购物便觉灵魂可憎、三日不购物便觉面目可憎"，把消费还是储蓄上升到了大是大非的高度。

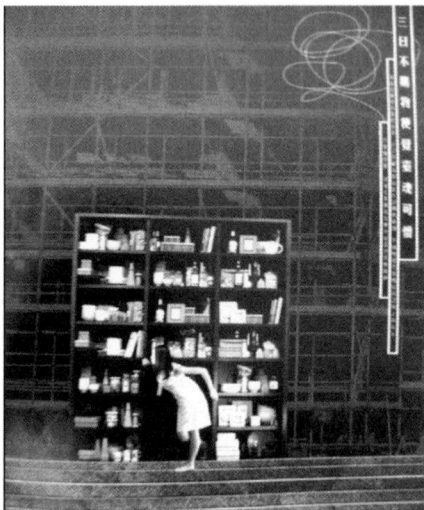

图 12 - 16　中兴百货 2001 年春装
上市——"货架篇"

图 12 - 17　中兴百货 2001 年春
装上市——"衣柜篇"

（"物流篇"系列获 4A 创意奖最佳平面广告艺术指导金奖、2000 台北国际视觉设计展广告设计金奖、2000 台北国际视觉设计展海报设计金奖、龙冬阳评审特别奖）

　　作为台湾广告的一朵奇葩，中兴百货的意识形态广告系列在文案写作上具有十分独特的风格。有学者认为，意识形态广告从其原创性的思维和美学特征上来说糅合了不连续性、非确定性和内在性三种因素①，体现出多元开放、异端、散漫、变形、反叛，是一种对消费者主体不确定意识的张扬，也昭示着在消费文化盛行的年代里个人主体意识与物质崇拜之间相生相灭的紧张关系。

　　更有学者指出，这种以意识形态广告为代表的、视觉转向后现代的广告虽然促进了审美走向日常化，但其对文化产生的负面效应却是更为主要和深远的：一是审美走向表层的物

---

①　卢小雁，沈美标，周玉倩. 亚太广告精选赏析［M］. 成都：四川大学出版社，2004：171 - 172.

化、视觉符号意义的"通货膨胀"导致人们视觉神经的麻痹；二是视觉符号能指的、漂浮形成的符号价值掩盖了物品本身的使用价值，并由之而搭建了一个仿像世界供人们生活其中而不自知。在这种广告的影响之下，消费者购置物品已经不是因为这些物品本身具有的内涵（包括使用价值和交换价值），而是因为这些物品所代表的符号价值。后现代广告视觉符号拼贴的制作特征更是把浪漫、奇异、欲望、美丽、满足、归属、科学进步和好生活"粘"到了推销的商品上。在获得 1998 年龙玺大奖的中兴百货春装上市"书店篇"电视广告里，广告画面是色泽深沉质地厚重的书架，打扮冷艳前卫的年轻男女在其中来来回回走动……书店和T 形舞台，这两件风马牛不相及的事物被广告拼凑到了一起。于是，胸部、脑袋、服装这些本来互不相干的意象，借助视觉符号的拼贴在受众的意识形态中自然而然地被组合到一起。这就给人们营造了一种错觉：本来很平常的购物便具有文化的韵味，成为一种高雅脱俗的行为。当难以计数的符号和形象流动生产出无休止的现实模拟时，消费者往往失去了对现实的把握，而法国学者波德里亚所说的模拟世界便降临了[①]。

六、大众银行"不平凡的平凡大众"系列

大众银行成立于 1992 年，一开始知名度并不高，通过奥美广告创意总监胡湘云创作的广告语"不平凡的平凡大众"，使大家渐渐认识了大众银行。这句广告语为许多广告人所津津乐道，大众银行也通过这一系列广告成功地塑造了亲民的形象，提升了品牌知名度。

2008 年，国际金融危机席卷全球，导致人们"谈金融而色变"，银行业也面临危机。在此背景下，台湾奥美从"生活中的平凡"出发，创作了一系列广告。这一系列广告将品牌理念、品牌名字"大众"与广告内容巧妙融合，触动了每一个平凡大众的内心，在平凡的生活中看到了不平凡，达到了完美的契合效果。

这一系列有四支改编自真实事件的影片，分别是《母亲的勇气》《马校长的合唱团》《梦骑士》和《生命树》，故事本身很大众化与生活化，同时有纪实性。广告文案通过具象化的数字精准描绘了广告故事主人公的特征。

《母亲的勇气》述说的是一位不懂外语的母亲是如何独自乘飞机飞行三天，跨越三个国家，行程三万两千公里，只身前往委内瑞拉，只为照顾她刚生产完的女儿。路上虽然艰辛，但她不曾退缩，在影片最后强调了"坚韧、勇敢、爱"的主题思想。片中母亲就是平凡大众的一个缩影，但她为爱奔跑的身影却又不平凡，触发了大众对中华民族传统美德"勇毅力行、仁爱孝悌"的共鸣和认同，这样的情感震撼了观众的心灵。作为"不平凡的平凡大众"概念的系列广告片的第一部，大众银行希望借由这样的精神

---

① 饶德江，章俊. 现代广告视觉转向的文化批判［J］. 新闻与传播评论，2003（0）：38–44，245，250–251.

传达普通人坚韧、勇敢、真实且善良的一面，做"最懂台湾人的银行"。

《马校长的合唱团》讲述的是在山区资源有限的情况下，台湾少数民族的小学校长在不懂五线谱、不会乐器的艰苦条件下，组建了一个合唱团。15 年来，每天放学后他都坚持教学生唱歌。马校长不仅教学生唱歌，还带孩子们参加歌唱比赛，让更多的人感受到了孩子们质朴却又天籁般的歌声。在片尾大众银行借"关注、陪伴、相信"的广告语让顾客了解到，不论何时何地，大众银行都会陪伴着他们，做消费者最厚实的肩膀①。

《梦骑士》篇获得了 2011 年中国 4A 金印奖之创意金印奖影视类金奖、2011 年龙玺影视类广告金奖、亚太广告节银奖等奖项。广告一开始便是"人为什么活着"的旁白，接着讲述了 5 位平均年龄超过 80 岁的老人在疾病缠身的情况下依然追寻自己的环岛梦，经过 6 个月的强身健体、精心准备，最后完成总路程 1 178 公里、环岛 13 天的壮举。在最后，影片也做了解答：活着的意义是"梦"（见图 12 - 18）。《梦骑士》从友谊、梦想和感动的角度树立了一个大众银行为大家圆梦的形象。《梦骑士》发布后 5 周内，其在 Facebook 上的分享达 246 356 次，YouTube 点击率超过百万次，优酷点击率达 500 万次以上。《看见》把它拍成纪录片《不老骑士》，《华尔街日报》用一整版对其进行了专题报道，2012 年还被翻拍成电影《不老骑士：欧兜迈环台日记》进行了公映，大众银行由此声名远播。

图 12 - 18　大众银行《梦骑士》广告截图

《生命树》讲述的是 1999 年主人公陈元因"9·21"台湾地震被困在森林里的故事。在这场灾难中，靠着森林的馈赠他才得以存活。因此，后来他不顾家人反对，变卖公司资产，一心扑在种树上。因阻止老树林被开发成楼盘，陈元被拘。在妻子怒骂下陈元依旧重复"树会说话，你听见了吗"。影片以"相信"结尾。同样来自台湾真实故事，但《生命树》的主题意义明显更为宏大，具有一定的高度，探讨人与自然之间的关系。

"不平凡的平凡大众"系列广告将真实故事通过艺术加工和蒙太奇手法表现出主人

---

① 王莉. 广告与企业品牌形象经营研究——以台湾大众银行为例 ［J］. 中国商论，2016（20）：1 - 2.

公不平凡的精神追求，展示了与一般银行不同的大众银行形象，引发了观众强烈的情感共鸣，一举将台湾大众银行从一家名不见经传的银行转变为家喻户晓的金融机构。当时台湾很多民众宁可舍近求远选择大众银行，大众银行的业务量在经济不景气的市场大环境中暴增，并引发了特有的现象——"大众银行广告效应"，即广告能够引发受众强烈反馈和共鸣的一种现象。对这一现象胡湘云一语中的："人们天生喜爱故事并向往那种自己也许无法实现的生活，他们需要这些正面的力量来满足自己，尤其是这些故事都是真真实实存在的。"

七、小时光面馆系列广告①

20世纪90年代以来，方便面凭借着速食、快捷、方便的特点受到了人们的欢迎。进入21世纪10年代后期，方便面销量增长乏力，市场渐有萎缩趋势。1970年，统一企业推出附粉包可干泡两吃的统一（脆）面，但销量一直无法与市场龙头匹敌。经过持续研究，统一企业研发团队以台南传统面食为基础，于1971年研发出附加独特肉臊风味油包的统一面，上市后一鸣惊人，主导了往后数十年的台湾速食面市场，肉臊面也成为其旗下最有名的产品。统一面历史悠久，给一代人留下了美好的回忆。但品牌形象老化也成为统一面面临的棘手问题之一。此外，同类产品竞争加剧，年轻用户群体对统一面缺乏关注。为了与当代年轻人沟通，提高品牌在年轻人中的知名度，打开年轻人市场，统一企业携手台湾ADK（台湾联旭广告公司）打造了系列广告《小时光面馆》。通过温情和怀旧路线，将"用心做好每一份面，以心情调味"的品牌理念传递给年轻消费者。

系列广告以虚构面馆"小时光面馆"为故事背景，通过微电影的方式讲述了年轻人的心情故事和创意料理。每一部影片拍摄品质足以媲美电影，宛如精致偶像剧。无论是情节对白、角色选择、人性刻画，还是场景氛围、服装或配乐，每个细节都经过仔细考量，十分扣人心弦，深受年轻人喜爱。"小时光面馆"系列微电影广告以面为线索，串起每位客人的独特故事；以心情和感情为切入点，让消费者能够与"蓄势告白、难忘过去、期待邂逅"不同的心情与情境联结，激发消费者与品牌的情感共鸣。

从2014年起，该系列影片持续更新。第一季围绕"以心情调味"展开，以爱情故事为主轴讲述了关于"栗子蛋糕""心碎的滋味""邂逅一位肉臊面""阳光佐夏威夷炒面"和"不同寻常的家常面"的故事。第二季呈现了更加多元的风貌，由"世界无

---

① 小时光面馆官方网站，http：//story. noodle. com. tw。

敌虾""黄金游乐园""美美独享""英雄不流泪"和"色彩斑斓的未知"几支微电影广告视频组成。每一道面料理都被赋予了一种心情含义——酸甜苦辣咸皆是人生。2018年推出了"原味二分之一"，和与一对平凡夫妻相关的"三刀流肉臊面"的故事。2019年，"小时光面馆"上新了一部名为"妈妈迟来的生日礼物"的微电影。这部微电影共分为三小部，并从三位主人公——面馆老板、职场妈妈和礼品店老板的不同视角展开讲述了一个关于"生日礼物与爱"的故事。2020年，以"吃面看个性"的主题又更新了六支广告。六位主人公，六种不同的个性，每个人身上都有一个不易被发现的小习惯，并通过故事的方式向人们呈现出来。"小时光面馆"改变了消费者对方便面的传统印象，为统一方便面持续养成品牌IP成功打造了一个新的品牌内涵。

"原味二分之一"在老板娓娓道来中，从"全地球最专一A君"和"这世界最善变B小姐"两个视角展开。A君与B小姐常常在同一时间于面馆相见，B小姐坐在他正对面的桌子。在他的观察中，B小姐是他这辈子见过最善变的人。每次遇见她时她的打扮都不一样，有豪迈的女汉子、忧郁的文青、双面女间谍等不同风格。她的点餐也千变万化，有滑蛋肉臊面、泡菜鲜虾面、月见葱烧牛肉面、布丁肉骨茶面、肉臊干拌面……而他自己则是"二十五年的中分头，十三年的细框眼镜，每天六点跑步，八点上班，五点下班，一周三天来这间面馆坐一样的位子，吃一样的晚餐——一碗原味肉臊面配一杯冰开水，吃完在对街搭278，提前一站下车，散步回家，睡前会听小野丽莎的 *The Girl from Ipanema*，repeat（重复）三次才入睡"。

某一天，他们都点了原味肉臊面，但恰巧只剩最后一碗。面馆老板提议他们把面分一半，他可以提供特制料理。于是他们各自吃到了原味二分之一。而这一天是A君见过B小姐最特别的一天，她素颜、白衬衫、戴眼镜，因为最不特别才更特别。他们也因此有了一个共通点：在同一天同一时刻他们一同只吃到半饱。

当视角转换到"这世界最善变B小姐"时，观众才明白她的百变是因为她是个正在寻找灵感的编剧，她试着通过每天扮演不同的人来幻想不同的人生滋味。当她面临创作困境时，只有小时光面馆带来的熟悉的安全感能缓解她的焦躁。在这里遇见一个"如同外星人一般非比寻常的存在——每天都没有任何变化的男子"。她将A君作为自己新剧本的主角，获得了创作灵感。剧本写完，她重新做回了自己——素颜、白衬衫、戴眼镜。面馆中的最后一碗面让她发现，原味人生也是不错的选择。

图 12 – 19　《小时光面馆》之"原味二分之一"广告截图

该系列广告时间跨度较长，获奖无数。2015 年横扫龙玺创意奖，获得了龙玺创意奖全场大奖、品牌娱乐类/整合营销金奖、互动类/线上互动/整合营销全场大奖以及影视类视频系列金奖等一系列奖项。2016 年获得戛纳国际创意节娱乐类金狮奖和媒体创意奖银狮奖。2016 年获得 One Show 中华创意奖品牌娱乐金铅奖，2016 年、2017 年连续两年获得 LIA 华文创意单元整合营销金奖等多个重量级奖项。"原味二分之一"使台湾 ADK 广告公司获得 2018 年 LIA 伦敦国际广告奖的一座黑天使奖和五座红天使奖以及 2018 年龙玺奖品牌娱乐类金奖等。

根据台湾 ADK 广告公司首席创意官游明仁的观点，《小时光面馆》成功的原因之一在于：案例并不是单一的 TVC（商业电视广告），而是从广告片、消费者和网站、手机的互动到线下实体店，包括在 7 – ELEVEN 里设置店中店的整体跨媒介连接。

《小时光面馆》系列微电影广告不仅在电视、YouTube 统一面频道以及小时光面馆专题网站播出，还联动了户外广告和博客，将广告的影响力发挥到极致。在专题网站上，用户不仅可以看到微电影，还可以根据网站提供的图文版和视频版教学教程进行烹饪。微电影广告上线 3 个月，YouTube 点击量突破 870 万次，荣登当季点击率第二。除了互联网传播渠道，小时光面馆还在电视上播放预告片，吸引观众注意力。此外，还联动线下店面，开设实体快闪店。2014 年，影片播出后其销售额提升了 37%，巩固了统一方便面在台湾地区的领导品牌地位。

八、万泰/凯基银行"灵活卡"

灵活卡最初由万泰银行推出，万泰银行被凯基银行并购后，灵活卡也被保存了下来，功能上也没有大的变化。因此，凯基银行再次找到了台湾 ADK 广告公司，进行新一轮的合作。灵活卡申办手续简单、办卡过程免费，其强调的是资金的灵活运用，主要针对的是资金周转不灵或手头上急需用钱的小生意个体户、蓝领人群或"军、公、教"人员等。

1. 万泰银行"人生如戏"系列

台湾岛内银行众多，竞争十分激烈。在金融业务整体萎缩的情况下，各银行纷纷选择大量发行信用卡和现金卡争取客户。信用卡和现金卡催生了大批提前消费、过度消费和盲目消费的"卡奴"大军，这个群体通过"以卡养卡"的方式维持生活。在还款困难和银行催债的双重压力下，不少"卡奴"选择了自杀。一时间，一般大众对信用卡和现金卡等业务好感度降低，负面评价不断。加上2008年国际金融危机的冲击以及万泰银行前董事长和前副董事长爆出丑闻，万泰银行亟需改变自己的企业形象。

改变大众对现金卡的负面态度、提升办卡量，是《人生如戏》系列广告的主要任务。创作团队另辟蹊径，采取了有别于传统的银行广告形式。《人生如戏》系列由"惊世夫妻"与"孝子特工"两支广告影片组成。运用在台湾非常经典的本土剧及现代剧的戏剧形式，以有趣夸张的手法将人生中的意外支出突然来临的故事演绎出来。《人生如戏》系列广告获得2013年龙玺创意奖全场大奖。

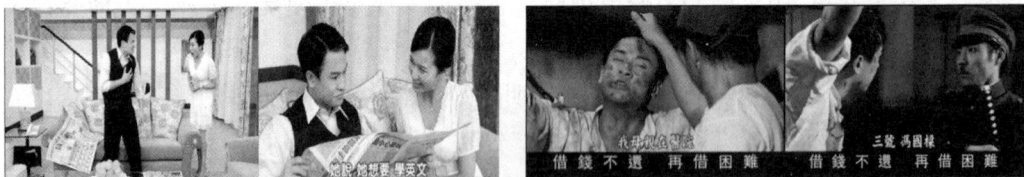

"惊世夫妻篇"　　　　　　　　　　　　　"孝子特工篇"

图12-20　《人生如戏》系列广告截图

"惊世夫妻篇"以女儿学英文为贯穿全片的线索，剧中对话多用闽南语。影片一开始是导演与演员之间针对剧本进行交流。开拍后妈妈走进来对着看着报纸的爸爸说："志龙，你知道你女儿说什么吗？"爸爸继续看着报纸平淡地说："说什么？"妈妈瞪大眼睛回答："她说她要学英文。"爸爸吃惊地迅速放下报纸站起来问道："什么，学英文？"接着画面转到导演，导演叫停了表演，表示爸爸听到学英文后的表演过于大惊小怪和浮夸。此后，这段表演被重复了数次，始终没达到导演要求。最后导演拿出万泰灵活卡放到爸爸的西装口袋里，"这张万泰灵活卡给你，这样比较灵活"。之后终于达到了导演的要求。

"孝子特工篇"则是以妈妈的医药费为主要线索，气氛紧张中又带着一丝搞笑。影片发生在抗日战争时期，画面一开始，被拷打至昏迷的一个中方特工被日寇泼了一桶水后，被日寇抓住了头发。特工说："我母亲现在在医院，快放开我。"日寇威胁特工交代其他特工的名字，并表示可以为其母缴纳住院费。特工听毕后大喊一声"我说！"，并迅速报出了特工名单。导演叫停这段表演，认为不能说出其他特工的名字，出卖同志的行为太可耻，特工不能这样演绎。之后几次表演中，特工始终没能经受住花样百出的刑讯的折磨，快速报出了其他特工的名字。最后导演忍无可忍，对特工说道："你怎么可以为了医药费就出卖同伴呢？这太没骨气了嘛，对不对？来，万泰灵活卡给你，灵活一点。"说罢把银行卡放到了特工的衣兜。特工最终没有出卖队友，戏中戏拍摄结束。

《人生如戏》系列用"戏中戏"的手法加深观众对灵活卡的印象。广告影片发布后不久，在网络上引发了广泛的讨论与分享，YouTube 点击量破 10 万次，致电询问暴增 300%。同时也引发了各大媒体的采访，台湾最知名的模仿节目也开始模仿该影片的内容。

2. 凯基银行"借钱的五十道阴影"系列

《借钱的五十道阴影系列》荣获 2018 年龙玺创意奖全场大奖、影视广播类类别大奖，2018 年 4A 创意奖金奖以及 LIA 华文创意单元影视/幽默金奖。该系列由"摊贩篇""腹语篇""友情问答篇"和"宝宝篇"四支广告影片（见图 12 - 21）组成。

"摊贩篇"　　　　　"腹语篇"　　　　"友情问答篇"　　　　"宝宝篇"

图 12 - 21　《借钱的五十道阴影系列》广告截图

台湾地区对金融卡广告管控严格，不能表现奢侈消费的内涵。创作团队从"急用钱"的这个角度出发，以生活场景为切入点，更容易引起广泛共鸣。四支影片平均时长在 2 ~ 3 分钟，节奏较为紧凑，以诙谐幽默的方式和差异巨大的反转冲淡了生活的困苦。

"摊贩篇"以小贩和警察的追逐战为开场，渲染了一种紧张的氛围。在警察追上小贩即将开始盘查开具罚单时，小贩发现了警察是他的同学，并且提醒他警察当年去考警专的 937 元钱还是他借给他的，警察欠自己一个人情。当警察准备拉住同学想要还钱时，转头过来的却是另外一个人。导演用影像具化表现出了欠钱后无法还钱的心理阴影。

"腹语篇"中，A 君催促 B 君还钱时难以开口，吞吞吐吐中表现了 A 君的内心挣扎。此时，A 君包里响起了一只玩偶的声音。玩偶拿出来后，A 君和玩偶以表演双簧的方式催促 B 君还钱。B 君以自己没钱为由拒绝还钱。随后，A 君逐一分析了 B 君身上的衣服、手表、领带、鞋子等的价格样样不菲，还花了 5 000 剪头发。

"友情问答篇"以两个出租车司机为主角。出租车司机 A 因发生追尾需要修理，需要向朋友出租车司机 B 借钱修车，B 爽快答应。到了凯基银行后，密码输入错误 3 次后银行卡自动锁定。A 此时认为 B 故意不借钱给他，二人由此展开了一场拉锯战。其中还出现了知识抢答形式的言语来往。

"宝宝篇"中，父亲 A 犹豫地向朋友借钱，不料朋友的手头也很紧。朋友向父亲 A 讲述了自己的吃了上顿没下顿、连孩子的学费都交不起的生活。一阵回闪后，父亲 A 从第三视角看到了朋友与孩子午餐和晚餐合吃一个馒头的情景。父亲 A 反省了自己，看到朋友的拮据生活最后借了几百块钱给朋友。

对于中国人来说，借钱不仅要拉下脸面还会欠下人情，借钱时总感觉难以启齿，战战兢兢。台湾 ADK 广告公司抓住了这一痛点，以戏剧化的方式演绎了四段借钱与还钱之间的斗智斗勇。一番推拉过后借第三人之口指出灵活卡的好处，道出"人生啊，其实可以灵活一点。有凯基灵活卡，随借随还""先来找我们，事情就简单多了"。影片最后主要向消费者强调了灵活卡在借还便捷上的优势。

九、爱的鼓励墙

台湾地区很多民众还保留着现金交易的习惯，找零是便利店需要面对的重要问题。7 - ELEVEN 柜台上设置了"把爱找回来"的捐款箱，鼓励人们在支付后利用零钱进行小额捐款。尽管"为善不欲人知"是中华民族所推崇的美德，但人们也无法抗拒行善后肯定的眼神和发自内心的感谢。2017 年，在 7 - ELEVEN 的年度公益活动中，出现了全球第一面"爱的鼓励墙"装置（见图 12 - 22）。当人们投下硬币时，就算只是一块钱，"爱的鼓励墙"装置也会被立即触发，响起富有节奏感的鼓掌声，传递出简单而直接的信息——"只要做好事，都值得被鼓励"。

图 12 - 22　爱的鼓励墙

为了还原真实的掌声以及良好的感官体验，台湾 ADK 广告公司创意团队与知名创意实验室 PARTY 合作，并邀请深耕于机器人科技领域的 BYE BYE WORLD 公司进行双手的研发制作。手掌经过严密的设计、倒膜和二十多万次的击掌测试，历经数月时间才让墙上的每双手不需要另外增加任何音效，都能拍出接近真实的掌声。人们只要在捐款箱中投下零钱或纸钞，便能启动红外线感应机制，12 双高度仿真手便会立刻响起鼓掌声。拍手模式随机出现，包括时间长达 50 秒的爱的鼓励豪华版、总裁拍和随机掌声。此外，民众也可以参与活动官网线上录制掌声。上传后便会收录在"爱的鼓励墙"的掌声随机选单中。

"爱的鼓励墙"作为快闪活动，制作成本高，全台湾也只有两台鼓励墙装置。尽管陆续前往其他城市进行巡回互动，但能够亲自体验的机会有限。线上传播能够让更多民众参与至此次活动中。7 – ELEVEN 为此制作了一个专属网页①，网站可以通过手机或电脑登录，并创作属于自己的掌声版本（见图 12 – 23）。同时，还可以在线捐款，快捷分享到社交网站 Facebook。自我创作的掌声还可以传送到实体店"爱的鼓励墙"后台，有机会在实体店面听到自己创作的掌声。也可以在线点击，试听别人上传的掌声版本。

图 12 – 23　爱的鼓励墙用户参与网站

"爱的鼓励墙"获奖无数，将各大奖项的金奖收入囊中。如 2018 年龙玺创意奖品牌体验活动类金奖、户外类金奖和公益类金奖等，2018 年 4A 创意奖全场最大奖、最佳互动创意奖金奖和最佳环境媒体广告奖金奖等，2018 年金瞳奖设计组空间类和媒介组装置陈列类金奖，2018 年华文创意单元整合/公共服务类金奖，以及 2018 年大中华区艾菲奖媒体创意类金奖和媒体创新类金奖等。

十、沃尔沃·艾莉丝的婚礼

在台湾地区的进口四门车型市场中，奔驰和宝马一度达到超过 87.5% 的市场占有率。沃尔沃想要在市场中站稳脚跟，必须在消费者心中留下深刻印象。为此，沃尔沃以"艾莉丝的婚礼"为题，由张钧甯主演、罗壬景操刀拍摄了一部微电影广告。广告以

---

① 资料来源：http://7 – 11rhythmoflove.com.tw/。

"爱"和"守护"为主题，从张钧甯的视角出发，以第一人称的方式讲述了父亲与女儿之间的亲情与相守。

影片中的张钧甯认为，自己的童年就是一个童话，因为自己拥有一个童话故事般的父亲。父亲作为小镇医生，深受镇上居民的爱戴和敬重，张钧甯也因此成为镇上所有婚礼的花童。在每一次去往婚礼的路上，除了父亲，都有父亲那台沃尔沃汽车的陪伴。母亲在年幼时离去，使张钧甯清楚地意识到自己并不是公主。

长大后的张钧甯也成为一名医生，而父亲此时被确诊了阿尔茨海默病。父亲自己找好了疗养院，希望张钧甯能够安心工作。但张钧甯还是回到了父亲身边，照顾有记忆障碍的父亲。在照顾父亲期间，面对失去记忆却变得顽固的父亲，张钧甯产生了挫败感。父亲的主治医师无微不至的照顾，让两个年轻人互生情愫，最后决定走向婚姻的殿堂。

从前，父亲开着自己那台黑色沃尔沃载着做花童的张钧甯去往婚礼现场。现在，作为新娘的张钧甯开着更新、更具流线型的蓝银色沃尔沃载着父亲去往自己的婚礼现场。路上，两台沃尔沃相遇，张钧甯看到了年轻时的父亲与年幼时的自己。此时响起了经典老歌 *Sea of Love*，从童年到结婚，这首歌贯穿了女孩的前半生。张钧甯挽着父亲的手走进婚礼现场，正如多年前父亲带领着做花童的自己一样。

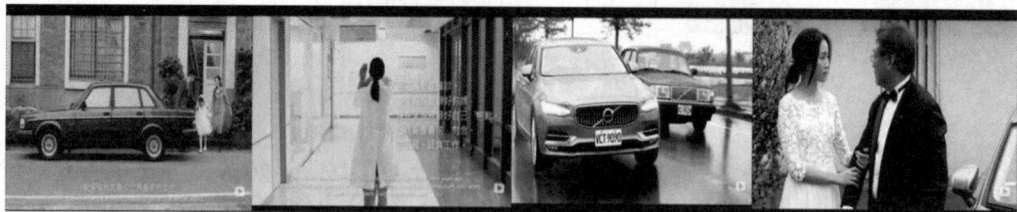

图 12 - 24 《艾莉丝的婚礼》广告截图

小时候时常担任花童的艾莉丝，在父亲的守护下过着童话般的生活，母亲离世、父亲罹患阿尔茨海默病后童话濒临幻灭。父女之爱在艾莉丝不离不弃的守护下延续，让父亲的爱跨越世代、跨越现实永不改变（见图 12 - 24）。这支广告影片没有跌宕起伏的父女间爱恨情仇，更多的是平淡而真挚的感情。父女间的相互守护，也贴合了沃尔沃作为汽车品牌的坚守与可靠的形象。通过这部网络影片，描绘了沃尔沃车主动人的家庭形象故事，刻画了父亲和女儿两个截然不同的沃尔沃车主的形象，表达了"以人为本"的品牌理念。

影片上线首日便创下百万次浏览量，首周突破 500 万次浏览。Facebook 分享超过

38 000次。此外，汽车展示中心赏车人潮增长了75%，广告新车款当月接单量即达成2017年销售目标的30%。《艾莉丝的婚礼》在2017年获得了4A创意奖最佳长秒数影片广告奖金奖、最佳影片广告文案奖佳作，中国4A金印奖之影视广播类金奖，LIA品牌娱乐/短篇电影金奖，龙玺创意奖影视广播/影视类广告/汽车类金奖以及2018年LIA华文创意单元影视类金奖等一系列奖项。

十一、全联福利中心

全联福利中心成立于1998年，前身是供销"军、公、教"福利品的消费合作社。2006年以前，全联福利中心名不见经传。目前，全联超市是台湾地区的大型零售商之一，也是台湾地区分布最广的超级市场之一。"便宜"是全联的定位，其网站的标语为"来全联，买进美好生活"。

2006年，全联超市开始与奥美合作。在2006年至2014年期间，奥美为全联超市提炼了"省钱、实用"的宣传诉求。这一时期的品牌宣传视频和文案均围绕这一诉求展开。经过多年的宣传，全联给消费者留下的最深刻的印象便是"便宜、省钱"，这一观念深入人心。

但是，因为"便宜"的品牌定位，很多年轻人会觉得提着全联购物袋使人尴尬，甚至丢脸。在物质条件相对富足的环境下成长起来的年轻人，对于省钱并没有迫切的需求。而30岁以下的消费者，正是全联目标消费市场的空白。

2015年，全联超市与奥美将市场定位为年轻消费的基础上，推出了"全联经济学"，随后上升到了"全联经济美学"的高度。全联经济美学的提出，不但延续十几年来的品牌理念，也让这种理念更易于传播，更具有精神层面的追求[①]。这一系列广告是品牌年轻化的进一步尝试。通过14个生活场景的人物独白，向年轻人传递"省钱也是一种独立的生活态度"的理念以及传递"在现实中追求理想，在理想中顾及现实"的价值观[②]。这一系列文案和海报契合了年轻人的审美，为之后的广告传播打下了基础（见图12-25）。

在注重养生的氛围下，台湾人习惯在饮料中去糖去冰，这是一个保持健康的习惯。"去糖、去冰、去全联"三者并列，形成了完整的逻辑。而一般喜欢喝饮料的又是年轻

---

① 台湾全联.2016新篇全联经济美学品牌宣传广告［EB/OL］.（2016-03-01）https：//www.digitaling.com/projects/17144.html。

② 何凯龙.年轻人的经济美学：在理想中顾及现实［EB/OL］.（2015-04-22）https：//creative.adquan.com/show/37503。

人，在无形中又获得了年轻人的好感。

图 12-25　全联经济美学海报

　　"省钱是正确的道路，我不是在全联，就在往全联的路上。"

　　"养成好习惯很重要，我习惯去糖、去冰、去全联。"

　　2016 年，推出面向年轻人的全联购物潮包，把购物包变成生活态度、消费价值观的载体（见图 12-26）。与 2015 年的广告相比，2016 年的广告设计更具美感，在平面广告中甚至去掉了全联福利中心的字样与 LOGO。该系列广告入围了各大广告奖，并获得 2016 年 4A 创意奖·最佳整合行销类沟通创意奖金奖。

　　2017 年，广告不再以年轻人为主角，而是变成了 10 位平均年龄超过 70 岁的老人，他们穿着白色文化衫和牛仔裤拎着塑料袋走起时装秀（见图 12-27）。将"省钱"与"时尚"相结合，通

"为了下一代，我们决定拿起这一袋。"

图 12-26　全联福利中心广告

过时装秀传递了"省钱也是一种时尚"的消费价值观。"从年轻人到中老年人，省钱"

这一经典理念经过岁月的洗礼和时光的变迁历久弥新。经过 3 年的沉淀，全联超市基本锁定了自己的核心客户群。该系列获得 2018 年上海国际广告奖营销传播公共服务创新金奖以及中国 4A 金印奖创意整合传播类金奖等奖项。

"价格跟血压血脂血糖一样，不能太高。"

"谁说我老花眼，谁贵谁便宜，我看得一清二楚。"

图 12 - 27　2017 年全联福利中心广告

　　2018 年，全联超市广告将目标对象扩展到了家庭、情侣和闺蜜等关系群体上，这几类人群最具有"省钱"心理，扩大了广告的辐射范围。"便宜、省钱"从个体渗透到了家庭，"省钱不是个人选择，而是优良的家庭传统"的理念得到了传递。